KB047183

無文土器文化의 成立과 階層社會

無文土器文化의 成立과 階層社會

裵 眞 晟

서경문화사

학교 박물관에서 토기 조각 맞추는데 재미를 느꼈던 철없는 학부 1학년생, 그 해 여름 울산 하대유적 2차 발굴조사에 참여하게 되면서 '고고학'이라는 것을 체험하기 시작했고, 이후 토기실측을 배우면서 더 깊이 빠져들게 되었다.

그러다가 학부 4학년 때 1970년대 울산지역 채집 석기를 정리하면서 마제석기의 관찰과 실측에 몰두할 기회가 있었다. 그로 인해 학부 졸업논문으로 마제석기를 다루려고 하였고, 그 가운데 우선 유구석부를 분류하고 편년해보고 싶었다. 그것이 석사학위논문으로까지 이어졌으며, 지금과 같은 무문토기시대 전공자로서 활동할 수 있게 된 계기가 아니었나 싶다. 이후 국립박물관에 근무하면서 각목돌대문토기를 비롯한 전환기의 선사토기와 북한 무문토기 공부에 매진할 기회가 있었던 것도 큰 행운이었다.

이 책은 나의 박사학위논문을 단행본 형식으로 출간한 것으로, 북한 무문토기를 포함하여 조기~전기 무문토기문화의 계통과 편년, 이를 토대로 농경사회의 발달 및 계층사회의 형성과 전개라는 관점에서 무문토기사회를 고찰한 것이다.

이 같은 작은 결과물이라도 낼 수 있었던 데에는 여러 선생님, 선후배, 동료들의 지도와 도움이 많은 힘이 되었다는 것을 지금에서야 조금씩 깨닫고 있다. 특히 석·박사학위 논문의 지도교수로서 정성껏 지도하여 주셨던 정징원 선생님, 고고학에 대한 동기부여와 연구에 자극을 주신 신경철 선생님, 늘 기초적인 방법론과 실물관찰 및 그를 통해 자료를 해석하는 방법을 가르쳐 주신 안재호 선생님, 논문의 체제를 다듬어 주신 이영문·김두철 선생님의 學恩은 잊을 수 없다. 이 외에도 자료조사에 도움을 주신 여러 연구자들과 인기 없는 학술서적 출판에 힘써 주신 서경문화사 김선경 사장님과 편집진에게도 고마움을 전하고 싶다.

그리고 가정에 충실하지 못한 가장에게 언제나 힘을 실어 준 아내와 아들·딸에게 미안하고 감사하다.

2007년 10월

배 진 성

제1장

서 론

1. 연구 목적과 방향

이 글은 한반도 무문토기문화의 성립과 성격을 밝히기 위한 것으로, 남북한 무문토기의 편년과 병행관계의 설정, 토기와 석기를 통한 문화적 계통의 파악, 그리고 위세품과 분묘를 통한 사회 성격 규명을 주목적으로 한다. 이를 위해 시간적으로는 신석기시대 말기를 일부 포함하여 주로 무문토기시대 조기~전기를 대상으로 하며,[1] 공간적으로는 남한과 북한을 포함한 한반도 전역과 중국동북지방도 일부 포함하였다.

한반도 무문토기문화의 성립과정을 이해하기 위해서는 우선 북한 무문토기에 대한 이해도를 높이는 것이 중요하다. 왜냐하면 남한 무문토기의 성립과 전개를 논하는데 있어 북한 무문토기의 영향을 생각하지 않을 수 없고, 남북한 자료를 상호 대비하여 그 계통을 파악하기 위해서는 우선 북한의 무문토기와 석기를 충분히 검토해야 하기 때문이다. 북한에서는 일찍부터 두만강·압록강·대동강유역을 중심으로

---

1) 제2장 북한 무문토기의 경우 지역에 따라서는 남한의 후기-(선)송국리단계-와 대비되는 시기까지 포함하기도 하며, 제5장의 계층사회를 다루는 부분에서도 전기에서 후기로의 연속적인 전개과정이라는 측면에서 후기도 포함하였다.

층위와 그에 따른 토기의 차이를 통해 편년의 기준을 마련해 왔으며, 그러한 기준은 현재에도 동북아시아 토기편년의 核으로 자리하고 있다. 전환기[2)의 토기문화는 한반도 전체에 확산되고 있었는데, 그 중에서도 압록강~청천강유역의 서북지역과 두만강유역의 동북지역은 가장 큰 영향력을 발휘하였던 곳이다. 따라서 한반도 청동기시대 혹은 무문토기시대를 총체적으로 이해하기 위해서는 남북한을 아우르는 무문토기 편년의 수립이 적극적으로 시도되어야 한다.

　이러한 북한 무문토기문화에 대한 이해는 남한 무문토기문화의 성립, 계통, 지역성을 파악하는데 필수적이다. 이와 더불어 남한 재지의 신석기시대적 전통도 함께 고려해야 하며, 그렇게 함으로써 남한 무문토기문화의 성립을 충실히 파악할 수 있을 것이다. 또 조기 이후 전개되는 전기 무문토기문화에는 최근 중국동북지역과 관련된 외래계 토기가 증가하고 있는데, 이를 집성하여 검토함으로써 요동지역과 남한 전기무문토기와의 병행관계 설정도 시도해 볼 수 있다. 조기에 비해 전기는 북한의 무문토기와 직접 대비할 수 있는 자료가 영세하다보니, 남북한의 편년을 상호 대비하기에 어려움이 있었다. 그러한 반면 요동지역과 북한은 상호간 병행관계에 대한 연구가 어느 정도 진척되어 있다. 따라서 전기 무문토기와 공반되는 요동계 토기를 통해 요동과 남한의 편년을 대비함으로써 요동~북한~남한을 아우를 수 있는 편년망의 구축도 충분히 시도해 볼 만하다고 생각한다. 이제까지 동북아시아를 대상으로 한 고고학 연구는 주로 '중국동북지방~연해주 남부~북한'까지가 주 대상이었던 반면, 한반도 남부는 소외되어 온 경향이 있었다. 이것은 남한 연구자 스스로가 극복해야만 하는 과제이며, 그러기 위해서는 북한과의 병행관계 및 남한의 외래계토기

---

2) 여기서의 '전환기'란 신석기시대에서 청동기시대로의 전환기를 뜻하며, 기존의 시기구분에서 신석기시대 말기와 청동기시대 조기에 해당한다.

를 적극적으로 검토해 나가야 할 것이다.

  이와 같은 무문토기문화의 편년과 계통에 대한 이해를 바탕으로
해서, 위세품과 분묘에서 드러나는 전기 무문토기사회의 특징에 주목
하고자 한다. 특히 '石劍의 出現', '墳墓 築造의 始作', '武器의 副葬'이
라는 세 요소를 전기 무문토기사회의 성격과 관련된 특징적인 현상으
로 파악하면서, 농경사회의 발달과 그에 따른 계층사회의 형성과 전
개라는 시각에서 바라보려고 하였다.

2. 무문토기와 시기구분

1) 무문토기에 대한 인식의 흐름

  한반도 선사시대 유적과 유물의 연구는 1910년대 鳥居龍藏에 의한
조사로부터 시작되었다. 그는 石器時代의 토기를 形狀·厚薄·紋樣
에 의해 '無紋(薄手)土器'와 '有紋(厚手)土器'의 두 종류로 구분하고,
前者는 山地에, 後者는 海岸에 분포하여 차이를 보인다고 하였다.[3]
이것이 한반도에서 즐문토기와 무문토기에 대한 최초의 구분이었다.
이 때에는 시기차이보다는 생활방식의 차이나 지역차에 대한 관심이
컸는데, 인류학에 기반을 둔 그로서는 당연한 귀결이었을 것이다.

  1920년대 후반부터 선사시대 연구의 중심에 선 藤田亮策는 선사토
기에 대해 좀더 자세히 기술하고 있지만, 큰 틀에서는 鳥居龍藏의 연
구를 계승하였던 것으로 평가된다.[4] 그는 무문토기와 유문토기는 서
로 같은 계통의 민족이 만든 것이라고 하여 양자의 계승성을 밝히려

3) 鳥居龍藏, 1917, 「平安南道,黃海道古蹟調査報告」, 『大正五年度古蹟調査報告』,
   朝鮮總督府, pp.808·850.
4) 宮里 修, 2004, 「戰前の朝鮮における石器時代の調査研究について」, 『朝鮮史
   研究會論文集』 142.

고 한 점에서는 한걸음 진전하였지만, 鳥居龍藏과 마찬가지로 무늬가
없는 無文土器가 원시적이고 무늬가 있는 有文土器가 발달된 것으로
인식하였다.[5] 이후에는 유문토기를 '櫛目文土器'로 명명하고[6] 있지
만, 무문토기와의 시간적인 선후관계에 대한 인식은 진전되지 않았다.
'厚手無文土器'[7]가 석기시대의 가장 보편적인 토기라고 하는 등의 내
용으로 보아 양자는 시간적으로는 공존하기도 하면서 생활 영역이 다
른 것으로 인식하고 있었던 듯하다. 이러한 데에는 鳥居龍藏의 연구
에 영향을 받은 측면과 함께 석기시대 내에서의 시기구분에 대한 인
식이 적었던 당시의 사정과도 무관하지 않을 것이다.

그러한 가운데 즐문토기가 先, 무문토기가 後라는 인식이 橫山將
三郎에게서 보여 진다. 그는 藤田亮策이 분류한 第一型土器(무문토기)
와 第二型土器(즐문토기)가 공존하는 유적의 자료를 예로 들면서, 이
兩型 土器의 공존 사실을 간단히 第一型土器의 전파 내지 영향으로
생각해 왔던 점을 재고하였다. 구체적으로는 第一型土器가 주체인 雄
基 松坪洞貝塚에는 元帥臺나 油坂貝塚에서 보이는 工藝意匠 문양이
보이지 않으며, 농경구와 飾玉의 존재로부터 생활에 큰 변화가 있었
던 것으로 보이기 때문에, 오히려 第二型土器文化보다 진전된 상황으
로 인식하였다.[8]

이렇게 해서 시작된 무문토기에 대한 인식은 1950·60년대 북한고
고학계의 활발한 선사유적 조사를 통해 분명해지게 된다. 북한에서는
팽이형토기를 포함하여 '갈색민그릇', '갈색토기', '무늬없는 토기',

---

5) 藤田亮策, 1924, 「朝鮮古蹟及遺物」, 『朝鮮史講座 特別講義』, 朝鮮史學會.
6) 藤田亮策, 1942, 「朝鮮の石器時代」, 『東洋史講座』 18, 雄山閣.
7) 현재의 개념에서 보면 이러한 용어로 지칭되는 토기에는 무문토기는 물론,
   문양이 없는 즐문토기도 포함되어 있었을 것이다.
8) 橫山將三郎, 1940, 「朝鮮の史前土器研究」, 『人類學·先史學講座』 8, 雄山閣,
   pp.3~11.

'무문 토기'라는 용어가 사용되는데, 늦어도 1950년대 후반에는 즐문 토기 이후의 토기로 확실히 자리매김하였고,[9] 특히 금탄리와 지탑리 유적의 조사를 통해 양자는 서로 층위를 달리 한다는 것이 드러났다.

남한에서는 1960년대부터 무문토기에 대한 연구가 시작되었는데, 종류와 특징에서 지역적인 다양성까지 논의되기 시작했다.[10] 이때부터 남한에는 '무문토기'라는 용어가 정착되게 되는데, 현재 한국고고학에서의 무문토기라는 개념에는 신석기시대 이후의 청동기시대 혹은 무문토기시대의 토기로서 대체로 平底이며, 표면 색조가 (적)갈색을 띠는 것이 많고, 문양이 없는 토기는 물론, 공열문이나 단사선문 등의 문양이 구연부에 새겨진 토기, 그리고 적색마연토기와 마연토기 등도 포함된다.[11] 태토는 삼한·삼국시대의 토기에 비해 조질(粗質) 이지만 적색마연호형토기의 경우 대단히 정선된 점토를 사용하기도 한다.

2) 시기구분의 현황

위와 같은 과정을 거친 남한의 무문토기는 편년연구를 중심으로 진행되어 왔는데, 우선 1960년대 후반부터 1970년대의 2분기설ㅡ전기, 후기ㅡ[12]로 시작되었다. 이때는 아직 송국리유적이 조사되기 이전으로서 전기는 공열문토기, 후기는 점토대토기를 지표로 하였다.

9) 황기덕, 1958, 「조선 서북 지방 원시 토기의 연구」, 『문화유산』 4.
10) 金廷鶴, 1967, 「韓國無文土器의 硏究」, 『白山學報』 3.
　　金元龍, 1968, 「韓國無文土器 地域分類試論」, 『考古學』 1, 韓國考古學會.
11) 金廷鶴, 1972, 『韓國の考古學』, 河出書房新社.
　　李淸圭, 1988, 「南韓地方 無文土器文化의 展開와 孔列土器文化의 位置」, 『韓國上古史學報』 創刊號.
12) 林炳泰, 1969, 「漢江流域의 無文土器時代」, 『李弘稙博士 回甲紀念 韓國史論叢』.
　　李白圭, 1974, 「京畿道 出土 無文土器·磨製石器」, 『考古學』 三.

특히 전기는 공열문·구순각목문·구순각목공열문토기를 특징으로
하는 東北系와 이중구연단사선문토기를 특징으로 하는 西北系가 먼
저 들어오고, 이후 한강유역에서 이 두 계통의 문양들이 혼합되기 시
작했다는[13] 說에 의해 체계화되기 시작했다. 그러다가 1970년대 후반
부터 조사된 송국리유적이 계기가 되어 1980년대~1990년대 초반에
는 전기와 후기 사이에 중기가 설정되면서[14] 3분기설이 확립되게 되
었다.

이로써 남한 무문토기 연구는 1980·90년대에 활기를 띠게 되었
다. 이 때 남한 전체를 몇 개의 군으로 나누어 지역차와 시기차를 논
하면서 가락동·역삼동·흔암리·송국리유형 등 유형의 개념이 적용
되고,[15] 전기를 대표하는 흔암리유적을 3단계[16] 혹은 4단계로 세분하
면서 前期前半과 前期後半으로[17] 구분하기에 이르렀다. 이어서 취락
의 변천이라는 측면에서도 중기의 설정이 뒷받침되면서[18] 3분기설은
1990년대에 거의 通說化되어 있었다.

이러한 시기구분의 큰 틀은 1990년대 말부터 변화의 기운이 보이
기 시작한다. 정한덕은 점토대토기단계를 제외하고 기존의 중기였던
송국리단계를 후기로, 흔암리를 중기로, 가락동을 전기로 하였다.[19]

13) 李白圭, 1974,「京畿道 出土 無文土器·磨製石器」,『考古學』三.
14) 藤口健二, 1986,「朝鮮無文土器と彌生土器」,『彌生文化の研究』3, 雄山閣.
　　河仁秀, 1989,『嶺南地方 丹塗磨硏土器에 대한 新考察』, 釜山大學校 碩士學
　　位論文.
15) 李淸圭, 1988,「南韓地方 無文土器文化의 展開와 孔列土器文化의 位置」,『韓
　　國上古史學報』創刊號.
16) 藤口健二, 1986,「朝鮮無文土器と彌生土器」,『彌生文化の研究』3, 雄山閣.
17) 安在晧, 1991,『南韓 前期無文土器의 編年』, 慶北大學校 碩士學位論文.
18) 安在晧, 1996,「無文土器時代 聚落의 變遷」,『碩晤尹容鎭教授停年退任紀念論
　　叢』.
19) 鄭漢德, 1999,「欣岩里類型 形成過程 再檢討에 대한 토론」,『호서지방의 선사
　　문화』, 제1회 호서고고학회 학술대회 발표요지.

이는 3분기설이지만 점토대토기단계를 청동기시대에서 제외하였다는 점이 주목된다. 그리고 진주 대평리 어은1지구유적의 즐문토기와 각목돌대문토기를 통해 기존의 전기에 앞서는 초기 무문토기의 존재가 주장되면서[20] 무기(早期)가 설정되었다.[21] 아직 조기의 자료 량이 많지 않아 그 시간폭 등 여러 과제가 놓여져 있지만, 전기 이전의 새로운 토기군의 존재는 분명히 인정되고 있다. 최근에는 송국리단계에서 점토대토기단계로의 과정이 시대적 전환이라고 할 정도로 차이가 크기 때문에, 기존의 중기인 송국리단계를 후기로 하는 '조기-전기-후기' 설(說)[22]이 설득력 있게 받아들여지고 있다.

　본고의 시기구분도 기본적으로는 이 설에 따른다. 하지만, 신석기시대 말기를 무문토기 조기에 넣지는 않는다. 왜냐하면 율리식토기는 이중구연이라는 당시 동북아시아의 전체적인 경향성과 무관하지는 않겠지만, 여러 신석기시대 연구자들의 견해와 같이 후기의 토기로부터 발생하였다고 보기 때문이다. 그리고 무문토기시대의 시기구분을 '무기(早期)-전기(前期)-후기(後期)'로 했을 때, 중기는 없으면서 조기가 있는 것은 부자연스러운 시기명칭이 될 수도 있다. 이는 앞으로의 과제라고도 할 수 있지만, 전기의 분기(分期)를 통해서 시기구분이 재편될 가능성을 고려할 수 있다. 전기 후반대는 분묘축조가 증가하고 동검이 출현하는 등 전기 전반대와 구분될 가능성이 있기 때문이다. 따라서 기존의 전기 전반을 전기(前期), 전기 후반을 중기(中期)로 할 수 있다면, 무문토기시대의 시기구분은 '무기(早期)-전기(前期)-중기(中期)-후기(後期)'의 4분기설로 정리될 것으로 전망된다.[23]

---

20) 李相吉, 1999, 「晉州 大坪 漁隱1地區 發掘調査 槪要」, 『남강선사문화세미나 요지』.
21) 安在晧, 2000, 「韓國 農耕社會의 成立」, 『韓國考古學報』 43.
22) 安在晧, 2006, 『靑銅器時代 聚落研究』, 釜山大學校 博士學位論文.
23) 이와 같은 전망은 신경철·안재호 선생님으로부터의 조언이었으며, 차후의

위와 같이 개관해 본 무문토기시대의 시기구분에서 최근의 가장
큰 변화는 역시 조기의 설정일 것이다. 그렇다면 전기 이전의 조기가
설정되는 상황에서도 여전히 '역삼동·가락동식'이 전기전반, '흔암
리식'이 전기후반이라는 상대편년은 변함없는가. 기존의 편년은 그대
로 둔 채 조기만 전기 앞에 둔다면, 압록강·두만강유역의 영향과 재
지 즐문토기의 전통에 의해 조기부터 지역성을 간직한 채로 시작되었
던[24] 남한의 무문토기는 전기에 들어서면서 '가락동식'과 '역삼동식'
의 양대 토기로 통일되었다라고 해석될 수밖에 없다.

그러나 근래의 양상을 보면 가락동식토기는 호서지역을 중심으로
한 지역양식의 성격이 강하고,[25] 또 지역에 따라서는 공열문토기의
하한이 후기까지 내려가고 있는[26] 등 지역성은 더욱 두드러지고 있
다. 영동지역의 경우 '교동→조양동→방내리→포월리'의 순서인데[27]
흔암리식토기는 조양동에서부터 보이고, 교동과 조양동 사이에 가락
동식이나 역삼동식의 단계가 介在하지는 않는다. 또 포월리의 예로
볼 때 역삼동식은 후기로 편년될 가능성도 있다. 이와 더불어 흔암리
식이 가락동식·역삼동식 이후라는 층위적인 뒷받침도 없다고 하
며,[28] 남강댐수몰지구의 경우에도 조기 다음에는 흔암리유형이 전개
되는[29] 등 전기 무문토기의 편년은 대단히 복잡한 양상을 띠고 있다.

연구과제로 삼고 싶다.
24) 裵眞晟, 2003, 「無文土器의 成立과 系統」, 『嶺南考古學』 32.
25) 李亨源, 2002, 『韓國 靑銅器時代 前期 中部地域 無文土器 編年 硏究』, 忠南大
學校 碩士學位論文.
26) 裵眞晟, 2005, 「檢丹里類型의 成立」, 『韓國上古史學報』 48.
李秀鴻, 2005, 「檢丹里式土器의 時空間的 位置와 性格에 대한 一考察」, 『嶺南
考古學』 36.
김한식, 2006, 「경기지역 역삼동유형의 정립 과정」, 『서울·경기지역 청동기
문화의 유형과 변천』, 제4회 서울경기고고학회 학술대회.
27) 朴榮九, 2000, 『嶺東地域 靑銅器時代 住居址 硏究』, 檀國大學校 碩士學位論文.
28) 金壯錫, 2001, 「흔암리 유형 재고: 기원과 연대」, 『嶺南考古學』 23, p.52.

이러한 남한의 전기무문토기를 제대로 편년하기 위해서는 지역편
년의 수립이 절실한데, 이 때 지역별 문양양식의 다양성을 통해 전기
를 새롭게 分期하면서 기존의 흔암리식토기라는 개념을 극복하고,[30]
이제는 가락동·역삼동·흔암리식토기가 더 이상 특정 시기에 한정
되지 않는다는[31] 연구는 시사하는 바가 크다. 따라서 자료가 폭증하
는 현 시점에서 흔암리식토기를 반드시 전기 후반대로만 한정하기는
어려울 것 같고, 가락동·역삼동식토기 역시 전기의 이른 시기에만
한정되지는 않을 것이다. 여기에는 시기적인 문제와 지역성이 중첩되
어 있어서 양자를 함께 고려한 지역단위의 편년 수립이 요망된다. 이
러한 바탕 위에서 남한 전체의 편년이 이루어져야 하며, 최근의 무문
토기 편년연구가 지역편년으로 나아가고 있는[32] 데에는 이러한 문제

29) 高旻廷, 2003, 『南江流域 無文土器文化의 變遷』, 慶北大學校 碩士學位論文.
30) 安在晧·千羨幸, 2004, 「前期無文土器の文樣編年と地域相」, 『福岡大學考古學
論集 -小田富士雄先生退職記念-』.
31) 安在晧, 2006, 『靑銅器時代 聚落硏究』, 釜山大學校 博士學位論文.
그는 기존의 '가락동식·역삼동식·흔암리식토기'가 이제는 전기의 어느 한
시기에 한정되지 않기 때문에 특정 시간대를 가리키는 '~式'이라는 型式名
은 적합하지 않지만, 계통성은 인정되기 때문에 '~系'라는 명칭을 사용해야
한다고 하였다.
32) 朴榮九, 2000, 『嶺東地域 靑銅器時代 住居址 硏究』, 檀國大學校 碩士學位論文.
李亨源, 2002, 『韓國 靑銅器時代 前期 中部地域 無文土器 編年 硏究』, 忠南大
學校 碩士學位論文.
千羨幸, 2003, 『無文土器時代 前期文化의 地域性硏究 -中西部地方을 中心으
로-』, 釜山大學校 碩士學位論文.
高旻廷, 2003, 『南江流域 無文土器文化의 變遷』, 慶北大學校 碩士學位論文.
安在晧·千羨幸, 2004, 「前期無文土器の文樣編年と地域相」, 『福岡大學考古學
論集 -小田富士雄先生退職記念-』.
庄田愼矢, 2004, 「韓國嶺南地方南西部の無文土器時代編年」, 『古文化談叢』50下
; 2004, 「比來洞銅劍の位置と彌生曆年代論(上)」, 『古代』 117.
裵眞晟, 2005, 「檢丹里型의 成立」, 『韓國上古史學報』48.
李秀鴻, 2005, 「檢丹里式土器의 時空間的 位置와 性格에 대한 一考察」, 『嶺南
考古學』36.

의식이 깔려 있을 것이다.

3) 마제석기의 연구현황

무문토기시대는 마제석기의 전성기라고 할 수 있을 정도로 신석기 시대에 비해 定型化 된 석기가 성행했다. 청동기에 비해 석기는 무문 토기와 따로 논할 수 없을 정도로 一體를 이루고 있으며, 有柄式石劍 과 有溝石斧가 동북아시아에서도 유독 한반도에서 발달되었던 점을 보면 무문토기시대 아니, 청동기시대라고 하더라도 석기에 대한 이해 는 필수적이다. 지금까지의 마제석기 연구는 주로 석검, 석촉, 반월형 석도, 유구석부를 통한 분류와 편년 위주였다. 이에 비해 석기조성의 변화, 사용흔 분석, 실험고고학적 방법에 의한 제작기법이나 사용실 험 등에 대한 연구라든가, 석기 전체의 흐름, 세분화된 역할, 소유, 분 배, 제작의 전문화 등에 대한 연구는 부족한 편이어서 앞으로의 과제 는 산적해있다고 하겠다. 무문토기시대 마제석기 연구는 全榮來[33]와 尹德香[34]을 필두로 진행되어 왔는데, 1990년대 이전까지의 활발했던 개별 석기의 연구에 대해서는 先學들의 여러 논고가 있으므로 세세한 나열은 피하고, 여기서는 주로 1990년대 後半부터의 성과를 중심으로 살펴보고자 한다.

석검은 한반도 무문토기문화의 독특한 요소로서 함경북도를 제외 하고 전국적으로 확인된다. 1980년대까지는 조형문제에 집중되었지 만 근래에는 편년·부장풍습·지역성의 규명을 포함한 종합적인 연

김권중, 2005, 「嶺西地域 青銅器時代 住居址의 編年 및 性格」,『江原地域의 青銅器文化』, 강원고고학회 2005년 추계 학술대회.

김한식, 2006, 「경기지역 역삼동유형의 정립 과정」,『서울·경기지역 청동기 문화의 유형과 변천』, 제4회 서울경기고고학회 학술대회.

33) 全榮來, 1982, 「韓國磨製石劍·石鏃編年에 關한 研究」,『馬韓·百濟文化』 6.

34) 尹德香, 1983, 「石器」,『韓國史論』 13, 國史編纂委員會.

구[35)가 시도되고 있다. 용도는 무기로서의 기능 외에도 상징적 · 의례
적 기능도 분명히 있었던 것으로 이해되었다.[36) 편년에 대해서는 沈
奉謹[37)의 案이 큰 틀로서 비교적 유효하게 받아들여지고 있으며, 근
래의 증가된 자료를 추가하여 有柄式石劍의 편년과 지역성을 해명하
려는 노력[38)도 있다. 나아가 편년과 더불어 석검의 출현 배경과 그 意
義를 해명하려 한 시도[39)도 있었다. 석촉 역시 분류와 편년 위주로 연
구되어 왔지만, 근래 제작에 관한 연구가 주목된다. 주거지에서 많이
출토되는 미완성의 소형석기가 석촉과 석창의 미완성품으로 밝혀지
고,[40) 무경식석촉에서 유경식석촉으로의 변화는 기능은 물론, 제작기
법에서도 차이를 보이는 점에서 획기적인 변화로 파악되었다.[41)

　石製工具類는 伐採石斧, 柱狀片刃石斧(有溝石斧), 扁平片刃石斧,
石鑿의 4종류가 하나의 공구세트를 이룬다. 蛤刃石斧로 지칭되기도
하는 伐採石斧는 말 그대로 나무를 벌목하기 위한 도구이고, 제작상
황에 따라 다소 예외는 있겠지만 주상편인석부로는 벌목된 재료를 제
1차적으로 가공하며, 편평편인석부는 제2차 가공구, 그리고 석착은
마무리단계의 도구로서, 주상편인석부나 편평편인석부로는 표현하기
어려운 세밀한 부분을 가공하는 도구이다. 이 가운데 특히 有溝石斧
는 한반도 무문토기문화만의 독특한 요소로서 일찍부터 주목되어 왔
다.[42) 前期의 주상편인석부에서 小形化와 溝의 형성이라는 과정을 거

---

35) 李榮文, 1997, 「全南地方 出土 磨製石劍에 관한 研究」, 『韓國上古史學報』 24.
36) 尹德香, 1983, 「石器」, 『韓國史論』 13, 國史編纂委員會.
37) 沈奉謹, 1989, 「日本 彌生文化 初期의 磨製石劍에 대한 研究」, 『嶺南考古學』 6.
38) 朴宣映, 2004, 『南韓 出土 有柄式石劍 研究』, 慶北大學校 碩士學位論文.
39) 裵眞晟, 2006, 「석검 출현의 이데올로기」, 『石軒鄭澄元敎授停年退任記念論
　　叢』, 용디자인.
40) 金賢植, 2003, 「黃土田遺蹟 無文土器時代 聚落에 대하여」, 『蔚山 新峴洞 黃土
　　田遺蹟』, 蔚山文化財研究院, p.149.
41) 黃昌漢, 2004, 「無文土器時代 磨製石鏃의 製作技法 研究」, 『湖南考古學報』 20.
42) 盧爀眞, 1981, 「有溝石斧에 대한 一考察」, 『歷史學報』 89.

처 後期에 유구석부가 발생하여 목제도구의 생산력을 더욱 높일 수 있게 되었고, 유구석부와 유단석부를 포함한 주상편인석부류에서도 지역차가 존재함을 알게 되었다.[43]

한편 벌채석부에서는 근래 身部 중간부분에 착장을 위한 段狀의 突出部가 있는 遼東形伐採石斧[44]가 주목된 바 있다. 이 석부는 요동 반도에서 시작하여 한반도는 물론 연해주지역에서도 출토된다. 현재 동북아시아 벌채석부의 특징적인 한 형식을 이루는 것으로서 남한에 서는 각지에서 출토되는데 비해, 북한에서의 출토 예는 알려지지 않 고 있다. 편평편인석부에 대해서는 아직 개별 연구가 이루어지지 않 아 형식분류 조차 시도되지 못하였다. 이러한 가운데 下條信行[45]은 일본열도에서의 형식분류와 같이 縱斷面形을 主 기준으로 하여 한반 도의 편평편인석부를 처음으로 분류·편년한 바 있다.

수확구로는 석겸도 있지만 도구의 철기화가 이루어지기 이전에는 반월형석도가 중심이었고, 농경관련 유구가 본격적으로 확인되기 이 전인 1990년대 중반이전까지 농경연구의 주 대상의 하나였다. 주로 형식분류와 계통을 중심으로 많은 연구가 이루어져 왔는데, 형식별 지역차와 시기차가 비교적 뚜렷하다.[46] 특히 송국리문화권에서만 사 용되었던 交刃의 三角形石刀는 동북아시아에서 한반도만의 특징이자 고안품이라고 할 수 있다.

그리고 넓은 의미에서 掘地具라고 할 수 있는 石鍬·石鋤는 신석 기시대에 비해 출토 수량이 대단히 적다. 그 이유는 목제 혹은 골각제 의 도구가 많이 제작·사용되었기 때문일 것인데,[47] 이는 아마도 완

---

43) 裵眞晟, 2000, 『韓半島 柱狀片刃石斧의 硏究』, 釜山大學校 碩士學位論文.
44) 下條信行, 2000, 「遼東形伐採石斧의 展開」, 『東夷世界의 考古學』, 靑木書店.
45) 下條信行, 2002, 「片刃石斧의 型式關係로부터 본 初期稻作期의 韓日關係의 展開에 대하여」, 悠山姜仁求敎授停年紀念 『東北亞古文化論叢』.
46) 孫晙鎬, 2001, 『韓半島 出土 半月形石刀의 諸分析』, 高麗大學校 碩士學位論文.

비된 목공구-벌채석부·유구석부·편평편인석부·석착-의 발달과
도 관련될 것이다. 또 아직 용도는 알 수 없지만 蔚山 新亭洞遺蹟⁴⁸⁾과
大邱 西邊洞遺蹟⁴⁹⁾에서 함경도지역의 것과 비교할 수 있는 星形石斧
가 출토된 바 있다. 그리고 주걱칼, 이형석도, 'ㄱ'자형석도 등으로 불
려져 왔던 것이 東北型石刀로 명명되면서 두만강유역과 남한 동해안
지역과의 밀접한 관련성이 제기되기도 하였다.⁵⁰⁾

옥제장신구류는 주로 後期의 분묘에서 많이 출토되지만, 근래에는
전기는 물론 조기의 유적에서도 천하석제 곡옥 등이 출토되고 있어,
옥제장신구류는 무문토기시대의 전시기에 걸쳐 사용되었다고 할 수
있겠다. 頸飾으로서 다량 출토되는 관옥의 경우 피장자에게 착용된
상태로 부장되기도 했을 것이지만, 서너 점 미만의 소량만 출토되는
경우는 그 자체가 부장을 위한 寶玉의 의미도 있었다고 한다.⁵¹⁾ 또 진
주 대평유적군~산청 묵곡리유적 사이의 범위가 천하석제 飾玉類의
제작지로서 반경 40~60km를 분포범위로 하여 유통되었을 것이라는
연구도 시도되었으며,⁵²⁾ 최근에는 管玉을 세밀하게 관찰하여 제작공
정·기법·규격화를 구체적으로 검토한 연구도 나오고 있다.⁵³⁾

이러한 옥제품과 더불어 의례와 관련된 것으로서 부리형석기·재

47) 李白圭, 1991,「農耕具と植物遺體」,『日韓交涉の考古學』-彌生時代篇-, 六興出版, p.45.
48) 蔚山文化財硏究院, 2003,『蔚山 新亭洞 遺蹟』.
49) 嶺南文化財硏究院, 2002,『大邱西邊洞聚落遺蹟Ⅰ』.
50) 裵眞晟, 2007,「東北型石刀에 대한 小考 -東海文化圈의 設定을 겸하여-」,『嶺南考古學』40.
51) 李健茂, 1991,「裝身具」,『日韓交涉の考古學』-彌生時代篇-, 六興出版, p.173.
52) 崔鍾圭, 2000,「두호리 출토 天河石製 球玉에서」,『固城 頭湖里 遺蹟』, 慶南考古學硏究所.
53) 李相吉, 2006,「朝鮮半島の玉作 -管玉製作技法を中心に-」,『季刊考古學』94, 雄山閣.
庄田愼矢, 2006,「管玉의 製作과 規格에 대한 小考 -麻田里 및 寬倉里遺蹟出土 資料를 中心으로-」,『湖西考古學』14.

가공품 · 소형모방품, 그리고 의도적인 파손품 등이 주목되기도 하였다.54)

한편 마제석기의 출토양상으로 주거지 간의 위계를 설정하려는 시도가 있지만,55) 주거지에서 출토된 석기로서 위계를 논하는 것은 상당히 어려운 문제이며 전체 출토량의 비교보다는 석검이나 환상석부 등과 같은 상징성이 강한 유물의 해석에 비중을 두어야 할 것이다. 또 관창리유적에서 확인되는 소형의 有孔石이나 실용성이 의심스러운 極小型의 石斧를 祭祀와 관련된 유물로 해석한 견해56)도 흥미롭다.

최근에는 마제석기 전체의 지역차와 시기차,57) 나아가 북한과 요동지역까지도 포함한 한반도 마제석기의 변천과정에 대한 흐름을 정리하려는 논고58)도 제출되고 있다. 또 그동안 연구가 부족했던 실험고고학적 연구도 조금씩 시작되고59) 있어 연구방향도 다양해질 것으로 예상된다.

4) 시대명칭

위와 같은 연구사에 더해 시대명칭과 그 범위를 살펴보고 본론을 전개하고자 한다. 三時代法에 따른 '청동기시대'는 1950년대 후반부

54) 李相吉, 1998, 「無文土器時代의 生活儀禮」, 『環濠聚落と農耕社會の形成』, 九州考古學會 · 嶺南考古學會 第3回合同考古學大會.
55) 孫晙鎬, 2003, 「磨製石器 分析을 통한 寬倉里遺蹟 B區域의 性格 檢討」, 『韓國考古學報』 51.
56) 安在晧, 2004, 「中西部地域 無文土器時代 中期聚落의 一樣相」, 『韓國上古史學報』 43.
57) 大島隆之, 2003, 「韓國 無文土器時代磨製石器の時期差と地域差」, 『古文化談叢』 50上, 九州古文化研究會.
58) 孫晙鎬, 2006, 『韓半島 靑銅器時代 磨製石器 研究』, 高麗大學校 博士學位論文.
59) 孫晙鎬, 2005, 「磨製石器 使用痕分析의 現況과 問題點」, 『湖南考古學報』 21. 손준호 · 조진형, 2006, 「고배율 현미경을 이용한 반월형석도의 사용흔 분석」, 『야외고고학』 창간호, 한국문화재조사연구기관협회.

터 북한의 연구자들에 의해 먼저 사용되기 시작했는데,[60] 당시 이 명칭을 사용한 배경에는 금석병용기설의 극복이라고 하는 최우선의 시대적 과제가 놓여 있었음을 간과해서는 안 된다. 북한고고학에서 확립되기 시작한 '청동기시대'가 남한에도 그대로 수용되면서 일반화[61]되어 왔지만, 아직 한반도 청동기시대의 개념을 명확하게 규정하려는 노력은 상대적으로 적었던 것 같다.

이 시대는 '무문토기의 출현, 청동기의 사용과 생산, 농경사회의 성립, 마제석검 · 마제석촉 등의 무기류와 마제석부 · 반월형석도 등의 도구류를 비롯한 각종 마제석기류의 성행, 지석묘로 대표되는 집단적인 분묘 축조' 등을 특징으로 하는 시대로 규정할 수 있을 것이다. 이러한 개념은 '청동기시대' · '무문토기시대' 어느 용어를 사용해도 마찬가지이다. 두 용어의 개념 규정에 차이가 없다면 결국 어떤 용어의 대표성이 더 높으며, 동북아시아 속에서, 나아가 세계 속의 한반도를 생각할 때 어떤 용어가 한반도라는 지역문화를 더 잘 대변할 수 있는가를 생각해 보아야 한다.

연구사적으로도 '청동기시대'명에 대한 再考의 노력은 오래 전부터 있었다. 윤무병은 즐문토기문화를 신석기문화로 규정하는 데에는 문제가 없지만, 그에 계속되는 무문토기문화를 가리켜 간단히 청동기시대로 간주한다는 것은 너무나 안이한 태도라고 하였다.[62] 또 西谷正[63]과 盧爀眞[64]은 三時代法을 비판하면서 '무문토기시대'를 주장하

---

60) 도유호, 1960, 『조선 원시 고고학』, p.129 · 130 ; 사회과학원 고고학연구소, 1977, 『조선고고학개요』, p.62.
61) 金元龍, 1972 · 1977 · 1986, 『韓國考古學槪說』, 一志社.
   국사편찬위원회, 1997, 『한국사 3 청동기문화와 철기문화』.
   한국고고학회, 2007, 『한국 고고학 강의』, 사회평론.
62) 尹武炳, 1975, 「無文土器 型式分類 試攷」, 『震檀學報』 39.
63) 西谷 正, 1982, 「朝鮮考古學の時代區分について」, 『小林行雄博士古稀紀念論文集』.

였다. 그러다가 1990년대 중반 이후로 오면서 '무문토기시대'라는 용
어의 사용빈도도 높아졌다. 그렇다고 해도 현재 학계에서는 '청동기
시대'가 보편적인 시대명으로 정착되고 있다. 본고에서도 '청동기시
대'를 부정하지 않으며, 잘못된 용어라고는 더더욱 생각하지 않는다.
하지만 그렇다고 해서 '무문토기시대'라는 용어를 버리고 싶지는 않
다.

'청동기시대'는 중국동북지방과 연해주를 포함한 극동지역을 모두
포괄하는 폭넓은 시야에서 한반도를 바라볼 수 있는 매력이 있는 반
면, 한반도에만 한정된 '무문토기시대'는 좁은 시각일수도 있다. 그런
데 역사시대에는 '삼국~통일신라~고려~조선시대'라는 독자적인
시대명을 사용하면서, 굳이 선사시대만은 범세계적인(?) 용어를 사용
해야 할까. 구석기·신석기시대는 그렇다하더라도 농경사회가 성립
되고 발달된 계층사회를 형성하면서 '國'의 성립으로까지 논의되고
있는 이 시대가 한반도라는 지역문화를 대변하는 시대명이 우선인가,
아니면 동북아시아를 포괄할 수 있는 용어가 우선인가. 쉽게 단정지
울 수 있는 문제라고는 생각하지 않는다. 다양한 연구와 토론을 통해
용어에 대한 이해의 기반을 다져야 할 것이며, 그러한 과정을 거쳐 하
나의 약속된 용어로 통일하고 따라가야 할 것이다.

시대명을 확정하기가 쉽지 않은 표면적인 이유는 이전부터 지적되
어 왔듯이 한반도에서 청동기시대의 시작은 무문토기의 출현으로 논
하는 반면, 청동기는 전기 후반부터 등장한다라고 하는 무문토기와
청동기의 始點의 불일치였다.[65] 이는 한반도의 독특한 특징이라고도

---

64) 盧爀眞, 1987, 「'時代區分'에 대한 一見解」, 『三佛金元龍敎授停年退任紀念論
    叢 I』.
65) 남한에서 청동기의 등장은 전기 후반부터이지만, 북한의 경우 신암리II의
    청동도자와 금탄리III의 동착 등을 근거로 이른 시기 청동기의 존재가 논해
    지기도 하였다. 그러나 다음 장에서 논하는 바와 같이 금탄리III은 신석기시

할 수 있는데, 청동기의 사용유무는 차치하고라도 당시의 한반도는 동북아시아에서 고립되지 않고 중국동북지방과 어떤 식으로든 연계되어 있었으며, 취락의 규모나 계층화의 진행 등을 고려할 때 '청동기시대'라고 할 만한 수준에 가까운 문화였던 것은 틀림없다. 하지만 이것이 '무문토기시대'가 적절하지 않다는 근거가 될 수는 없을 것이다. '무문토기시대'는 당시의 한반도라는 지역을 대변할 수 있는 등의 장점도 분명히 있다.

시대명칭에 대한 결론을 내리지 못했기 때문에 두 용어를 병용하지만, 본고가 한반도 무문토기의 편년과 계통을 주로 하여 그 문화를 고찰하고 있기 때문에 일단 여기서는 '무문토기시대'를 주로 사용하기로 한다. 한편으로 '~토기시대'와 같이 토기명칭을 이용한 것이 시대명의 격에 어울리지 않는다고 한다면, 좀더 상징적으로 표현한 '無文時代'[66]라는 용어도 고려의 대상에 포함하고 싶다.

그리고 점토대토기단계의 포함여부도 시대명과 관련되고 있다. 즉 점토대토기는 '무문토기'이므로 송국리단계를 후기로 했을 때 '청동기시대'는 좋지만 '무문토기시대'는 곤란하다는 것이다. 李健茂[67]에 의해 정리되었듯이 한국식동검과 함께 등장하는 점토대토기문화 혹은 한국식동검문화는 이전의 송국리단계와는 단절적인 측면이 강하다. 盧爀眞[68]도 원형점토대토기단계는 송국리단계와는 사회적 성격 자체가 다른 것이라고 하면서, 그 등장과 확산을 즐문토기에서 무문

대인 금탄리II와는 상당한 공백이 있고, 신암리II도 하한은 남한의 전기까지 내려오기 때문에 이 유적들의 청동기가 청동기시대의 시작과 관련이 있다고 확신해서는 안된다.

66) 慶南考古學硏究所, 2002, 『晋州 大坪里 玉房 1·9地區 無文時代 集落』.
67) 李健茂, 1994, 「韓國式 銅劍文化의 性格 -成立背景에 대하여-」, 『東아시아의 靑銅器文化』, 文化財管理局 文化財硏究所.
68) 盧爀眞, 2001, 「粘土帶土器文化의 社會性格에 대한 一考察」, 『韓國考古學報』 45.

토기로의 전환에 상당하는 큰 사회적 전환으로 파악하였다. 또 이때
부터를 삼한시대[69]로 하든지, 초기철기시대[70]로 하든지 모두 시대의
말기적인 문화라기보다는 전환기를 넘어 시작단계로 인식되고 있다.
물론 점토대토기는 물리적인 성질상 무문토기이지만, 시대의 구분은
유물·유구·유적을 포함한 물질문화의 총체로서 인식된다. 따라서
점토대토기단계를 제외하는 것이 '무문토기시대'명을 사용하는데 걸
림돌이 된다고는 생각하지 않는다. 이때는 엄연히 다른 시대이다.

---

69) 申敬澈, 1995, 「三韓·三國時代의 東萊」, 『東萊區誌』.
70) 金元龍, 1986, 『韓國考古學槪說』, 一志社.

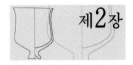

제2장 북한 무문토기문화의 특징과 전개

남한 무문토기의 계통성을 생각할 때 압록강유역과 두만강유역의 영향을 제외하고서는 한 걸음도 나아가기 어려울 정도로 이 지역들에 대한 비중은 크다. 특히 이 지역의 경우 층위관계와 토기변화를 통한 유적 내 혹은 유적 간 상대편년이 어느 정도 안정적인 측면이 있음을 인정하지 않을 수 없기 때문이다. 새로운 대규모 발굴에 의한 정밀한 보고서가 나오지 않는 이상 기존의 상대편년은 앞으로도 유효할 것이므로 여기서는 그것을 인정하면서 그 속에서 세부적으로 검토되어야 하거나, 일부 수정이 필요하다고 생각되는 부분을 중심으로 정리하였다.

대상 시기는 즐문토기에서 무문토기로의 전환기부터 남한의 전기 무문토기에 대비될 것으로 예상되는 범위까지이지만 지역에 따라 다소 유동적이다. 우선 지역별 무문토기 편년의 현황과 문제점을 살펴본 후 재검토하고, 그에 따라 석기의 특징과 변천도 파악하고자 하며, 또 지역별 병행관계를 검토함으로써 조기~전기를 중심으로 한 북한 무문토기의 편년망을 구축해 보고자 한다.

1. 두만강유역의 지역성과 편년

이 지역은 하나의 지역권으로 묶여지지만 유적별·시기별 다양성
이 존재한다. 전환기에 해당하는 서포항Ⅳ·Ⅴ기와 호곡Ⅰ기가 문
양·기형·기종구성에 차이점이 보이는 것은 지역차가 있기 때문이
다. 여기서는 각 유적별로 기존 편년에서 수정이 필요하다고 생각되
는 부분을 검토하면서, 전환기부터 적색마연토기가 성행하는 전반기
까지를 중심으로 편년한다.

1) 茂山 虎谷 – Ⅰ期의 分期와 관련하여 –

이 유적은 주거지 중복관계에 의해 모두 여섯 단계로 구분되었는
데, Ⅰ기는 즐문토기에서 무문토기로의 전환기적 모습을 잘 보여주는
것으로서, 雷文·短斜集線文·突瘤文과 臺附磨研土器로 대표된다. 특
히 여기의 돌유문심발(도 1의 8)은 남한 공열문토기의 기원으로 해석
되었고,[1] 그 전체가 호곡Ⅰ기유형[2]으로 설정되기도 하는 등 전환기
의 양상을 살펴보는데 더없이 중요하다.

호곡Ⅰ기를 돌유문토기·대부토기·천발 등의 무문양토기가 출토
되는 1호주거지와 뇌문·퇴화어골문·단사집선문 등의 즐문토기가
출토되는 주거지로 구분하여 세분하는 의견[3]이 있었다. 그 이유는 아
마도 즐문토기적인 문양에 비해 돌유문이 시문된 심발형토기는 무문
토기적인 모습이 강하기 때문일 것인데, 이 문제부터 살펴보자. 호곡
Ⅰ기의 문양을 보고문의 내용에 따라 주거지별로 정리하면 [표 1]과

---

1) 李白圭, 1977, 「京畿道 出土 無文土器·磨製石器」, 『考古學』 三.
2) 大貫靜夫, 1992, 「豆滿江流域を中心とする日本海沿岸の極東平底土器」, 『先史
   考古學論集』 2.
3) 宮本一夫, 1986, 「朝鮮有文土器の編年と地域性」, 『朝鮮學報』 121, p.11.

같은데, 우측에 있는 점
열문·격자문과   같은
즐문토기 전통의 문양
외에 주로 新出의 문양
을 중심으로 배열하면
시간성을 반영하는 組
列이 된다. 즉 魚骨文을
맨 앞에 두고 孔列文[4]

[표 1] 호곡 I 기의 문양조열

주거지	토기문양						
41호						I_1	點列
12(ㄱ)호							格字
9호	魚骨文	雷文					
25호			突瘤文	短斜集線			刺突
23호		I_2					波狀
1·2호					孔列		斜線

을 맨 뒤에 두면, 크게는 즐문토기 마지막 단계의 대표 문양인 雷文의
有無를 기준으로 23·1·2호가 호곡 I 기 내에서도 늦게 편년된다. 그
런데 점열문이나 사선문과 같은 즐문토기계 문양이 거의 모든 주거지
에서 출토되며, 사실상 보고문의 내용만으로는 1호주거지에서 출토된
것과 같은 돌유문심발(도 1의 8)이 다른 주거지에 전혀 없다고 확신하
기 어렵고, 또 즐문토기의 기형에서 벗어난 대부토기(同 7)는 호곡 I
기의 모든 주거지에서 출토되었다고[5] 한다.

따라서 문양조열을 통해 I_1과 I_2로 구분할 수 있지만, 단절적이기
보다는 시간적 연속성이 강하기 때문에 즐문토기에서 무문토기로의
전환을 파악하는 데에는 호곡 I 기 전체를 하나의 단위로 파악하는 것
이 효과적이며, 다만 두만강유역 전체를 편년하면서 타 유적과의 병행
관계를 파악하는 데에는 [표 1]의 문양조열이 참고가 될 것이다.

한편, 적색마연토기가 성행하는 호곡Ⅱ기는 문양이 거의 없어지고
기형과 기종구성도 I 기와는 다르다(도 1의 16∼23). 따라서 황기덕이
처음으로 I 기와 Ⅱ기 사이에 서포항Ⅵ기 등을 개재시켰듯이[6] 연속

---

4) 突瘤文은 안에서 밖으로, 孔列文은 밖에서 안으로 반관통 된 것으로 한다.
5) 황기덕, 1975, 「무산 범의 구석 유적 발굴 보고」, 『고고민속론문집』 6, p.146.
6) 황기덕, 1975, 「무산 범의 구석 유적 발굴 보고」, 『고고민속론문집』 6, p.224.

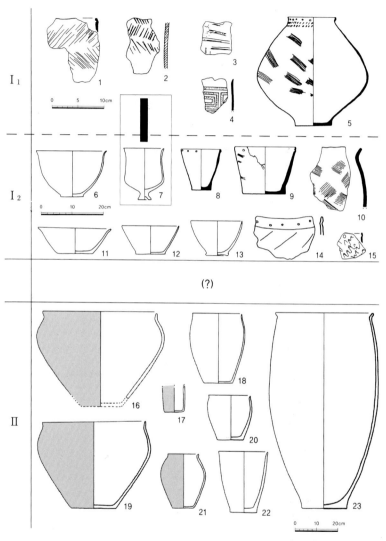

[도 1] 호곡 I ~ II기의 토기
1:9호, 2・3・5:25호, 4:12(ㄱ)호, 6・9・11・12・15:23호, 7・8・13・14:1호, 10:2
호, 16・17:40호, 18~21・23:15호, 22:20호
(1~4・10・14・15는 1/7, 23은 1/17, 나머지 1/12 축소)

적인 시기가 아닌 것은 분명하다. 이후 적색마연토기가 소멸되는 III
기에는 꼭지형파수가 붙기 시작한다.

2) 雄基 西浦項 - IV期의 分期와 V期의 位置 -

이 유적에서는 구석기시대층을 제외하고 모두 일곱 단계로 구분되
었는데,[7] 여기서는 IV기부터 다룬다. IV기는 모든 주거지에서 뇌문토
기가 출토된다고 하므로, 즐문토기의 마지막 단계를 대표한다. 그런
데 IV기의 주거지 분포에서 11호주거지의 결실된 부분을 고려하면 15
호주거지와 중복되었을 가능성이 많고, 22호 역시 아래쪽의 유실된
부분을 생각한다면 21호와 시기차가 있을 것이다. 그리고 도면으로
제시되지는 않았지만 IV기의 주거지 가운데 11호와 22호에서 III기의
특징인 渦文土器가 출토되었다고 하는 점에서도 VI기를 分期할 수 있
는 가능성이 엿보인다.

그래서 IV기에 속한 문양을 퇴적층 자료와 더불어 주거지별로 조
열해 보면(표 2), 모든 주거지에 공통되는 뇌문토기를 기준으로 하여
分期될 가능성이 있다. IV1기는 渦文 등 III기와 연결되는 문양이 있는
반면, IV2기는 돌대문이나 돌유문을 비롯하여 호곡 I 기에 있는 단사
집선문이 있다(도 2의 2). 따라서 서포항IV2기부터 무문토기적인 단서
가 나타난다.

다음으로 주거지 두 기만 확인된 서포항V기는 자료가 적다보니
어느 것에 중점을 두는가에 따라 IV기에 연속되거나[8] 그 사이에 공백
기가 있다고[9] 파악되기도 하였다. 문제는 호곡 I 기와의 선후관계이

---

7) 김용간·서국태, 1972,「서포항 원시 유적 발굴 보고」,『고고민속론문집』4,
  사회과학출판사.
8) 서국태, 1986,『조선의 신석기 시대』, 사회과학출판사, p.16.
  宮本一夫, 1986,「朝鮮有文土器の編年と地域性」,『朝鮮學報』121, p.11.

[표 2] 서포항IV기의 문양조열

	IV₁			IV₂			
	11호	22호	퇴적층	15호	18호	21호	퇴적층
三角區劃刺突文		○	○				
縱走魚骨+平行沈線		○					
刺突文	○						
短斜列線文			○				
區劃刺突文	○						
渦文	○	○					
雷文	○	○	○	○	○	○	○
菱形集線				○			○
梯形集線				○			
圓形添附文					○		
橫帶區劃文					○		
突帶文+縱走魚骨							○
縱走魚骨文							○
短斜集線+突瘤文							○

다. 7호주거지에서 출토된 토기 두 점을 보면, 퇴화된 횡주어골문(도 2의 11)이나 송평동 출토품과 같은 기형(同 10)은 IV₂기(同 1)에 이어 진다. 마치 호곡I기처럼 즐문토기와 무문토기가 혼재하는 것 같지만, V기의 16호주거지는 보고문에 따르는 한 즐문토기는 없는 것으로 판 단된다. 따라서 V기가 전환기적 양상을 포함한다 해도 무문토기적인 요소의 비중이 더 높기 때문에 호곡I기보다 빠를 가능성은 적다. 따 라서 여러 가지를 고려할 때 무문토기적 요소가 증가하는 서포항V기 는 호곡I₂기를 상한으로 해서 그 이후 시기까지도 포함하는 것으로

---

9) 大貫靜夫, 1992, 「豆滿江流域を中心とする日本海沿岸の極東平底土器」, 『先史 考古學論集』 2, p.68.
　　裵眞晟, 2003, 「無文土器의 成立과 系統」, 『嶺南考古學』 32, p.12.

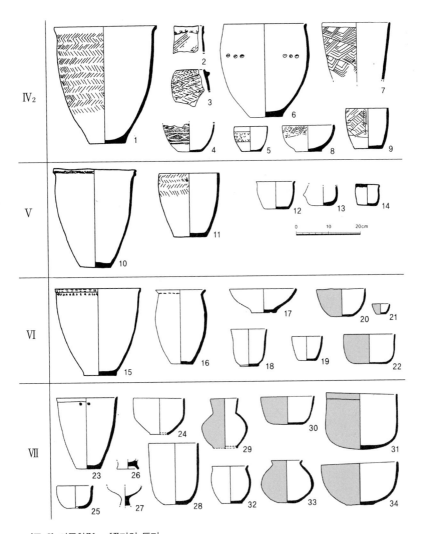

[도 2] 서포항IV₂~Ⅶ기의 토기
1~3 · 7:퇴적층, 4~6:18호, 8 · 9:15호, 10 · 11:7호, 12~14:16호, 15:퇴적층, 16~
18 · 22:2호, 19:14호, 20 · 21:5호, 23 · 24:4호, 25~28 · 31~34:퇴적층, 29 · 30:10
호 (1/12 축소)

파악해 둔다.

Ⅵ기의 심발형토기(同 15) 역시 Ⅴ기(同 10)에 이어지는 기형이고, Ⅵ기와 Ⅶ기는 모두 적색마연토기가 성행하는 점[10]을 생각하면, Ⅴ·Ⅵ·Ⅶ기는 연속하는 시기로 판단된다. 결국 서포항Ⅳ₂기부터 Ⅶ기까지는 큰 단절 없이 연속하는 시기로 이해해도 좋을 것이다.

3) 會寧 五洞遺蹟의 編年

회령 오동유적은 6·25전쟁이 종식된 후 처음 발굴조사 된 유적으로서, 두만강의 지류인 회령천유역의 충적지에 입지한다. 주거지 아홉 기가 검출되었는데 형태가 뚜렷한 것은 여섯 기이며, 중복관계를 토대로 '8호→2호(·1호)→4호(·3호)→5호→6호'로 편년되었다.[11] 그러나 4호주거지를 제외하고는 대부분의 토기가 주거지 퇴적층에서 출토되었고, 그마저도 소속 주거지가 명시되지 않은 것이 많다. 여기서는 기존 편년에 보이는 문제점을 제시하고, 그것을 어느 정도 해결할 수 있는지를 검토해가면서 오동유적의 편년을 정리해 보자.

첫째, 가장 빠른 8호주거지의 토기가 확실하지 않고, 둘째, 각 층마다 조금씩 출토된 즐문토기에 대한 고려가 없었다. 그런데 보고된 즐문토기를 보면 돌유문이나 뇌문계의 문양(도 3의 1~3)도 있어, 서포항Ⅳ기나 호곡Ⅰ기와 대비되는 시기의 토기가 있는 것을 알 수 있다.

셋째, 적색마연토기와 이른바 '마연토기'의 有無로서 토기변화의 흐름을 파악한 점이다. 두만강유역에서 적색마연토기의 유무는 무문

---

10) 한 유적에서 두 시기에 걸쳐 적색마연토기가 출토되는 사례로는 유일하다.
11) 고고학 및 민속학 연구소, 1960, 「회령 오동 원시 유적 발굴 보고」, 『유적 발굴 보고』 제7집, 과학원 출판사.
　　중복관계를 보이지 않는 것이 1·3호인데, 보고서에 따르면 적색마연토기가 출토되는 1호는 2호와 같은 양상이며, 3호의 경우 주거지 위층에서 마연토기가 출토되는 것을 근거로 마연토기가 중심을 이루는 5호보다 빠르다고 한다.

토기시대를 전반과 후반으로 크게 나눌 때는 하나의 기준이 될 수 있
지만,12) 전반기에도 적색마연토기를 내지 않는 주거지가 있기 때문에
개별 주거지의 편년에 곧바로 적용하는 것은 위험하다. 그리고 西谷
正도 지적했듯이13) 마연토기의 유무를 토기변화의 경향이나 편년의
기준으로 삼기는 곤란하다. 보고서에는 '마연토기'를 일반적인 무문
토기를 가리키는 '갈색토기'와 구분하였지만, 양자는 모두 생활용토
기로서 기능적으로나 형태적으로 구분되지 않는다. 토기의 표면을 마
연하는 기법은 호곡Ⅰ기 등 이른 시기부터 서북~동북지역에 공통적
으로 유행하였으며, 특히 두만강유역의 무문토기에는 보편적으로 사
용된 정면기법이다. 따라서 5호에 압도적으로 많은 마연토기가 검출
되었다고 하지만, 이는 출토양상의 차이일 뿐 특정 시기에 한정된 현
상이 아니기 때문에 편년의 기준으로는 사용할 수 없다.14)

　넷째, 2호와 4호는 중복되지 않았는데, 모서리가 인접하고 있는 것
을 보면 동시기는 아닐 것이다. 황기덕은 적색마연토기의 유무를 기
준으로 2호→4호라고 했는데,15) 앞에서도 언급했듯이 이것만으로 개
별 주거지를 편년하는 데에는 신중해야 한다. 이 두 주거지의 선후관
계를 생각하는데 있어 적색마연토기보다는 흡사 돌대문의 효과를 내

12) 황기덕, 1962, 「두만강유역의 청동기시대문화(Ⅰ)」,『문화유산』 5 ; 1962, 「두
　　만강유역의 청동기시대문화(Ⅱ)」,『문화유산』 6.
13) 西谷 正, 1975, 「會寧五洞の土器をめぐる問題」,『史淵』112, 九州大學文學部,
　　p.664.
14) 보고서의 내용으로 미루어 볼 때, 아마 보고자들은 대단히 치밀하게 마연되
　　어 全面에 광택이 나는 지경동 출토 토기와 같은 것을 염두에 두고 따로 구
　　분하려 하였던 같다. 그러나 국립중앙박물관 소장품을 직접 관찰해 본 결과
　　지경동의 토기는 기형이 독특하여 두만강유역권 내에서도 뚜렷한 지역성을
　　가진 것으로서, 오동이나 송평동 등의 토기에 비해 마연단위의 폭도 좁고 표
　　면 색조나 기형이 크게 다르다.
15) 황기덕, 1962, 「두만강유역의 청동기시대문화(Ⅰ)」,『문화유산』 5 ; 1962, 「두
　　만강유역의 청동기시대문화(Ⅱ)」,『문화유산』 6.

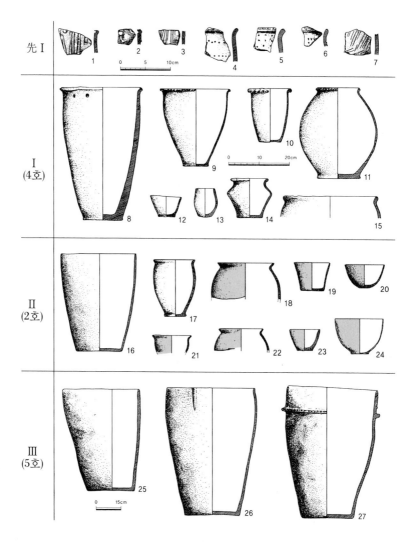

[도 3] 오동 先Ⅰ~Ⅲ기의 토기
(1~7은 1/7, 8~24는 1/12, 25~27은 1/20 축소)

고 있는 토기(도 3의 9~11)를 고려할 필요가 있다. 그 가운데 [도 3]의
9는 외반하는 구연부에 돌대문의 효과를 내고 있는 점이나 전체 기형
에서 서포항V·Ⅵ기(도 2의 10·15)나 웅기 송평동의 토기[16]와 대비
할 수 있어 이와 유사한 시기로 볼 수 있는 반면, 2호에서 출토된 직
립구연의 심발형토기(도 3의 16)는 5호 토기(同 25·26)와 유사하다.

이렇게 보면 大貫靜夫의 지적대로 4호가 2호보다 빠를 가능성이
있고,[17] 소속이 명시되지 않은 구순각목문과 공열문이 시문된 상당수
의 토기는 4호주거지 단계에 속할 가능성이 높다. 기존의 편년은 8호
이후부터 Ⅰ기로 설정하였지만,[18] 위에서 본 바와 같이 그 이전부터
명확한 단계를 설정할 수 있으므로 용어의 혼란을 피하여 '말기의 즐
문토기(→)8호주거지' 단계를 先Ⅰ기로 하고, 4호부터를 Ⅰ기로 하여
철기가 출토되는 6호주거지 이전까지를 [도 3]과 같이 정리한다.

4) 편년망 구축

위와 같은 표준유적의 편년을 토대로 해서 두만강유역에 포함되는
중국과 연해주의 유적도 포함하여 즐문토기 말기부터 무문토기 전반
기까지의 편년망을 구축해 보자. 두만강유역에서도 중·상류역과 하
류역은 약간의 차이가 있어,[19] 중류역과 하류역을 구분하여 편년하거
나[20] 내륙지역과 해양지역으로[21] 구분하기도 하였다.

16) 有光教一, 1962, 「朝鮮櫛目文土器の研究」, 『京都大學文學部考古學叢書』 3, p.47.
17) 大貫靜夫, 1992, 「豆滿江流域を中心とする日本海沿岸の極東平底土器」, 『先史
   考古學論集』 2, p.63.
18) 사회과학원 고고학연구소, 1977, 『조선고고학개요』, 과학백과사전출판사, p.67.
19) 藤口健二, 1986, 「朝鮮無文土器と彌生土器」, 『彌生文化の研究』 3, 雄山閣, p.152.
20) 大貫靜夫, 1992, 「豆滿江流域を中心とする日本海沿岸の極東平底土器」, 『先史
   考古學論集』 2.
21) 강인욱, 2005, 「한반도 동북한지역 청동기문화의 지역성과 편년」, 『江原地域
   의 靑銅器文化』, 강원고고학회 2005년 추계 학술대회.

[표 3] 두만강유역 편년표

단계	중류역		標識土器	하류역	
1	즐문토기 말기 호곡 I (I₁ / I₂)	오동先 I	뇌문	서포항IV₁ 서포항IV₂	자이사노프카
2	석회장하층 오동 I·흥성유형	앵가령상층	지두돌대	서포항 V	마르가리토프카
3	호곡 II	오동 II	적색마연	서포항VI 서포항VII	시니가이

중류역은 호곡·오동유적을 기준으로 흑룡강성의 石灰場이나 鶯歌嶺遺蹟을 포함한다. 먼저 '말기 즐문토기(→)8호주거지'의 오동 先 I기는 즐문토기를 포함하기 때문에 상한은 호곡 I기와 병행할 것이지만, '갈색토기'가 출토되었다고 하는 8호주거지에서 즐문토기적인 요소에 대한 단서를 찾을 수 없어 일단 하한은 호곡 I기보다 내려올 것으로 판단해 둔다. 즐문토기 말기로 보고된 石灰場下層[22]은 鶯歌嶺上層[23]에 앞서면서 모두 호곡 II기보다 빠르고,[24] 鶯歌嶺上層과 병행하는 興城類型은 오동 I기(4호)의 토기와 대비된다.[25] 따라서 이들은 호곡 I기와 II기 사이에 해당하게 되며, 다음에 오는 호곡 II기는 적색마연토기를 통해 오동 II기(2호)와 병행할 것이다.

하류역은 서포항을 기준으로 송평동·초도유적과 연해주 남부의 유적이 포함된다. 먼저 웅기 송평동[26]은 철기시대의 파수부토기까지

22) 陶剛·安路·賈偉明, 1990, 「黑龍江省寧安縣石灰場遺址」, 『北方文物』 2.
23) 張太湘·朱國忱·楊虎, 1981, 「黑龍江寧安縣鶯歌嶺遺址」, 『考古』 6.
24) 大貫靜夫, 1992, 「豆滿江流域を中心とする日本海沿岸の極東平底土器」, 『先史考古學論集』 2, pp.67~68.
25) 宋玉彬, 2002, 「豆滿江流域靑銅時代的幾介問題」, 『北方文物』 4.
26) 藤田亮策, 1930, 「雄基松坪洞石器時代遺蹟の發掘」, 『靑丘學叢』 2 ; 1931, 「雄基松坪洞遺蹟の調査」, 『靑丘學叢』 6.

출토되지만, 뇌문토기·지두상돌대문토기[27]·적색마연토기로 보아 서
포항Ⅳ~Ⅵ기, 오동 先Ⅰ~Ⅰ기와 병행하는 자료가 많다. 羅津 草島
는 층위별로 정리되지 않아 시기구분이 어려운데, 보고서에 신석기시
대 최말기에 속한다고[28] 언급된 부분이 있고 뇌문계의 토기가 있는
것을 보면, 이러한 판단은 당시의 조사자들이 호곡이나 서포항유적이
정식으로 조사되기 이전부터 두만강유역의 선사유적에 대해 어느 정
도 숙지하고 있었음을 짐작하게 한다. 최근에도 연해주지역의 자료와
비교하여 즐문토기 말기부터 시작되는 유적으로 편년되고 있다.[29] 한
편 淸津 農圃洞(油坂貝塚)[30]은 뇌문토기로 보아 즐문토기 말기가 중
심이지만, 渦文土器 등 그 이전 단계도 있다. 특히 형식상 와문에서
뇌문으로의 과도기적 모습의 토기편이 있는 한편, 돌유문도 있다고
하므로 대략 서포항 Ⅲ기부터 Ⅳ기까지로 설정할 수 있는데, 宮本一
夫가 농포동을 서포항Ⅳ에 두면서도 서포항Ⅲ기와 Ⅳ기를 연결하는
것으로 고려했던[31] 점을 참고한다면 서포항Ⅳ₁기를 중심으로 두는 것
이 무난하다. 연해주에서는 자이사노프카의 마지막 시점부터 마르가
리토프카와 시니가이문화 단계까지 해당된다.[32]

황기덕, 1962, 「두만강 류역의 신석기시대 문화」, 『문화유산』 1 ; 1970, 「두만
강 류역의 청동시대문화」, 『고고민속론문집』 2.
有光教一, 1962, 「朝鮮櫛目文土器의 硏究」, 『京都大學文學部考古學叢書』 3.
국립김해박물관, 2005, 『전환기의 선사토기』.
27) 裵眞晟, 2006, 「北韓 無文土器의 編年 －早期~前期를 中心으로－」, 『轉換期
의 先史土器 資料集』, 국립김해박물관, p.9.
28) 도유호·정백운, 1956, 「라진 초도 원시 유적 발굴 보고서」, 『유적발굴보고』
1집, p.51.
29) 강인욱, 2005, 「한반도 동북한지역 청동기문화의 지역성과 편년」, 『江原地域
의 靑銅器文化』, 강원고고학회 2005년 추계 학술대회.
30) 고고학 연구실, 1957, 「청진 농포리 원시 유적 발굴」, 『문화유산』 4.
31) 宮本一夫, 1986, 「朝鮮有文土器의 編年과 地域性」, 『朝鮮學報』 121, pp.10~11.
32) 白杵 動, 2004, 『鐵器時代의 東北アジア』, 同成社.
강인욱, 2005, 「한반도 동북한지역 청동기문화의 지역성과 편년」, 『江原地域

위와 같이 유적별 편년의 토대 위에 주변 유적을 포함하여 중류역
과 하류역의 편년과 병행관계를 정리하면 [표 3]과 같다.[33] 그렇다고
해서 중류역과 하류역이 엄격하게 구분되는 것은 아니다. 뇌문토기·
지두상돌대문토기·적색마연토기는 두만강유역 전체에 공통적인 요
소여서, 동북지역의 단계를 설정할 때에는 이 토기들을 기준으로 하
는 것이 가장 합리적이다. 따라서 뇌문토기로 대표되는 즐문토기 말
기에서 무문토기로의 전환기인 호곡 I 기를 1단계로, 지두상돌대문토
기를 표지로 하는 송평동·오동 I 기·서포항Ⅴ~Ⅵ기를 2단계로, 다
음 호곡Ⅱ·오동Ⅱ·서포항Ⅵ~Ⅶ처럼 적색마연토기가 성행하는 때
를 3단계로 설정한다.[34] 이후의 호곡Ⅲ기부터는 적색마연토기가 소멸
되고 꼭지형파수가 붙기 시작하며, 석기에서도 흑요석기의 양이 급감
하는 등 호곡Ⅱ기와 Ⅲ기는 하나의 큰 분기가 될 수 있는데, 이에 대
해서는 이미 황기덕[35]이 적색마연토기의 유무를 기준으로 전기와 후
기로 구분한 바 있다.

5) 석기의 특징과 변천

두만강유역은 남한 무문토기의 대표주자인 공열문토기의 起源地

의 靑銅器文化』, 강원고고학회 2005년 추계 학술대회.
33) 하류역의 서포항 분기에 횡선으로 구분하지 않은 것은 서포항Ⅳ₂기가 호곡
   I ₁기와 겹치는 부분이 있을 수 있고, 서포항Ⅴ기도 호곡 I ₂기부터 오동 I 기
   까지 해당할 수 있으며, 서포항Ⅵ기의 지두돌대문토기는 Ⅵ기의 다른 토기
   와는 뚜렷이 구분되어 분기의 여지가 있기 때문이다. 또 실선이 아닌 점선으
   로 구획한 것도 기계적으로 각 기를 뚜렷하게 나누기보다는 차후의 유동성
   을 고려한 것이다.
34) 서포항Ⅳ₂기의 21호주거지에 有文樣의 적색마연토기편이 한 점 있으나 이것
   은 무문토기가 아닌 즐문토기의 적색마연토기이다.
35) 황기덕, 1962, 「두만강유역의 청동기시대문화(Ⅰ)」, 『문화유산』 5 ; 1962, 「두
   만강유역의 청동기시대문화(Ⅱ)」, 『문화유산』 6.

이지만, 그곳의 석기문화는 남한은 물론 북한의 다른 지역과도 구분
되는 독특한 특징을 보인다. 동북아시아 속에서 한반도 무문토기문화
의 특징이라고 할 수 있는 마제석검, 특히 유병식석검이 없고, 유구석
부도 출토되지 않는다.

[표 3]의 편년에 따라 두만강유역 무문토기시대 전반기의 석기를
종류별로 보면, 우선 석부의 경우 1단계에 횡단면이 납작한 형태(도 4
의 1)로부터 시작되어 2·3단계에는 전형적인 蛤刃石斧라고 할 수 있
는 횡단면이 원통형에 가까운 厚斧(同 10·20)로 발전하며, 특히 3단
계에는 횡단면 장방형의 兩刃石斧(同 21)와 片刃石斧(同 28)도 유행하
는 등 그 구성이 다양해진다. 석촉은 무경식(同 4·13·14·26) 위주
이며 흑요석제석촉(同 3·15·16·27) 역시 마찬가지이다. 방추차는
이 지역의 특징인 원추형이 계속 유지되는데, 주판알과 같은 형태(同
9)는 서포항Ⅴ기 다음에는 보이지 않아 이른 시기에 한정된다. 반월형
석도는 兩刃이 확인되며 장방형과 즐형이 특징인데, 貝製(同 7)나 骨
製(同 34)의 것도 꾸준히 사용되었다. 다음으로 이 지역 특유의 석기
인 이른바 곰배괭이(同 6)는 1단계부터 시작되어 3단계 이후의 후반
기에도 계속 사용되었으며, 흑요석제석기(同 5) 역시 철기가 보이기
시작하는 호곡Ⅴ기까지 보편적으로 사용되었다. 부리형석기는 오동
Ⅱ(同 22)와 서포항Ⅶ을 비롯하여 그 이후에도 출토되고 있으며, 옥제
장신구(同 17·23·24)도 확인된다. 그리고 동북형석도 역시 두만강
유역 무문토기시대 전반기에 일반화 된 도구였다.

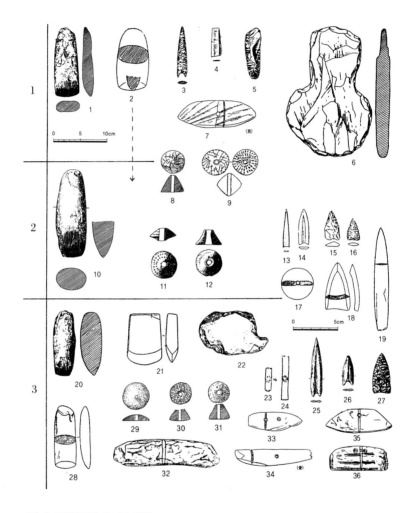

[도 4] 두만강유역 석기의 변천

1・3~6・8:호곡Ⅰ, 2・7・9:서포항Ⅴ, 10~12:오동Ⅰ(4호住), 13~19:서포항Ⅵ,
20・29~32・34・36:호곡Ⅱ, 21・23・24・28・33・35:서포항Ⅶ, 22・25~27:오동
Ⅱ(2호住)

(3~5・13~18・23~27은 1/4, 32는 1/10, 나머지는 1/7 축소)

2. 압록강~청천강유역의 지역성과 편년

1) 압록강하류역

(1) 新岩里式土器

압록강하류역의 조기~전기 무문토기는 즐문토기에서 무문토기로
의 전환기를 포함하는 新岩里遺蹟36)과 미송리형토기를 내는 美松里
遺蹟37)으로 대표된다. 신암리유적과 압록강을 사이에 두고 마주하는
丹東市 東溝縣 일대를 비롯한 요동지역에도 유사한 土器가 확인되고
있어, 즐문토기 말기부터 요동지역과 압록강하류역은 유사한 토기문
화권을 이루었다.

1960~70년대 북한 연구자들에 의한 압록강하류역의 토기편년은
이후의 요동지방을 포함한 동북아시아 토기편년에서 하나의 기준이
되었으며, 小川靜夫,38) 藤口健二,39) 宮本一夫40)의 편년에서도 큰 틀은
바뀌지 않고 있어, 신암리 I 기와 II기, 그리고 미송리형토기로의 순
서는 압록강하류역 토기편년의 골격을 이루고 있다.

먼저 신암리 I 기부터 보면, 이 단계는 동체에 돌대문으로 구획을

36) 리순진, 1965, 「신암리 유적 발굴 중간 보고」, 『고고민속』 3.
   김용간·리순진, 1966, 「1965년도 신암리유적발굴보고」, 『고고민속』 3.
   신의주역사박물관, 1967, 「1966년도 신암리유적발굴간략보고」, 『고고민속』 2.
   강주만, 1979, 「신암리원시유적 제4지점에 대하여」, 『력사과학』 2.
37) 김용간, 1961, 「미송리 동굴 유적 발굴 중간 보고(1)」, 『문화유산』 1 ; 1961, 「미
   송리 동굴 유적 발굴 중간 보고(II)」, 『문화유산』 2 ; 1963, 「미송리 동굴 유
   적 발굴 보고」, 『고고학자료집』 3, 과학원출판사.
38) 小川靜夫, 1982, 「極東先史土器の一考察 －遼東半島を中心として－」, 『東京
   大學文學部考古學研究室研究紀要』 1.
39) 藤口健二, 1986, 「朝鮮無文土器と彌生土器」, 『彌生文化の硏究』 3, 雄山閣.
40) 宮本一夫, 1985, 「中國東北地方における先史土器の編年と地域性」, 『史林』 68
   －2 ; 1986, 「朝鮮有文土器の編年と地域性」, 『朝鮮學報』 121.

정해 놓고 그 안에 뇌문을 시문한 호형토기가 대표적이다. 문양은 즐
문토기계이지만 長頸의 壺는 새로운 기형이며, 壺·甕·鉢·臺附土
器로 이루어진 기종구성에서도 무문토기적인 양상으로 바뀌었다(도 5
의 1~13). 따라서 신암리 I 기는 즐문토기에서 무문토기로의 過渡期
的 段階[41]로서, 이전 토기와는 구분되면서 한정된 시간성과 지역성을
띠는 이 토기들을 '新岩里 I 式土器'라고 해도 좋다.

쌍학리[42]·룡연리[43]·도봉리유적[44]도 신암리 I 식토기의 특징을
보인다. 쌍학리는 대체로 신암리 I 기와 병행하는데,[45] 당산상층에 보
이는 동체부에 덧무늬가 부착된 토기(도 5의 27)도 있어 두 단계로 나
누기도 했다.[46] 그럴 때 당산상층류의 토기들이 신암리 I 기 이전[47]인
지 이후[48]인지가 문제로 되며, 쌍학리의 경우도 층위나 공반관계의
뒷받침이 없어 역시 당산상층을 어디에 위치시키는가에 따라 좌우될
것이다. 당산상층에서 대해서는 신암리 제4지점의 층위와 관련하여

---

41) 리병선, 1965, 「압록강류역 빗살 무늬 그릇 유적들의 계승성에 대한 약간의
   고찰」,『고고 민속』2, p.11.
   後藤 直, 1971, 「西朝鮮の「無文土器」について」,『考古學研究』17-4.
   藤口健二, 1986, 「朝鮮無文土器と彌生土器」,『彌生文化の研究』3, 雄山閣.
42) 도유호, 1960,『조선원시고고학』.
   리병선, 1963, 「압록강 류역 빗살무늬 그릇 유적의 특성에 관한 약간의 고찰」,
   『고고민속』1.
43) 강중광, 1974, 「룡연리유적 발굴보고」,『고고학자료집』4, 사회과학출판사.
44) 리병선, 1962, 「평안북도 룡천군, 염주군 일대의 유적 답사 보고」,『문화유
   산』1.
45) 김용간, 1966, 「서북 조선 빗살 무늬 그릇 유적의 연대를 론함」,『고고민속』1.
46) 사회과학원 고고학연구소, 1969, 「기원전 천년기 전반기의 고조선 문화」,『고
   고민속론문집』1.
47) 宮本一夫, 1985, 「中國東北地方における先史土器の編年と地域性」,『史林』68-
   2, p.27.
48) 사회과학원 고고학연구소, 1969, 「기원전 천년기 전반기의 고조선 문화」,『고
   고민속론문집』1.
   小川靜夫, 1982, 「極東先史土器の一考察 －遼東半島を中心として－」,『東京
   大學文學部考古學研究室研究紀要』1.

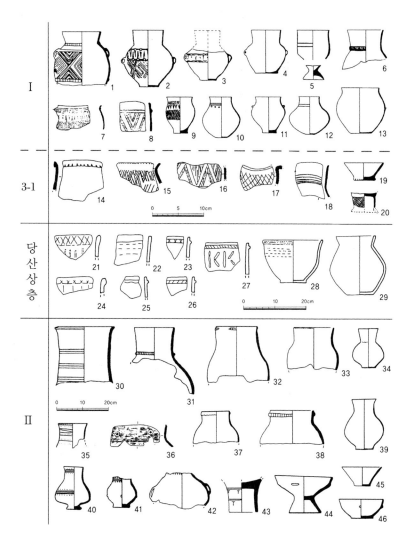

[도 5] 신암리 I ~ II기의 토기
(1~4·30·31은 1/14, 7·8은 축척부동, 14~17·21~27은 1/7, 나머지는 1/12 축소)

뒤에서 다룬다. 그리고 신암리유적 제3지점 제1문화층은 신암리Ⅰ기와 Ⅱ기 사이로 편년되어[49] 왔다. 상대적인 순서는 이렇게 볼 수 있지만, 여기에는 Ⅰ기 토기의 특징이 강하고 Ⅱ기의 제2문화층과는 층위상으로도 구분되기 때문에 신암리Ⅰ기에 포함하여 그 속에서의 상대적인 순서로 파악하는 것이 좋지 않을까 한다.

다음 신암리Ⅱ기는 호형토기의 頸部와 胴部의 경계에 각목돌대문을 붙인 것(도 5의 31)이나 동부에 세로로 파수를 부착한 것(同 42)은 Ⅰ기에 연속되지만, 雷文은 소멸되었다. 구연단 아래의 節狀突帶文(同 32), 횡침선과 점열문의 조합(同 35), 臺脚部에 횡침선과 T자문의 조합(同 43), 동체 하단부에 붙은 4개의 乳頭形把手(同 41) 등의 문양이 있다. 또 高杯形土器(同 44)도 유행하며 호형토기의 기형도 다양해지는데, 이 토기들을 '新岩里Ⅱ式土器'라 하자(도 5의 30~46).

(2) 미송리형토기의 分期

신암리Ⅱ기 이후는 약간의 공백기를 거쳐 이른바 미송리형토기로 이어진다. 이 토기는 요령지역의 석관묘문화와 관련이 깊은 것으로 遼河 以東의 渾河~太子河 중상류지역이 중심인 것은 분명하지만,[50] 여기에만 한정되지 않고 요동북부에서부터 요동반도 남단에 이르는 지역까지 여러 지역문화권이 포함된 문화복합체로 인식되어[51] 왔다.

한반도에서는 서북지역에 분포하는데 압록강하류역에 전형적인 형식이 있으며, 대동강유역에는 변형의 미송리형토기가 팽이형토기와 공반된다. 대표적인 유적으로는 遼寧地域의 本溪 山城子,[52] 鳳城

49) 김용간・리순진, 1966, 「1965년도 신암리유적발굴보고」, 『고고민속』 3.

50) 金美京, 2006, 「美松里型 土器의 변천과 성격에 대하여」, 『韓國考古學報』 60.

51) 鄭漢德, 1996, 「美松里型土器形成期に於ける若干の問題」, 『東北アジアの考古學 第二』[檀域], 깊은샘.

52) 遼寧省文物考古研究所 외, 1994, 『馬城子 ―太子河上游洞穴遺存―』, 文物出

東山,[53) 遼陽 二道河子,[54) 新金 雙房,[55) 西豊 誠信村,[56) 撫順 八寶溝[57)
등과 서북지역의 미송리 상층,[58) 신암리 제2지점(모래산유적)을 들 수
있다.

신암리Ⅲ기의 미송리형토기는 ⅢA와 ⅢB,[59) 미송리 상층은 Ⅱ₁과
Ⅱ₂로[60) 구분되었는데, 모래산유적 1호주거지의 토기(도 6의 1·2)는
미송리Ⅱ₁(同 8·9)보다 口頸部가 짧아 미송리형토기의 가장 이른 형
식인 쌍방6호묘의 토기에 가깝다. 전형적인 미송리형토기의 특징이라
고 할 수 있는 횡침선문대와 횡교상파수는 신암리(모래산) 1호주거지
에서 미송리Ⅱ₁까지이며, 미송리Ⅱ₂의 토기(同 10)는 구경부와 동체부
의 길이가 거의 같아져 묵방리형토기의 기형에 가까워지고 파수도 간
략해지며 횡침선문도 퇴화된다.

따라서 신암리Ⅱ기 이후 어느 정도의 공백기를 두어야 할지는 현
재로서 자신할 수 없지만, 공백기 이후의 전개과정은 '신암리Ⅲ→미
송리Ⅱ₁→미송리Ⅱ₂'가 된다. 이러한 상대서열은 아직 층위적으로는
뒷받침되지 못하지만 토기의 형식적인 측면(1·2→6·7→8·9→10·
11)에서는 충분히 설득력이 있다. 그리고 신암리Ⅲ과 쌍방 6호묘의 壺
가 同型이라고는 할 수 없겠지만, 그렇다고 시기차를 두기 보다는 같

版社.
53) 許玉林·崔玉寬, 1990,「鳳城東山大石蓋墓發掘簡報」,『遼海文物學刊』2.
54) 遼陽市文物管理所, 1977,「遼陽二道河子石棺墓」,『考古』5.
55) 許明綱·許玉林, 1983,「遼寧新金縣雙房石蓋石棺墓」,『考古』4 ; 1983,「新金
    雙房石棚和石蓋石棺墓」,『文物資料叢刊』7.
56) 遼寧省西豊縣文物管理所, 1995,「遼寧西豊縣新發見的幾座石棺墓」,『考古』2.
57) 佟達·張正岩, 1989,「遼寧撫順大伙房水庫石棺墓」,『考古』2.
58) 김용간, 1963,「미송리 동굴 유적 발굴 보고」,『고고학자료집』제3집, 과학원
    출판사.
59) 藤口健二, 1986,「朝鮮無文土器と彌生土器」,『彌生文化の硏究』3, 雄山閣, p.148.
60) 西谷 正, 1978,「美松里洞窟出土の無文土器」,『史淵』115, pp.176~179 ; 1990,
    「美松里型土器とその文化について-中國·東北考古學にふれて-」,『史淵』217,
    九州大學文學部, p.113.

은 단계로 파악하는 것이 적절하다. 고식의 요령식동검이 공반된 쌍방 6호묘의 상한을 서주 후기까지 고려할 수 있고, 이에 따라 신암리 Ⅲ의 상한 역시 그러할 가능성을 고려하면 신암리Ⅱ와 Ⅲ 사이의 공백기를 너무 크게 잡을 필요는 없지 않을까 한다.

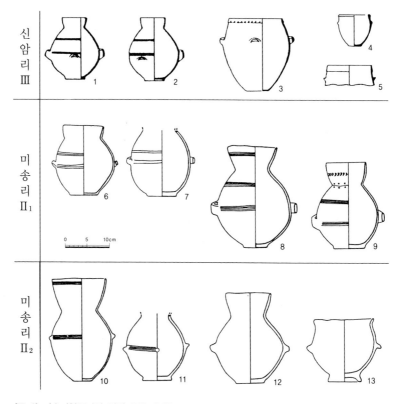

[도 6] 미송리형토기의 변천 (1/8 축소)

(3) 석기의 특징과 변천

이 지역은 토기에서는 요동반도와 유사성이 많은 가운데 각각의 특징도 인정되지만, 석기의 경우 토기보다 지역성의 범위가 넓은 점

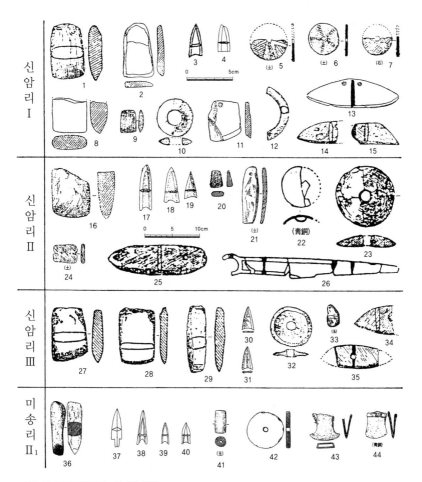

[도 7] 압록강하류역 석기의 변천
1 · 3 · 5~7 · 9 · 10 · 12 · 14 · 15:신암리 I , 2 · 4 · 8 · 11 · 13:용연리, 16~26:신암
리 II, 27~35:신암리 III, 36~44:미송리 II₁
(21 · 33은 1/3, 3 · 4 · 22 · 26 · 41은 1/4, 나머지는 1/7 축소)

을 감안할 때 같이 묶어도 큰 무리가 없다. 석부에서는 즐문토기 말기
부터 횡단면이 원형에 가까운 厚斧가 완성되었지만, 주류를 이룬 것
은 횡단면이 납작한 장방형의 것(도 7의 1 · 16 · 27)으로서 이 지역 벌

채석부의 독특한 특징이다.[61] 환상석부(同 10 · 23 · 32)는 신암리 I 기
부터 계속되며, 신석기 말기부터 출현하는 반월형석도는 어형(同13 ·
35)이 대표적이다. 석촉은 두만강유역과 마찬가지로 무경식이 사용되
었고, 미송리 II 1에 와서야 유경식(同 37)이 보이기 시작한다. 신암리
I 에 석제팔찌(同 12)가 있지만 옥제장신구(同 20 · 33 · 41)는 신암리
II 부터 유행하며, 토제장신구(同 21)도 있는 것을 보면 장신구의 사용
이 활발해지는 시점은 신암리 II 부터일 것이다.

2) 압록강상류역

(1) 공귀리와 심귀리의 편년

이 지역을 대표하는 것으로는 公貴里와 深貴里의 주거지를 들 수 있다.

공귀리유적[62]은 통로로 추정되는 溝와 住居址의 중복 등을 근거로
두 시기로 구분되는데, 2 · 3 · 6호를 공귀리 I 기, (1) · 4 · 5호를 공귀
리 II 기로 부르자. 보고서에는 刻目突帶文土器의 소속이 명시되지 않
았으나, 이후 공귀리 상층(II 기)에는 덧무늬나 닭볏모양파수가 없다
고 밝히고 있어[63] [도 8]의 1~9와 같은 토기는 공귀리 I 기에 소속시
킬 수 있다. II 기는 이른바 '공귀리형토기'라고 부르는 파수부호형토
기가 대표적이며, 파수와 동체 상부와의 경계에 돌기를 붙인 것, 천발
형토기에 네 개의 돌기를 붙이고 그 사이에 압날문을 시문한 것(同
20), 그리고 꼭지형파수부토기 등으로 구성된다(同 16~22). (穿)공열
문이 시문된 꼭지형파수부토기(同 22)는 주거지에서 출토되지는 않았
지만 5호주거지 출토품(同 21)과 규격이나 파수에서 유사하여 II 기에
속하는 것으로 판단된다.

---

61) 下條信行, 2002,「北東アジアにおける伐採石斧の展開」,『韓半島考古學論叢』.
62) 김용간, 1959,「강계시 공귀리 원시 유적 발굴 보고」,『유적발굴보고』 6.
63) 정찬영, 1983,「심귀리집자리」,『유적발굴보고』 13, p.22.

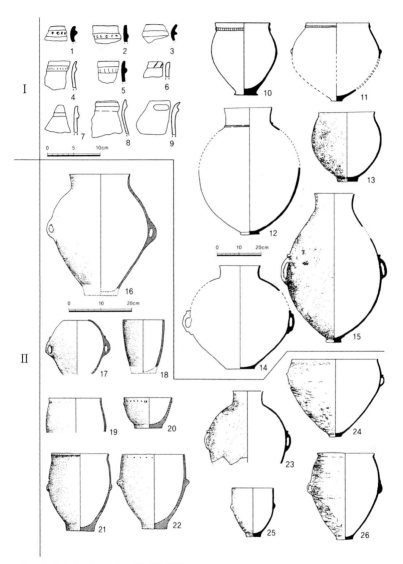

[도 8] 공귀리 · 심귀리 I ~ II기의 토기
1~9 · 19 · 22:공귀리 출토, 10~15:심귀리1호, 23~26:심귀리2호, 18:공귀리4호,
16 · 17 · 20 · 21:공귀리5호
(1~9는 1/7, 10 · 17~22는 1/12, 나머지는 1/17 축소)

심귀리유적64)의 1·2호주거지는 출토유물에서도 차이가 있고 분
포도를 보더라도 同時期는 아니므로, 각각 I 기와 II기로 구분한다. 1
호(I 기)에서는 각목돌대문이 부착된 옹형토기(同 10·11)·頸部와
胴部의 경계에 돌대문이 있는 것(同 12)·縱狀把手의 공귀리형토기
(同 14·15) 등이며, 2호(II기)에는 돌대문이 없다. 이와 같은 내용으
로 보아 심귀리 I · II기는 공귀리 I · II기에 병행한다.65)

공귀리형토기는 공귀리에서는 II기에 있지만, 심귀리에서는 I 기
부터 있기 때문에 공귀리 I 기의 후반부터는 나타나는 것으로 보아도
좋을 것이며, 공귀리나 심귀리 모두 I 기와 II기 사이에 공백이 있다
고는 생각되지 않는다.

한편, 신암리보다 빠르게 편년된66) 中江郡 土城里遺蹟67)의 경우
雷文과 동체부 돌대문으로 보아 하한은 신암리 I 기까지 포함한다. 또
공귀리II기와 같은 파수부토기도 출토되었지만, 공귀리 I 기는 공백
이다. 中江郡 長城里遺蹟68)은 평행선 사이를 채운 뇌문계의 문양과
동체부 돌대문은 신암리 I, 구연부 돌대문과 이중구연토기는 신암리
II와 관련되며, 미송리형토기와 묵방리형토기편도 있어 하한은 더 내
려올 것이다.

---

64) 정찬영, 1961, 「자강도 시중군 심귀리 원시 유적 발굴 중간 보고」, 『문화유
산』 2 ; 1983, 「심귀리집자리」, 『유적발굴보고』 13.
65) 한편, 『조선고고학개요』(1977)에서는 심귀리 1·2호주거지를 공귀리II기보다
늦게 보았고, 이것이 『조선의 청동기시대』(1984)에도 그대로 적용되었다. 이
편년안은 토기 자체의 검토보다는 주거지 내의 주춧돌과 흑요석제석기의 유
무에 근거하였다.
66) 리병선, 1965, 「압록강류역 빗살무늬그릇 유적들의 계승성에 대한 약간의 고
찰」, 『고고민속』 2, p.7.
宮本一夫, 1985, 「中國東北地方における先史土器の編年と地域性」, 『史林』 68
-2 ; 1986, 「朝鮮有文土器の編年と地域性」, 『朝鮮學報』 121.
67) 정찬영, 1983, 「토성리유적」, 『유적발굴보고』 제13집.
68) 김종혁, 1961, 「중강군 장성리 유적 조사 보고」, 『문화유산』 6.

위와 같이 압록강상류역의 즐문토기말~무문토기초의 토기는 신암리 I ~ II기에 해당되는 것을 포함하고 있으며, 돌대문토기를 특징으로 하는 공귀리·심귀리 I 기는 신암리II기와 병행한다. 공귀리·심귀리 I 기는 돌대문토기와 공귀리형토기로 대표되며, II기는 공귀리형토기와 공열문·압날문·무문의 꼭지형파수부토기가 표지적이다.

(2) 석기의 특징과 변천

이 지역은 토기에서 동북지역과 서북지역의 요소가 모두 나타나는데, 석기에서도 그러하다. 석부는 四稜斧와 함께 횡단면이 납작한 장방형의 석부가 유행하는 점은 동북·서북지역과 같다. 석촉은 I 기부터 무경식과 유경식이 공존하며, 鏃身의 단면이 삼각형을 이룬 것도 드물게 확인되고 있다. 장방형·즐형석도(도 9의 17·42)와 환상석부의 가장자리만 다듬은 듯한 성형석부(同 39)는 동북계이며, 어형석도(同 19·41)와 환상석부(同 38)는 서북계라 할 수 있다. 한편, 상하 엇갈리게 제작된 이른바 '이중식별도끼'(同 40)는 서북·동북지역에서는 보이지 않고, 압록강상류역과 대동강유역에서만 출토되고 있다. 玉製裝身具는 II기에 보이지만(同 32~34) 동북·서북지역의 양상을 생각할 때 이 지역에도 I 기부터 존재할 가능성이 높다. 또 공귀리유적에는 두만강유역에서 유행한 부리형석기가 출토되어 그 분포의 서쪽한계선을 보여주고 있으며, 백두산 부근이라는 지리적 위치 때문인지 두만강유역과 마찬가지로 흑요석제석기(同 10~14·30·31)도 사용되었다. 반면, 토기편을 이용한 장방형의 토제어망추(同 15·27)는 압록강하류역의 것(도 7의 24)과 대비된다.

공
귀
리
·
심
귀
리
I

공
귀
리
·
심
귀
리
II

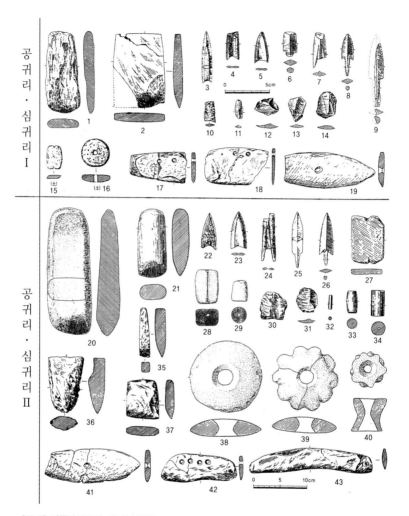

[도 9] 압록강상류역 석기의 변천

1·4·6·7·9·11~14·19:공귀리2호, 2·3·10·15~18:심귀리1호, 5·8:공귀
리3호, 20·21·24·26·40·41:공귀리1호, 22·35~37·42·43:심귀리2호, 23·
27~31·39:공귀리4호 25:심귀리3호, 32·34:석관묘, 38:공귀리5호
(3~14·22~26·30~34는 1/4, 나머지는 1/7 축소)

3) 청천강유역

(1) 당산상층·세죽리Ⅱ₁·구룡강Ⅰ~Ⅱ기

堂山遺蹟은 주로 신암리 I 기보다 이르게 편년되어 왔지만,[69] 도유호[70]에 의해 소개될 당시부터 시기를 달리하는 두 개의 문화층이 있었다고 한다. 이후 1991년에 발굴조사 된 4호 구획에서도 모래층을 간층으로 하여 하층과 상층으로 구분되는 것이 확인되어,[71] 각각 신석기시대의 늦은 시기와 무문토기시대의 이른 시기로 편년되었다.[72] 이 유적의 층위에 대해 도유호는 상층과 하층이 뒤바뀌었을 가능성이 있다고 하였으나, 1991년도 조사구역에 대한 보고에는 이에 대한 언급이 없으며, 1958년과 1991년도 조사구역이 동일한지도 확신하기 어렵다. 1992년 보고문을 보면 층위에서 간층이 뚜렷하고, 상층과 하층의 토기구성도 서로 구분될 만큼 차이가 뚜렷하다.

당산하층은 심발형토기를 주체로 하는 기종구성이나 문양에서 신암리 I 기보다 빠른 것은 분명한데, 문제는 당산상층이다. 구연 아래 동체에 세로로 덧무늬를 붙인 것 등에서 신암리 I 보다 빠르게 보일지도 모르지만, 뇌문이 없는 점이나 이중구연 및 구연부 각목돌대문과 호형토기의 기형으로(도 5의 21~29) 보아 신암리Ⅱ와 연결될 가능성이 더 커 보인다. 이에 대해서는 뒤에서 다루게 될 신암리 제4지점의 자료를 통해 살펴볼 것이다.

세죽리유적은 크게 3개의 문화층이 있는데, 제 I 문화층(즐문토기)

---

69) 김용간, 1966, 「서북 조선 빗살무늬그릇 유적의 연대를 논함」, 『고고민속』 1.
   강중광, 1975, 「우리나라 신석기시대 번개무늬그릇유적의 연대에 대하여」, 『고고민속론문집』 6.
70) 도유호, 1960, 『조선원시고고학』, p.80.
71) 차달만, 1992, 「당산조개무지유적 발굴보고」, 『조선고고연구』 4.
72) 차달만, 1993, 「당산유적 웃문화층, 질그릇갖춤새의 특징에 대하여」, 『조선고고연구』 4.

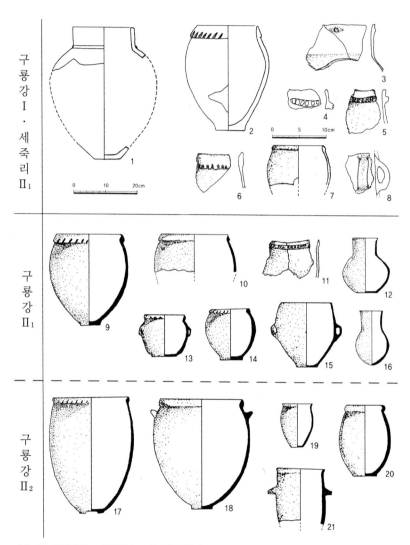

[도 10] 세죽리Ⅱ₁·구룡강Ⅰ~Ⅱ₂기의 토기
1·2:세죽리27호, 3~8:구룡강15호, 9·10·12~15:구룡강9호, 11:구룡강17호, 16:
구룡강2호, 17~20:구룡강20호
(3~6·8은 1/7, 11·12는 축척無, 나머지는 1/12 축소)

에 이은 제Ⅱ문화층에서 무문토기가 검출되었다. 주거지 퇴적층에서 뇌문토기편이 출토된 것을 보면 제Ⅰ문화층의 하한은 신암리Ⅰ까지로 볼 수 있다. 제Ⅱ문화층은 주거지 중복관계와 토기를 통해서 세 시기로 구분되었고,[73] 이것이 後藤 直에 의해 Ⅱ₁·Ⅱ₂·Ⅱ₃으로 명명되기[74] 시작했다. 세죽리Ⅱ₁을 보면, 이중구연 하단에 각목문을 새긴 토기(도 10의 2)는 신암리 제3지점 제1문화층(도 5의 14)부터 보이며 미송리형토기단계-세죽리Ⅱ₂-까지 이어진다. 이와 함께 호형토기의 경부와 동부의 경계에 돌대문을 시문한 것(도 10의 1)이나 절상돌대문도 있다고 한다. 또 [도 10]의 2와 같은 토기의 동체부에 사격자문이 시문된 토기[75]도 있다고 하므로, 즐문토기의 문양도 잔존하고 있음을 알 수 있다. 따라서 Ⅱ₁은 신암리Ⅱ와 상당부분 병행하지만, 그 이전 시기도 일부 걸쳐 있을 가능성이 있다.

다음으로 최근 보고된 구룡강유적[76]은 세죽리유적 인근에 위치하는데, Ⅰ(공귀리형토기)·Ⅱ(미송리형토기)·Ⅲ기(묵방리형토기)로 편년되었다. Ⅰ기의 토기는 이중구연에 각목이 있는 것(同 6)과 없는 것(同 7)이 있으며, 세죽리Ⅱ₁과 같은 호형토기와 구연부 아래에 단추모양의 덧무늬를 부착한 토기(同 3)도 검출되었다. 또 구연부 각목돌대문과 縱狀把手 등에서 압록강상류역과의 관련성도 보인다. 이처럼 구룡강Ⅰ기는 압록강상·하류역과 청천강유역의 토기문화가 혼합되어 있으며, 대

---

73) 김영우, 1964, 「세죽리 유적 발굴 중간 보고(2)」, 『고고민속』 4호, p.50.

74) 後藤 直, 1971, 「西朝鮮の無文土器について」, 『考古學硏究』 17-4, p.43.

75) 도면으로 제시되지는 않았지만 보고문(p.43)에 "……동체부분에 가로 세로 되는 데로 선을 그어 부정확한 방안선을 처 놓았다. ……팽이그릇류의 질그릇에 무늬가 없었다는 점을 고려할 때 이 상술한 질그릇에 세심한 주의를……"라고 기술되어 있다.

76) 석광준·차달만, 1997, 「구룡강유적에 대하여」, 『조선고고연구』 4호.
석광준·김재용, 2002, 「구룡강유적발굴보고」, 『강안리, 고연리, 구룡강 유적 발굴보고』.

략 신암리Ⅱ기가 중심 시기이며 상한은 더 올라갈 가능성이 있다.

구룡강Ⅱ기는 보고서에 따르면 주거지 간 중복관계는 없지만 주거지의 구조나 규모를 통해 Ⅱ₁(2·5·10·11호)과 Ⅱ₂(6·9호)로 구분된다고 한다. 그러나 이러한 구분은 토기 변화의 방향성과는 맞지 않는 측면이 있고, 주거지 배치에서도 규모가 비슷한 5호와 13호는 모서리가 인접하고 있어 同時期가 아닐 가능성이 있다. 그래서 여기서는 토기의 변화를 통해 [도 10]과 같이 정리해 보았다. Ⅱ₁에는 Ⅰ기부터 있었던 각목돌대문(同 11)과 종상파수(同 13·15)가 이어지며, 이중구연단사선문토기(同 9)도 胴上部가 강조되어 Ⅰ기(同 2)와 같은 기형이다. Ⅱ₂기에는 구연부 각목돌대문이 소멸하고 종상파수 대신 우각형에 가까운 파수(同 18·21)가 등장하며, 이중구연단사선문토기(同 17)의 동체부도 완만한 곡선을 그리고 있어 [도 10]의 2·9의 기형에서 변화를 보인다. 한편, 차달만[77]은 '당산상층→구룡강Ⅰ→세죽리Ⅱ₁→구룡강Ⅱ₁·세죽리Ⅱ₁→구룡강Ⅱ₂'로 편년했지만, 구룡강Ⅰ기와 세죽리Ⅱ₁기를 선후관계로 볼 적극적인 근거는 없다.

위와 같은 유적으로 대표되는 청천강유역은 주로 압록강 상·하류역의 토기편년 속에서 함께 다루어져 왔다. 뇌문과 돌대문은 세 지역 모두 공통되지만, 압록강상류역은 신석기시대 말기의 상황이 명확하지 않고 무문토기시대 조기의 양상도 신암리와는 차이가 있다. 단적인 예로 고배형토기가 압록강하류역에만 보이고 압록강상류역이나 청천강유역에는 출토되지 않는다. 즉 이 세 지역은 공통의 요소를 포함하면서도 나름대로의 지역성을 띠고 있으며, 그 중 청천강유역은 압록강 상·하류역의 요소와 함께 어우러지면서 지역성을 보인다는 데 특징이 있다.

---

77) 차달만, 1993, 「청천강류역 청동기시대 유적들의 년대」, 『조선고고연구』 2.

(2) 신암리 제4지점과 당산상층

서북지역의 편년에서 당산상층의 경우 연구자 간에 의견이 일치되지 않아 그 위치가 가장 모호하다고 할 수 있다. 즉 쌍학리Ⅱ로 분류되는 토기들이 신암리Ⅰ기 이전인지 이후인지가 토기의 형식만으로는 해결되지 않기 때문이다. 하지만 이 문제는 신암리 제4지점의 층위를 통해서 풀 수 있을 것으로 생각한다.

[표 4] 신암리 제4지점의 층위와 출토유물

토기 층위	특 징	비 고
제1문화층	彩色文樣, 雷文, 三角文	신암리3-1
제2문화층	隆帶文, 節狀突帶, 圓形添附文, 雷文, 縱橫의 隆帶文 多數	
제3문화층	無文의 증가, 橫沈線+點列文, 縱橫의 隆帶文은 少數	신암리Ⅱ

1974년에 조사된 신암리 제4지점[78]에는 문화층이 세 개 있는데, 보고문의 내용을 토대로 기존의 신암리 토기와 대비하면 [표 4]와 같이 정리할 수 있다. 여기서 보면 제4지점 제2문화층이 신암리 제3지점 제1문화층과 신암리Ⅱ기 사이에 위치한다. 이 제4지점 제2문화층의 隆帶文은 보고문의 내용[79]으로 보아 쌍학리Ⅱ나 당산상층의 토기(도 5의 21~27)와 같은 것임을 알 수 있다. 이로 인해 당산상층도 신암리Ⅰ기와 Ⅱ기

---

78) 강중광, 1979, 「신암리원시유적 제4지점에 대하여」, 『력사과학』 2.
79) "…2문화층에서만 볼 수 있는 독특한 덧무늬라고 인정되는 것은 그릇몸체에 덧띠를 가로 돌리고 그 띠에 잇대여 덧띠를 내려붙인 것이다"

사이에 위치한다는 것이 층위적으로 뒷받침되게 된다. 이 토기들은 이른바 당산-조공가유형이나 쌍학리Ⅱ로 설정된 것인데, 당시 신암리 제3지점 제1문화층 다음으로 편년했던[80) 결과와 같다.

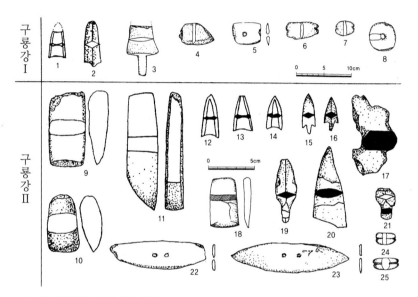

[도 11] 청천강유역 석기의 변천
1~8:구룡강15호, 9・10:구룡강10호, 11・15・16・22・23:구룡강5호, 12~14・19~21:구룡강Ⅱ기, 17・24・25:구룡강9호, 18:구룡강6호
(1・2・12~16은 1/4, 나머지 1/7 축소)

(3) 석기의 특징과 변천

현재 이 지역 무문토기시대 전반기 석기의 변천을 파악하기에는 자료가 부족하지만, 토기에서와 마찬가지로 대체로 압록강유역의 석기와 유사한 양상이라고 할 수 있다. 앞에서 '세죽리Ⅱ₁・구룡강Ⅰ→구룡강Ⅱ₁→구룡강Ⅱ₂'로 편년하였지만, 석기에서도 이러한 순서에

80) 사회과학원 고고학연구소, 1969, 「기원전 천년기 전반기의 고조선 문화」, 『고고민속론문집』 1, p.46.

따라 변천하는지의 여부는 사실상 모호하다. 구룡강유적의 편년을 통해 석기를 들여다보면(도 11), I 기는 II기에 비해 자료가 빈약하고, II기의 경우 II₁과 II₂의 석기상은 차이를 두기 어렵다. 크게 I 기와 II기로 구분해서 보아도 유경식과 무경식의 석촉, 유경식석검, 반월형석도, 석제어망추는 형태나 구성이 대체로 유사하다. 종류나 형태에서 보아 두만강유역의 영향이 보이지 않는 점은 압록강상류역과의 차이점이라고 할 수 있다. 석부에서 현재 I 기의 자료가 없지만, 인접한 압록강하류역이나 상류역의 상황을 감안할 때, II기의 석부(도 11의 9·10)와 큰 차이를 보이지 않을 것으로 예상된다. 단, 주상편인석부(同 11)는 II기에 새로이 추가되는 요소로 볼 수 있지 않을까 한다. I 기는 세죽리 II₁이나 신암리 II와 병행하는데, 이 시기에 주상편인석부는 아직 출현하지 않기 때문이다.

3. 대동강유역 팽이형토기문화의 전개

1) 편년의 현황과 문제점

팽이형토기는 좁은 저부, 이중구연, 단위를 이룬 사선문을 특징으로 하면서, 옹과 호가 세트되는 것이 전형이라고 할 수 있다. 이 토기는 대동강유역이라는 한정된 지역에서 무문토기시대의 거의 전 기간 동안 사용되고 있어, 한반도의 지역별 무문토기 가운데 가장 오랫동안 존속하였다. 그리고 여기에 표현된 이중구연과 사선문은 한때 가락동식토기의 기원으로 거의 정설화되기도 했고, 남해안 말기 즐문토기의 기원론에서 후보로 지명되기도 했다.

편년은 일찍부터 연구되었는데, 처음에는 팽이와 꼭 닮은 옹형토기가 典型의 팽이형토기이고 호형토기는 변형팽이형토기라고 하여

서로 시기차가 있는 것으로 보았지만,[81] 양자의 조합관계를 인식하면
서 곧바로 극복되었다.[82] 이후 유적 조사의 증가와 함께 팽이형토기
의 시기구분도 본격화되기 시작하였는데, 정리하면 대략 [표 5]와 같
다. 여기서 보면 원암리・입석리・쉴바위유적을 가장 늦게 편년하는
데에는 모두 일치하고 있으나, 그 이전 단계는 금탄리Ⅲ기의 위치 등
에서 차이를 보인다.

한편, 최근 북한에서는 단군조선을 부각시키려는 정책적인 방향과
부합하여 대동강유역의 문화적인 우수성을 내세우고 있다. 이러한 분
위기 때문인지 팽이형토기문화를 4기로 나누면서 1기의 연대를 기원
전 4천년기 후반기부터라고[83] 하는 등 이전의 연구와는 큰 차이를 보
이는데, 중복관계와 더불어 주거지의 구조를 중시하는 반면 토기형식
의 연결성과 공반양상에 대한 검토는 소홀하다.

팽이형토기의 형식학적 분석은 藤口健二에 이르러 체계화되었고,
韓永熙는 문양을 더 세분하여 여러 형식을 설정하였다. 藤口健二는
기형을 옹・호・소호로 나누고 이중구연의 有無와 함께 문양을 A・
B・C・D類로 나눈 후 공반관계를 고려하면서 편년하였는데, A에서 D
로 향한 문양 변천을 主 기준으로 형식학적 방법론을 잘 적용하였다.
이로써 양호한 팽이형토기 편년안이 나오게 되었지만, 방법론적인 틀
을 중시하다 보니 無文인 D類가 마지막 시기에만 한정되는 등의 문제
점도 보인다. 韓永熙의 경우 세분된 형식설정은 체계적인 것 같지만
형식 간 상대편년의 검증과정은 부족하다. 두 연구 모두 체계적인 편

81) 황기덕, 1958, 「조선 서북지방 원시토기의 연구」, 『문화유산』 4.
82) 田村晃一, 1963, 「朝鮮半島の角形土器とその石器」, 『考古學研究』 38.
　　서국태, 1964, 「신흥동 팽이그릇 집자리」, 『고고민속』 3.
　　鄭漢德, 1966, 「朝鮮西北地方巨石文化期におけるコマ形土器とその文化につ
　　いて」, 『考古學雜誌』 52-2.
83) 서국태, 1996, 「팽이그릇문화의 편년에 대하여」, 『조선고고연구』 2.

년을 시도했음에도 이와 같은 문제점이 보이는 데에는 口緣部片을 이
용한 공반관계의 신빙성이 약한 점은 차치하고라도 층위의 뒷받침이
없는 점이 큰 약점이었을 것이다.

[표 5] 팽이형토기의 편년현황

황기덕[84]	금탄리Ⅲ →	심촌리 신흥동	→ 석탄리	→	입석리
後藤 直[85]	금탄리Ⅲ 신흥동 →	심촌리 석교리 석탄리	→주암리·와산동	→	쉴바위 입석리 원암리
조선고고학개요[86]	금탄리Ⅲ →	심촌리 신흥동	→ 석탄리	→	입석리
조선의 청동기시대[87]	금탄리Ⅲ →	심촌리 신흥동	→ 석탄리 Ⅰ	→	석탄리Ⅱ→석탄리Ⅲ
藤口健二[88]	주암리 신흥동 석탄리4 호 →	금탄리Ⅲ·와산동·석탄리4 1호		→	심촌리·석교리 입석리·원암리 석탄리39호
韓永熙[89]	석교리 →	금탄리 Ⅲ 심촌리 신흥동	주암리·와산동 →석탄리2·7·1 5·41호	→	쉴바위 입석리 석탄리39호

이러한 연구가 진행되던 시점까지 유적 내에서 분기가 설정된 예
로는 주거지 구조를 기준으로 1~3유형으로 구분한 석탄리유적 정도
뿐이었다. 그러나 이 유적의 보고자도 언급하고 있듯이[90] 각 주거지

---

84) 황기덕, 1966, 「서부지방 팽이그릇유적의 연대에 대하여」, 『고고민속』 4.
85) 後藤 直, 1971, 「西朝鮮の無文土器について」, 『考古學研究』 17-4.
86) 사회과학원 고고학연구소, 1977, 『조선고고학개요』, 과학·백과사전출판사.
87) 사회과학출판사, 1984, 『조선의 청동기시대』.
88) 藤口健二, 1982, 「朝鮮·コマ形土器の再檢討」, 『森貞次郎博士古稀記念古文化
論集』.
89) 韓永熙, 1983, 「角形土器考」, 『韓國考古學報』 14·15.
90) 리기련, 1980, 「석탄리유적발굴보고」, 『유적발굴보고』 제12집, p.91.

유형의 구분이 곧바로 선후관계로 이어지는 것은 아니고, 출현 시점의 차이를 반영할 뿐이다. 즉 제2유형 주거지에서 출토된 토기가 꼭 제1유형보다 늦다고 볼 수 없다는 것이다. 석탄리유적에서 중복관계를 보이는 예는 하나뿐이고, 제1·2유형 주거지는 많은데 비해 제3유형은 주거지가 두 기뿐인 점에서도 석탄리 취락의 상대편년에 적용되기는 어렵다. 또 韓永熙와 藤口健二의 편년에서 후기에는 소멸한 거치상의 사선문과 같은 이른 시기의 요소가 제1~3유형의 주거지에 모두 포함되어 있는 점에서도 주거지유형을 곧바로 토기편년에 대입할 수 없음을 알 수 있다.

그 이후 남경유적을 비롯하여 주거지 중복관계에 따른 유적 내 분기설정이 이루어진 자료가 나오고 있어, 팽이형토기의 편년에서 층위적인 뒷받침을 얻을 수 있게 되었다. 그래서 팽이형토기의 경우 남경유적[91]이 보고된 1984년이 하나의 기준점이 될 수 있을 것이다. 이를 필두로 해서 표대[92]·남양리[93]·고연리[94] 등 취락 단위의 유적이 조사되었고, 중복관계에 근거한 상대편년이 유적 내에서 이루어지고 있다. 물론 출토자료의 보고 누락은 여전하고, 중복되지 않은 경우 주거지 구조의 유사성이나 단편적인 토기자료를 통해 분기를 설정하는 등의 약점도 있지만, 남경유적 조사 이전에 비해서는 여러 면에서 양호한 것이 사실이다. 따라서 여기서는 어느 정도 층위 관계를 알 수 있는 자료들을 위주로 하여 팽이형토기의 편년을 검토하고자 한다.[95]

91) 김용간·석광준, 1984, 『남경 유적에 관한 연구』, 과학백과사전출판사.
92) 김동일·서국태·지화산·김종혁, 2002, 「표대유적 제1지점 팽이그릇 집자리 발굴보고」, 『마산리, 반궁리, 표대 유적발굴보고』.
    박철, 2003, 「표대유적 제2지점에서 발굴된 집자리와 유물」, 『조선고고연구』 1.
93) 서국태·지화산, 2002, 『남양리유적발굴보고』.
94) 석광준·김종현·김재용, 2002, 「고연리유적발굴보고」, 『강안리·고연리·구룡강 유적발굴 보고』.
95) 주거지에서 출토된 토기 전체가 보고되지 않고, 또 주거지별·유적별 보고

2) 분류와 편년

속성분류는 '문양, 호의 구경부와 동체부, 옹의 구연부와 동체부, 저부'를 대상으로 하였다(도 12). 기종은 크게 甕·壺·小壺로 구성되는데, 옹은 대부분 이중구연인데 비해 호는 이중구연이 많지만 홑구연도 일정 비율 존재하며, 소호는 모두 홑구연이다.

文樣	a	b	c	d	e	f
	g	h	i	j	k	
器形	A	B	C	D	E	F	G	H

[도 12] 팽이형토기의 문양과 기형 분류

옹의 경우 구연 내측이 꺾이면서 외반하는 것과 그렇지 않은 것이 있고, 동체부의 형태에서도 변이가 보이지만 발생순서에 따른 양호한 배열은 나타나지 않았다. 호의 구경부도 다양하게 나눌 수 있지만 이것만으로는 의미 있는 배열은 보이지 않는데, 아마도 구경부 편만 보고된 것이 상당수 있어 이럴 경우 기울기에 대한 복원이 제각각이기 때문이 아닐까 한다. 저부 역시 팽이형토기 특유의 꼭지모양은 물론,

---

내용의 격차가 크고, 유물설명이 없는 경우 도면만으로 기형이나 문양의 파악이 곤란한 것도 있다. 그러다보니 보고된 현상만으로 파악된 공반관계의 신빙성은 낮을 수밖에 없다. 그래서 중복관계를 통해 분기가 설정된 유적의 경우 개별 주거지별로 분석하기 보다는 단계별로 살펴보는 것이 현상의 분석에 적절하며, 그렇지 못한 자료의 경우는 비교적 여러 점의 토기가 검출된 자료를 대상으로 하였다.

굽이 없는 평저, 원저 혹은 첨저도 보이는데, 시간적인 순서보다는 공존하는 경향이 많다. 그렇지만 문양의 경우는 비교적 받아들일 만한 배열을 보이며, 구경부와 동체부의 형태를 고려한 壺의 배열 역시 비교적 좋은 결과를 예상할 수 있게 한다.

[표 6] 팽이형토기 문양의 변천

	a	b	c	d	e	f	g	h	i	j	k	미송리형토기	비고
남경III		O			O		O	O	O				
표대I							O						
심촌리	O		O				O						I
주암리	O												
신흥동	O		O				O						
고연리I	O	O										O	
남경IV							O	O				O	II_1
표대II							O					O	
표대III							O					O	
금탄리III							O	O		O		(O)	II_2
고연리II		O					O	O		O	O		
남경V							O	O					III
표대IV								O	O	O			
고연리III							O	O					
입석리										O	O		IV
쉴바위											O		

먼저 문양의 분류와 배열을 보면, 크게는 거치상문(a~f)과 사선상문(g~j)으로 나누어지며 이중구연의 효과를 내는 침선문(k)도 포함하였다. 이것을 배열한 [표 6]을 보면, 사선 3개가 한 조를 이루어 간격을 두고 시문된 'g'는 팽이형토기의 대표적인 문양으로서 마지막 단계를 제외한 모든 시기에 포함된다. 문양은 대부분 이중구연에 시문되지만 시간적으로 가장 늦은 문양인 'j'는 홑구연에도 시문되며, 특히 'k'는 홑구연에만 시문된다. 그리고 거치상문(a~f)은 가장 빠르게 배열되었지만, 'c'와 같은 예외도 있고, 석정리유적[96]에서는 입석리·쉴

바위 출토품과 같은 기형의 壺가 거치상문 가운데 가장 전형인 'b'와
공반되기도 하였다. 따라서 거치상문은 발생순서는 가장 빠르지만,
팽이형토기 마지막 시기까지도 잔존하는 것으로 판단된다.

壺는 다음과 같이 분류한다.[97]

A : 구경부는 직선적이며 구연부는 외반, 동체부는 구형에 가까운
　　것.

B : 구경부에서 구연단까지 직립 혹은 외경, 동체부는 A와 同.

C : 구경부에서 구연단까지 弧形을 이루며, 동체부는 A·B와 同.

D : 구경부는 B와 同, 동체부는 胴上位가 강조.

E : 구경부는 C, 동체부는 D와 同.

F : 구경부는 C와 同, 동체부는 長卵形 혹은 楕圓形인 것.

G : 구경부는 직립 혹은 외경하지만 홑구연이며, 동체부는 F와 同.

H : 구경부는 C·E와 같으나 홑구연이며, 동체부는 F·G와 同.

이를 통해 점선으로 복원된 것을 제외하고 형태를 알 수 있는 것만
을 대상으로 해서 각 유적 및 유적 내의 분기와 문양의 배열을 고려한
것이 [표 7]이다. 아직 개체 수가 적어 안정적인 배열이라고는 할 수
없지만, 남경III[98]의 'F'를 제외하고는 A에서 H를 향해 대각선 방향으
로 조열되는 경향을 보이며, 특히 'A·B'와 'C·D·E'를 묶어보면 더
좋은 배열을 보여준다. 홑구연은 가장 늦은 G와 H에만 해당한다. 입
석리와 쉴바위유적처럼 홑구연의 호형토기에 무문이거나 'j'·'k'와 같
은 문양이 시문되는 것을 가장 늦은 팽이형토기로 보는데 이견이 없

96) 리경철, 1996, 「석정리집자리유적에 대하여」, 『조선고고연구』 4,
97) 小壺(도 13의 11)와 이보다 조금 규격이 크고 굽이 없는 평저의 壺는 불안정
　　한 저부를 가진 팽이형토기 호와는 기능상 구분되었을 것으로 생각되기 때
　　문에 같이 분류하지 않는다.
98) 남경유적 신석기2기에 이은 청동기1~3기를 III~V기로 한다.

었고, 남경을 비롯한 층위에 따른 분기의 순서와도 어긋나지 않기 때문에 [표 6]과 [표 7] 모두 逆順은 성립하지 않는다. 특히 'A · B'와 같은 구형의 동체부는 즐문토기 마지막 단계인 남경II기에 속한 壺의 동체부와 같은 형태인 점도 참고된다.

[표 7] 팽이형토기 壺의 器形 변천

	A	B	C	D	E	F	G	H	미송리형토기	비고
남경III	O					O				
주암리	(O)									I
신흥동		(O)								
와산동	(O)									
고연리I		O		O					O	
남경IV	O	O		O					O	II₁
표대II		(O)			(O)				O	
표대III		(O)	(O)						O	
금탄리III					(O)	(O)	(O)		O	II₂
고연리II		O		O						
표대IV		(O)								III
석정리						O	O	O		
마산리						O	O	O		
입석리								O		IV
쉴바위								O		

이렇게 팽이형토기의 문양과 기형으로 편년하였는데, 변화가 보일 때마다 분기를 설정하면 지나치게 시기가 세분될 것이다. 또 도상복원된 기형의 신빙성, 공반유물 전체가 보고되지 않은 사정 등을 감안한다면 팽이형토기 자체의 편년에 불안정한 측면이 있는 것은 어쩔 수 없다. 이럴 때 주목되는 것이 층위관계를 보이는 유적에서 특정 시기에 출토되는 미송리형토기이다. 이는 [표 6 · 7]에서도 분산되지 않고 群을

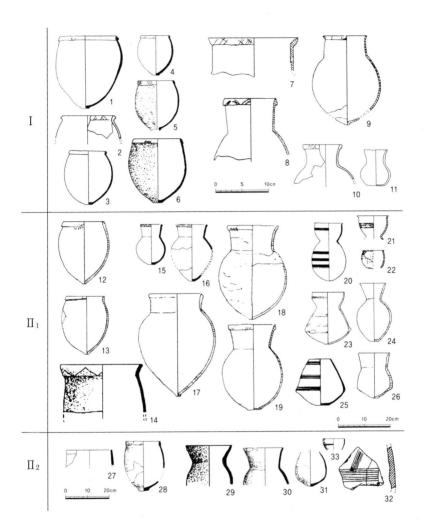

[도 13] 팽이형토기 I ～ II₂기의 토기

1:남경6호, 2 · 10 · 11:주암리, 3 · 9:남경36호, 4:남경30호, 5:신흥동, 6:표대2호, 7 · 8:남경9호, 12 · 13 · 18 · 22:남경11호, 14:표대23호, 15 · 16 · 20:고연리3호, 17 · 24:남경5호, 19 · 26:남경10호, 21:남경16호, 23:남경3호, 25:표대11호, 27 · 28:금탄리8호, 29 · 32:표대III기, 30 · 31 · 33:금탄리III문화층 (7～10 · 17～19는 1/7, 11 · 26은 1/14, 32는 1/5, 나머지는 1/17 축소)

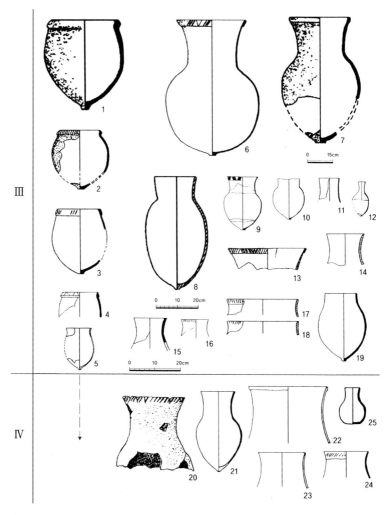

[도 14] 팽이형토기Ⅲ~Ⅳ기의 토기

1・2・7:표대Ⅳ기, 3:고연리1호, 4・15・16・19:석정리, 5・8・11・14:마산리, 6:
고연리 7호, 9:고연리3호, 10:고연리11호, 12・13:고연리9호, 17・18:고연리6호,
20:쉴바위, 21~25:입석리
(4・9~12・14~16・19는 1/14, 6・7・13・17・18・20은 1/20, 나머지는 1/18 축
소)

이루고 있어,[99] 미송리형토기의 등장과 소멸은 대동강유역 무문토기의
분기를 설정하는데 하나의 기준으로 작용할 수 있다. 그래서 팽이형토
기의 분기를 설정하면 前半期는 미송리형토기의 출현을 기준으로 Ⅰ기
와 Ⅱ기로 분기한다. 後半期는 Ⅲ기와 Ⅳ기로 구분되는데, 홑구연의 호
형토기에 무문이거나 가장 늦은 'j'·'k'가 시문되는 입석리나 쉴바위유
적이 가장 늦은 것은 기존의 연구와도 어긋나지 않는다. Ⅲ기는 미송리
형토기가 소멸한 후 Ⅳ기의 요소가 나타나기 직전까지로서 문양과 기
형의 퇴화과정이 두드러진다. 따라서 팽이형토기의 문양·기형변화와
아울러 이와 같은 내용을 고려하면 팽이형토기의 편년은 [도 13·14]와
같이 정리된다.

팽이형토기Ⅱ기는 미송리형토기(도 13의 20~25)와 묵방리형토기
(同 32)를 통해 분기될 가능성이 있다.[100] 표대Ⅱ의 11호주거지에서는
미송리형토기와 묵방리형토기가 공반되었는데, 이 미송리형토기(同
25)는 남경Ⅳ의 것(同 23)과 同型의 동체부로써 고연리Ⅰ(同 20)보다
늦은 형식이다. 따라서 미송리형토기에서 보면 팽이형토기Ⅱ기 내에
서도 '고연리Ⅰ→남경Ⅳ→표대Ⅱ→표대Ⅲ(同 32)'의 순서가 형성되며,
크게는 '고연리Ⅰ→남경Ⅳ→표대Ⅱ'의 Ⅱ₁(미송리형토기단계)과 '표대
Ⅲ→금탄리Ⅲ'의 Ⅱ₂기(묵방리형토기단계)로 구분한다.[101]

이와 같은 편년에서 無文이라는 속성은 형식학적으로는 가장 늦게
편년되었지만,[102] 그러한 순서는 壺에만 적용될 뿐 甕의 경우는 Ⅰ기

---

99) 표대Ⅲ기에는 묵방리형토기가 포함된다.
100) 鄭漢德, 2000,「表垈遺蹟 －韓半島 中西部地方의 美松里型土器考(3)－」, 鶴山
金廷鶴博士 頌壽紀念論叢『韓國 古代史와 考古學』.
101) 금탄리Ⅲ에는 미송리형토기(도 13의 33)도 있지만, 표대Ⅲ(同 29)과 동형의
토기(同 30)가 있으므로 묵방리단계로 판단한다.
102) 藤口健二, 1982,「朝鮮·コマ形土器의 再檢討」,『森貞次郎博士古稀記念古文化
論集』.

부터 Ⅳ기까지 모두 해당되며, 주암리 출토품과 같은 小壺(도 13의 11) 역시 특정 시기에 한정되지 않는다. 그리고 전형적인 팽이형토기 는 표면이 마연되지 않는데, 표대Ⅱ기에 磨研壺가 있고 입석리 출토 의 壺도 마연되어 있다. 아마도 대동강유역에 등장하는 마연기법은 미송리형토기의 영향일 가능성이 높을 것이다. 그런데 미송리형토기 이전인 표대Ⅰ기에도 마연토기(同 6)가 있어 팽이형토기Ⅰ기부터 그 존재를 인정해야 할지도 모르겠다.

마지막으로 금탄리Ⅲ의 위치에 대해 조금 언급해 두자. 황기덕에 의해 금탄리Ⅲ기는 가장 이른 시기의 팽이형토기로 인식되기 시작하 였지만, 그는 금탄리Ⅱ와 Ⅲ이 연속하는 문화층이 아닐 가능성도 열 어 두었다.[103] 그러나 이후 구체적인 검토 없이 1984년판『조선의 청 동기시대』까지 계속해서 초기의 무문토기로 편년되어 왔다(표 5). 하 지만 팽이형토기를 형식학적으로 편년하기 시작한 藤口健二와 韓永 熙는 북한측과 달리 한 단계 늦게 편년하고 있어, 여기서의 팽이형토 기 편년과 아울러 검토할 필요가 있다. 금탄리Ⅲ기에서 소속 주거지 가 명시되지 않은 토기 가운데 금탄리Ⅱ에 이어질 수 있는 圓底의 土 器도 있어 즐문토기에 이어지는 초기의 무문토기로 보일 수도 있다. 그러나 미송리형토기도 보이며 8호주거지에서는 구연부에 침선문을 그어 이중구연의 효과를 낸 호형토기(도 13의 27)가 출토되고 있어 출 현기의 무문토기로 보기는 어렵다. 또 본고의 편년에서도 금탄리Ⅲ은 팽이형토기Ⅱ₂기에 속한다. 따라서 금탄리Ⅱ기와 Ⅲ기는 연속하는 문 화층으로 볼 수 없다. 그렇게 되면 금탄리Ⅲ의 銅鑿 역시 요령식동검 이 들어온 이후의 것이 되므로, 이것으로 더 이상 한반도 초기의 청동 기 운운해서는 곤란할 것이다.

---

103) 황기덕, 1966, 「서부지방 팽이그릇유적의 연대에 대하여」, 『고고민속』 4, pp.10~13.

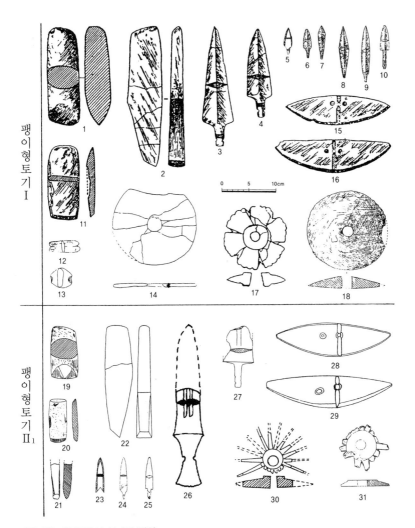

팽이형토기 I

팽이형토기 II₁

[도 15] 대동강유역 석기의 변천

1~4·11·15·16:심촌리, 5:표대 I, 6~10·12·18:신흥동, 13·14:남경Ⅲ기, 17:
주암리, 19~21·23·26:표대Ⅱ기, 22:석탄리14호, 24·27·31:고연리 I 기, 25·
28·29:남경Ⅳ기, 30:석탄리7호
(14는 1/25, 30은 1/10, 나머지는 1/7 축소)

3) 석기의 특징과 변천

팽이형토기에서 알 수 있듯이 대동강유역은 다른 어느 지역보다도 지역성이 강하다. 먼저 벌채석부의 경우 압록강하류역과는 달리 처음부터 대형의 厚斧(도 15의 1)가 주류였다. 팽이형토기 I 단계부터 등장하는 석검은 유병식(同 26)도 있지만, 莖部 양쪽에 결입이 있는 유경식석검(同 3·4·27)이 대표적이며 검신에는 혈구가 표현되기도 한다. 이 같은 유경식석검이 강화도에서도 채집된 바 있는데, 강화도 삼거리유적이 팽이형토기의 남한계인 점에서 팽이형토기와 더불어 이와 같은 특징의 유경식석검 역시 팽이형토기문화권의 범위를 보여주고 있다.

한편, 석촉은 북한 내의 다른 지역과는 달리 처음부터 有莖式(同 5~10)이 주류를 이룬다. 이와 더불어 운반하기 쉽도록 가운데에 구멍을 뚫은 이른바 '돌돈'이라고도 하는 石貨(同 14) 역시 팽이형토기문화권에서만 출토된다. 규격은 두께가 2~3cm 정도인데 비해, 직경이 보통 50~60cm 때로는 80cm 이상 되는 것도 있다. 형태와 규격에서 보아 석기의 재료이면서 교환의 수단으로도 사용되었을 것이다.[104] 또 '턱자귀'라고도 하는 有段石斧(同 2·22)도 강한 지역성을 띠는데, 석기 가운데 비교적 형식변화를 보이는 것으로서 종말기로 갈수록 소형화되면서 가장 큰 특징인 段이 둔해지지만 기본적인 형태는 꾸준히 유지되었다.[105] 반월형석도는 어형·주형이 일반적이며, 측면에도 날을 낸 이른바 '石灘里式石刀'[106]도 있다. 또 압록강하류역의 예와 같

---

104) 사회과학출판사, 1984, 『조선의 청동기시대』.
105) 裵眞晟, 2000, 『韓半島 柱狀片刃石斧의 研究』, 釜山大學校 碩士學位論文.
106) 韓永熙, 1983, 「角形土器考」, 『韓國考古學報』 14·15, p.110.
    아래쪽의 날은 일반적인 반월형석도처럼 수확에 사용되었을 것이지만, 측면의 날은 수확에 사용하기는 어렵기 때문에 일상용의 刀와 같은 용도로 사용되었을 것이다. 그렇게 되면 이 석도는 두 가지 기능을 가진 도구라고 할 수

은 환상석부(同 18)와 함께 방사상의 긴 가지를 여러 개 낸 儀器的 성격이 짙은 성형석부(同 30·31) 역시 대동강유역에 집중된다.

위와 같은 독특한 석기들이 출토되는 대동강유역은 북한지역 내에서도 가장 강한 지역성을 보여주고 있으며, 팽이형토기와 마찬가지로 분포범위도 대동강유역을 중심으로 한정되는 특징을 보인다.

4. 동한만지역 무문토기의 편년

함경남도의 동한만지역은 북한 내에서도 유적조사가 가장 미진한 곳이다. 그나마 양호한 자료가 검출된 금야유적과 토성리유적은 청동기와 공반되는 늦은 시기의 자료여서 早期~前期의 실상은 불명확하다. 지표채집 된 자료까지 가능한 활용하여 보면, 우선 전환기의 것으로는 元山市 仲坪里遺蹟[107]의 돌유문토기와 단사집선문토기(도 16의 1~4)가 유일하다. 이것은 두만강유역의 호곡 I₂기에 속하는 것으로서, 특히 단사집선문토기는 두만강유역과 동한만일대라고하는 동해안의 北部에서만 확인되고 있어 당시 양 지역의 상관성을 보여준다.

이 지역을 대표하는 유적은 金野遺蹟[108]과 北靑 土城里遺蹟인데, 토성리 2호주거지에서는 보기 드물게 주거지 床面 아래의 수혈에서 20여점의 청동기가 일괄로 출토되어 귀중하게 보관되었던 상황을 알 수 있게 한다. 이 유적들에서 동모·동부 등의 각종 청동기와 거푸집, (파수부)공열문토기, 소성 후에 문양을 시문한 흑색마연토기, 유구석부 등을 통해 금야유형 혹은 금야-토성리유형으로 설정되었다.[109]

있다.
107) 리장섭, 1958, 「원산시 중평리 원시 유적」, 『문화유산』 6.
108) 서국태, 1965, 「영흥읍 유적에 관한 보고」, 『고고민속』 2.
109) 김용간·안영준, 1986, 「함경남도, 량강도 일대에서 새로 알려진 청동기시대

이러한 유물군은 흑색마연토기를 공반하고 있어 중평리의 돌유문・단사집선문토기와는 시간적인 격차가 크다. 두만강유역에서 흑색마연토기는 무문토기의 마지막 단계라고 할 수 있는 호곡IV부터 보인다.[110]

금야유적 이전 시기에 대해서는 西谷 正이 金策郡 德仁里[111]에서 출토된 壺와 공열문토기(도 16의 5・6)를 제시한 바 있다.[112] 壺와 深鉢의 조합이 금야에서는 보이지 않는데 근거하였다. 현재의 자료상으로 조합관계에 차이가 있는 것은 분명한 것 같고, 역시 시기차일 가능성이 높다. 이러한 조합관계에 더해서 壺의 기형을 통해 계통성을 고려해 보면, 덕인리의 壺(同 6)처럼 짧은 頸部와 외반하는 구연부를 가진 기형은 두만강유역에서 동한만에 이르는 지역에서는 호곡 I₂기의 단사집선문토기(도 1의 10)가 유일하다. 단편적인 자료라 무리가 있겠지만 이 덕인리의 壺는 기형상 호곡 I₂기의 연장선상에서 고려될 가능성도 배제할 수 없다.

다음으로 금야유적의 편년을 통해 금야유형의 시기를 살펴보자. 김용간・안영준에 의해 금야유형이 두 시기로 구분될 가능성이 제기되었고,[113] 최근 김광혁[114]은 금야유적의 주거지를 세 시기로 구분하였다. 중복관계에 의해 순서를 알 수 있는 것은 '2→3→4호' 順인데, 여기에 주거지의 구조와 출토유물을 통해 I기(2・6・7・8호), II기

유물에 대한고찰」, 『조선고고연구』 1.
110) 금야유적의 채집품에 포함된 고배형토기 역시 두만강유역에 같은 기형이 있다.
111) 전수복, 1961, 「함경북도 김책군 덕인리 ≪고인돌≫정리 간략 보고」, 『문화유산』 3.
112) 西谷 正, 1982, 「咸鏡南道の無文土器」, 『史淵』 119, 九州大學文學部.
113) 김용간・안영준, 1986, 「함경남도, 량강도 일대에서 새로 알려진 청동기시대 유물에 대한고찰」, 『조선고고연구』 1.
114) 김광혁, 2005, 「금야유적에 대한 간단한 고찰」, 『조선고고연구』 4.

(3·5호), Ⅲ기(1·4·9·10호)로 나눈 것이다. 물론 토기의 치밀한 비교에 의한 것이 아니기 때문에[115] 중복되지 않은 주거지의 경우는 소속시기가 수정될 여지가 있겠지만, 세 시기로 구분될 개연성은 인정될만하다. 10호주거지의 유구석부와 흑색마연토기, 9호주거지의 검파두식, 채집된 요령식동모와 동부용범은 Ⅲ기에 소속시켰는데, 이와 유사한 동부를 비롯하여 다량의 청동기가 출토된 북청 토성리 2호주거지는 Ⅲ기의 10호주거지와 같이 한 쪽에 돌출된 출입시설이 있는 것으로서 같은 구조이다. 따라서 이른바 금야(-토성리)유형의 典型은 금야Ⅲ기가 되고, 北靑 中里遺蹟[116]의 일반문화층에서 나온 (파수부)공열문토기와 흑색마연토기(도 16의 8~16)도 같은 시기에 소속시킬 수 있다. 그러한 반면 금야Ⅰ기와 Ⅱ기 가운데 보고서를 통해 소속을 알 수 있는 것은 석촉 두 점뿐이어서, Ⅲ기의 토기와 어떻게 다른지 현재로서는 알 수 없다. 아마도 덕인리(同 5·6)의 특징을 잇는 토기가 예상되는 한편, Ⅲ기의 파수부공열문토기(同 7)도 Ⅰ기 혹은 Ⅱ기부터 이어져 왔을 가능성을 생각해 보고 싶다. 이 토기는 공귀리Ⅱ기의 것(도 8의 22)과 同型인데, 공귀리형토기와 공반하는 공귀리Ⅱ와 병행시킬 수는 없겠지만, 동한만지역에서의 初現은 적어도 금야Ⅲ기보다는 올려보아도 좋을 것이다.

그리고 두만강유역의 호곡에서 흑색마연토기는 철기가 출토되기 직전 단계인 호곡Ⅳ기, 즉 무문토기의 마지막 단계부터 출토되는 것을 참고하면, 금야유형의 흑색마연토기가 금야Ⅲ기보다 상한이 올라갈 가능성은 극히 적다. 잠정적으로 덕인리 자료를 금야Ⅰ기를 전후

---

115) 보고문에 따르면 完形의 토기는 10호주거지 출토품뿐이며, 특히 Ⅰ·Ⅱ기에 해당하는 주거지의 토기는 특징을 파악하기 곤란한 파편뿐인 것으로 판단된다.

116) 안영준, 1966, 「북청군 중리 유적」, 『고고민속』 2.

한 시점으로 해서 동한만일대의 편년을 정리하면 [도 16]과 같다.

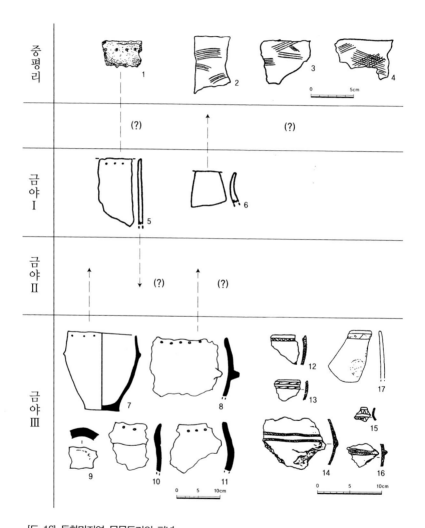

[도 16] 동한만지역 무문토기의 편년
1~4:원산 중평리, 5 · 6:김책 덕인리, 7 · 17:금야10호, 8~16:북청 중리
(1~4는 1/4, 5 · 6 · 12~17은 1/6, 7은 1/10, 8~11은 1/8 축소)

이 지역은 동해안을 통한 두만강유역과의 관련성이 강하다. 물론 유경식석검이나 이중구연토기 등에서 대동강유역 팽이형토기문화의 요소도 감지되고, 금야의 파수부공열문토기는 공귀리II와 同型인 점에서 압록강상류역의 요소도 함께 보이는 등 다양한 요소가 혼합되어 있다. 그렇지만 동해안지역이라는 공통의 자연조건은 물질문화에서도 연결되는 측면이 많다. 전환기에 해당하는 중평리의 토기가 두만강유역 계통임은 분명하고, 이러한 계통성은 늦은 시기까지도 이어진다. 예를 들어 금야III기의 흑색마연토기는 호곡IV기와 대비되며, 그에 보이는 소성 후에 시문된 문양은 두만강유역의 초도 · 서수라유적에 보인다. 또 금야유적에 동북형석도[117]가 보이는 점에서도 그러하다.

5. 지역간 병행관계

이제 위에서 정리해 온 지역별 편년을 서로 대비하여 전환기부터 전기까지를 중심으로 앞에서 일부 언급되기도 했던 병행관계를 정리해보자.

먼저 압록강상 · 하류역~청천강유역의 서북지역부터 보면, 세죽리 II₁의 경우 後藤直[118]은 심귀리 1호주거지(I 기)와 2호주거지(II기) 사이에 두었으나, 藤口健二[119]는 심귀리 1호주거지나 신암리II와 통하는 것으로 보았다. 앞에서도 언급했듯이 세죽리II₁에는 이중구연단 사선문토기(도 10의 2)와 동형의 토기 가운데 동체부에 사격자문이 시문된 것도 있다는 보고문의 내용을 감안할 때, 즐문토기적인 요소

117) 裵眞晟, 2006, 「東北形石刀について」, 『七隈史學』 7, 福岡大學人文學部歷史學科.
118) 後藤 直, 1971, 「西北鮮の無文土器について」, 『考古學研究』 17-4.
119) 藤口健二, 1986, 「朝鮮無文土器と彌生土器」, 『彌生文化の研究』 3, 雄山閣.

도 일부 잔존하는 것으로 판단된다. 따라서 세죽리Ⅱ₁은 신암리Ⅱ나
공귀리 · 심귀리Ⅰ과 병행하지만, 그 이전 시기도 일부 걸쳐 있을 것
으로 예상되며, 남한의 早期와도 관련되지 않을까 한다.

[표 8] 무문토기시대 북한의 지역간 병행관계

두만강유역	압록강하류역	압록강상류역	청천강유역	대동강유역	동한만지역
1단계	신암리Ⅰ	토성리 · 장성리	당산상층	금탄리Ⅱ · 남경Ⅱ (↑)	중평리
2단계	신암리Ⅱ	공귀리 · 심귀리Ⅰ	세죽리Ⅱ1 · 구룡강Ⅰ	팽이형토기Ⅰ	(금야Ⅰ)
3단계	신암리Ⅲ 호곡Ⅲ	공귀리 · 심귀리Ⅱ (↓)? 미송리Ⅱ₁	세죽리Ⅱ₂ 구룡강Ⅱ₁ 구룡강Ⅱ₂	팽이형토기Ⅱ₁	(금야Ⅱ)
호곡Ⅳ ↓	미송리Ⅱ₂ ↓	?	구룡강Ⅲ ↓	팽이형토기Ⅱ₂ ↓	금야Ⅲ ↓

이를 두만강유역과 대비하려고 하면, 직접 관련시킬 수 있는 요소
는 찾기 힘들다. 하지만 신암리Ⅰ과 두만강유역 1단계(호곡Ⅰ, 서포항
Ⅳ₂~Ⅴ)는 모두 뇌문토기를 포함하고 있어 서로 대비되는 시기로 볼
수 있으므로, 두만강유역 2단계는 대략 신암리Ⅱ와 상당부분 병행할
가능성이 많다. 다음으로 [도 3]의 16은 오동유적의 보고서에는 소속이
명시되지 않았으나, 황기덕이 적색마연토기시기(오동Ⅱ-2호住-)의
것으로 제시하고 있다.[120] 이 토기는 공귀리Ⅱ기에 유사한 것(도 8의
18)이 있어, 두만강유역 3단계는 공귀리Ⅱ기와 병행한다.

이럴 때 미송리형토기가 나타나는 신암리Ⅲ(A)과의 관계가 문제인
데, 신암리Ⅲ의 1호주거지 출토품은 이른 형식의 미송리형토기로서 요

---

120) 황기덕, 1970, 「두만강류역의 청동기시대문화」, 『고고민속론문집』 2, 사회과
학출판사, p.11.

동반도 쌍방유적 6호묘의 토기와 같은 형식이다. 물론 신암리Ⅱ와 Ⅲ을
연속하는 단계로 보는 데는 문제가 없지 않지만, 그렇다고 반드시 큰
공백이 있다고 확신하기도 어렵다. 왜냐하면 신암리Ⅲ(A)에는 가장 이
른 형식의 미송리형토기가 있고, 이중구연 하단에 연속되는 각목문(도
6의 3)은 신암리Ⅱ기에 같은 예(도 5의 37)가 있으며, [도 5]의 40과 같
은 기형이나 여러 줄의 횡선문이 미송리형토기와 무관하지는 않기 때
문이다. 따라서 신암리Ⅱ의 하한은 남한의 전기 전반까지 내려오는 것
으로 파악하고자 한다. 앞으로 더욱 精緻한 병행관계가 수립되어야 하
겠지만, 우선 신암리Ⅲ은 공귀리 · 심귀리Ⅱ나 두만강유역 3단계와 상
당부분 병행하는 것으로 판단한다.

　　이러한 결과를 대동강유역과 대비시켜보자. 이 지역 즐문토기의
마지막 단계는 금탄리Ⅱ문화층과 남경Ⅱ기로 대표되는데, 횡주어골
문과 단사선문 · 무문의 옹형토기와 돌대문이 있는 호형토기 등을 표
지로 한다. 이에 대해서는 일찍부터 신암리Ⅰ기와의 병행[121] 가능성
이 제기되었다. 그렇지만 이후 팽이형토기의 편년을 다른 지역의 편
년과 구체적으로 대비시키려는 시도는 거의 없었다. 앞에서 검토한
팽이형토기의 편년을 다른 지역과 대비하는데 있어 우선 고려해야 되
는 것이 팽이형토기Ⅱ₁기부터 나타나는 미송리형토기이다. 그렇지만
현재 대동강유역의 미송리형토기는 동체부가 球形인 고연리Ⅱ기의
예(도 13의 20)가 가장 이른 반면, 신암리 1호주거지 출토품과 같은 고
식의 미송리형토기는 보이지 않는다. 따라서 팽이형토기Ⅱ₁기는 신암
리Ⅲ(A)보다는 약간 後行할 것으로 예상된다. 그렇게 되면 팽이형토
기Ⅰ기는 주로 신암리Ⅱ · 공귀리Ⅰ을 전후한 시기를 상한으로 하고,
하한은 신암리Ⅲ · 공귀리Ⅱ의 이른 시기까지로 둘 수 있을 것이다.

---

121) 김용간, 1966, 「서북조선 빗살무늬그릇유적의 연대를 논함」, 『고고민속』 1.

그리고 팽이형토기 II_2기는 묵방리형토기가 특징적이므로 구룡강 III, 미송리 II_2와 관련시킬 수 있다.

남한과의 대비를 예상할 때, 표대 II(팽이형토기 II_1기)에는 유혈구 이단병식석검이 출토되는데 비해, 묵방리형토기가 출토되는 표대 III (팽이형토기 II_2기)에는 요령식동모가 출토되었다. 따라서 팽이형토기 II_1기는 남한의 전기, II_2기부터는 후기와 병행시킬 수 있을 것이며, 팽이형토기 I 기는 남한의 早期~前期前半과 대비된다.

그리고 동한만지역의 경우 두만강유역과의 병행관계는 앞에서 언급하였다. 여기서 가장 늦은 시기인 금야 III기는 동모용범이나 유구석부의 존재에서 보아 남한의 後期-(先)松菊里段階-와 병행할 것이다.

제3장

남한 무문토기문화의 성립

즐문토기에서 무문토기로의 전환기에 대한 관심은 이전부터 있어 왔지만,[1] 자료의 부족 때문에 이렇다할 성과가 없었던 것이 사실이 다. 하지만 근래 각목돌대문토기의 검출과 편년, 나아가 조기의 설정 에 의해 조금씩 해결의 실마리가 풀리고 있다. 이와 더불어 연대측정 자료가 증가하면서 기존에 기원전 1,000년경으로 생각되어 왔던 무 문토기 개시기의 연대가 기원전 1,500~1,200년경으로 올라가면서 즐 문토기에서 무문토기로의 전환기에 대한 관심은 과거 어느 때보다 고조되고 있다.[2] 이러한 상황에서 여기서는 말기의 즐문토기와 함께 출현기의 무문토기를 살펴봄으로써 무문토기시대 早期를 구체화 하 고자 한다.

---

1) 釜山大學校博物館, 1980, 『金谷洞栗里貝塚』.
   鄭澄元, 1982, 「南海岸地方의 櫛文土器 硏究(1) −釜山·慶南地方 晚期櫛文土
   器의 檢討−」, 『釜大史學』 第6輯.
2) 그러한 경향을 보여주는 대표적인 예가 '전환기의 고고학'이란 주제로 한국
   상고사학회에 의해 1998년에 개최된 학술대회와 국립김해박물관의 특별전
   '전환기의 선사토기'展(2005)이다.

1. 전환기 연구의 현황

즐문토기와 무문토기는 처음 알려지기 시작했을 때부터 태토, 문양 등의 차이에 의해 서로 다른 시대, 다른 사람들에 의해 사용된 토기로 인식되었다. 그러한 차이에 대한 연구는 먼저 인종이나 종족의 차이에서부터 논의되었으며, 이후 고고학적 자료가 축적되어 감에 따라 고고학적 입장에서의 논의가 강화되어 갔다.

1) 종족·주민교체설

이 說은 토기의 차이를 종족의 차이로 보는 것으로서 1980년대까지 연구의 흐름이 이어져 왔다. 三上次男은 즐문토기와 무문토기는 서로 다른 종족이 사용한 토기로 보았고,[3] 도유호는 신석기시대 말기가 되면 무문토기시대의 문화를 갖는 새로운 종족들이 각 지역으로 들어와 주민구성이 다양해졌다고 하였다.[4] 남한에서는 1970년대부터 한민족의 기원문제를 다루면서 선사시대의 전환기에 대해서도 언급되기 시작하였는데, 金貞培에 따르면 한반도의 신석기시대인은 고아시족에 속하고, 이후에는 중국동북지방으로부터 퉁구스족이 이주해 왔다고 하여, 신석기시대와 무문토기시대에 종족의 교체가 있었다고 하였다.[5]

이러한 설을 고고학적 입장에서 받아들인 金元龍은 한반도의 신석

---

3) 三上次男, 1951, 「穢人とその民族的性格について」, 『朝鮮學報』2 ; 1952, 「東北アジアに於ける有文土器社會と濊人」, 『朝鮮學報』3.
4) 도유호, 1960, 『조선 원시 고고학』, 과학원 출판사.
5) 金貞培, 1973, 『韓國民族文化의 起源』, 高麗大學校 出版部.
   즉 그는 신석기시대의 고아시아족은 뒤에 들어오는 무문토기인에게 흡수된 것으로 보았으며, 이 때의 새로운 종족을 예맥족으로 비정하였다.

기시대 주민과 새로 들어온 중국동북계 주민은 서로 다른 종족이기는
하지만, 같은 고아시아족에 연원을 두고 있었기 때문에 신석기시대에
서 청동기시대로의 교체는 문화적·인종적인 면에서 능률적·평화적
이었다고 보았다.[6] 따라서 신석기시대에서 청동기시대로의 변화는
양 지역 주민들의 대립에 의한 정복 등의 결과가 아니라 평화적인 과
정에서의 혼합·동화의 결과라는 것이다. 金廷鶴도 몽골족의 새로운
종족으로서 높은 청동기문화를 갖고 있는 알타이족이 몽골·서부만
주를 경유하여 한반도로 왔는데, 이 때 재지의 즐문토기인을 구성하
고 있었던 고아시아족을 정복·동화시켜 한반도에 청동기문화가 시
작되었다고 하였다.[7]

　여기까지 보면 종족·주민교체의 과정에 대해서 '흡수', '혼합·동
화', '정복·동화'라는 표현상의 차이는 있지만, 북방으로부터 온 새
로운 종족에 의한 대체라고 하는 논의의 큰 흐름은 일치한다. 그러나
위와 같은 설에 대해 고아시아족이라는 용어 자체의 불확실성, 결론
을 뒷받침 할 수 있는 자료의 부재 등을 근거로 주민교체설이 비판적
으로 검토된[8] 이후, 고고학 자료를 직접 특정의 종족에 대입시키는
경향은 힘을 잃어 갔다.

2) 고고학적 논의의 강화

　이와 같은 1990년대 이전의 연구경향과 零細한 자료에도 불구하고
고고학적 해석에 충실하려 한 연구들도 없지 않았다.

　崔鍾圭는 즐문토기와 무문토기가 함께 출토되는 여러 유적의 예를

---

6) 金元龍, 1972·1977·1986, 『韓國考古學槪說』, 一志社.
7) 金廷鶴, 1985, 「文獻 및 考古學的考察」, 『韓國史論』 14, 국사편찬위원회.
8) 李鮮馥, 1991, 「신석기·청동기시대 주민교체설에 대한 비판적 검토」, 『韓國
　古代史論叢』 1.

들어 무문토기인은 즐문토기인들과 같은 입지적 여건에서 생활했던 점, 석기에서 가장 크게 구별되는 반월형석도의 경우 서북·동북지역에서는 즐문토기 유적에서도 보이므로 무문토기인이 처음 사용한 것은 아닌 점 등을 들어 무문토기는 즐문토기에 흡수·동화된 것이 아니라 즐문토기에서 계승 발전한 것이라고 하였다.9) 이후 남한에서도 청원 쌍청리유적에서 즐문토기와 함께 반월형석도가 출토되고, 미사리유적에서 각목돌대문토기와 공반된 원저의 심발형토기, 그리고 남부지역 재지계의 이중구연거치문토기 등에서 즐문토기의 전통성이 드러나고 있어 현 시점에서도 다시 한번 주목되는 견해이다.

韓永熙는 대동강유역의 금탄리II기와 팽이형토기문화는 시간적으로 연속되며, 여기에는 서북지방 토기의 영향이 있었기 때문에 전환기의 중서부지방은 재지민과 서북지방을 통해 내려온 새로운 문화종족에 의해 혼혈·동화되면서 무문토기시대로 들어선 것으로 파악하였다.10) 이 견해는 가장 보편적 고고학 자료인 토기에 대한 고고학적 검토에 의해 전환기를 규정하려고 한 점에서 평가받을 만 하지만, 북쪽에서 온 새로운 종족에 의해 동화되었다는 고대사학계의 학설을 바탕으로 한 김원룡의 안을 고고자료에 대입한 느낌은 지울 수 없다.

이외에 즐문토기에서 무문토기로의 전환에 대한 연구는 더 이상 진척되지 않고 있다가 1990년대 후반 전기 무문토기의 계통성에 대한 再考11)를 시작으로 무문토기 연구가 한 단계 업그레이드되고, 진주

---

9) 崔鍾圭, 1977, 『幾何文土器의 編年表作成을 爲한 一小考』, 釜山大學校 碩士學位論文, pp.41～42.

10) 韓永熙, 1994, 「中·西部地方의 櫛目文土器」, 『The Second Pacific Basin International Conference on Korean Studies』, 東北亞細亞考古學硏究會 ; 1996, 「新石器時代 中·西部地方 土器文化의 再認識」, 『韓國의 農耕文化』 5.

11) 大貫靜夫, 1996, 「欣岩里類型土器의 系譜論을めぐって」, 『東北アジアの考古學』 [槿域].

朴淳發, 1999, 「欣岩里類型 形成過程 再檢討」, 『호서지방의 선사문화』, 제1회

대평리 어은1지구유적이 조사되면서 초창기의 무문토기가 조금씩 구체화되기 시작했다.

李相吉은 이 유적에서 즐문토기와 각목돌대문토기가 출토되는 주거지를 즐문토기에서 무문토기로 넘어가는 과도기적인 시기의 것으로 판단하였고, 이러한 주거지에서 쌀, 보리, 조, 밀 등 각종 곡물과 함께 반월형석도가 출토되는 것을 근거로 이 때부터 남부지방에 본격적으로 농경이 시작되었을 가능성을 제기하였다.[12] 즉 전환기 토기에 대한 시간적 위치뿐만 아니라, 본격적인 농경사회의 시작이라는 사회적 성격까지도 염두에 두었던 것이다.

이어서 安在晧는 진주 어은1지구유적과 하남 미사리유적에서 각목돌대문토기가 출토되는 주거지와 그 공반유물을 통해 前期에 앞서는 早期를 설정하였다.[13] 이에 따르면 남한 무문토기시대의 시작은 서북지역으로부터의 이주민이 결정적인 영향으로 작용하였고, 그들이 가지고 온 새로운 농경기술이 큰 계기가 되어 신석기시대와는 다른 본격적인 농경사회가 성립되었다고 한다.

이러한 早期說을 적극적으로 인정하면서 남한 무문토기 출현기의 양상을 더욱 구체적으로 파악하려는 의견도 나오게 된다. 남한 무문토기의 성립에 서북지역의 영향이 있었던 것은 사실이지만, 그 영향은 남한 전체에 일률적으로 나타나는 것이 아니라, 각 지역별로 계통을 달리 하면서 무문토기시대가 시작되었다고 한다. 즉 토기의 계통을 토대로 무문토기시대 조기부터 남한의 영남지역, 중서부지역, 영동지역은 지역성을 띠면서 출발했다는 것이다.[14]

호서고고학 회학술대회 발표요지.
12) 李相吉, 1999, 「晉州 大坪 漁隱1地區 發掘調査 槪要」, 『남강선사문화세미나 요지』.
13) 安在晧, 2000, 「韓國 農耕社會의 成立」, 『韓國考古學報』 43.
14) 裵眞晟, 2003, 「無文土器의 成立과 系統」, 『嶺南考古學』 32.

한편, 위와는 달리 전환기를 설명하기 위한 새로운 이론적 모델의 제시가 金壯錫에 의해 시도되었다.[15] 이에 따르면 북한지역으로부터의 이주민의 존재는 인정하지만 남한 사회를 새로운 시대로 이끈 것은 새로운 도작농경기술의 전파나 확산이 아니라, 서해도서 패총민들의 병참적 이동에 기반한 수렵채집사회에 이주민에 의한 배타적 토지점유방식이 등장하여 확산되었기 때문이라고 한다. 이러한 이론적 모델을 통해서만이 남한 사회에서 즐문토기에서 무문토기로의 전환의 특징인 급격성, 단절성, 전지역적 동시성을 설명할 수 있다고 하였다. 이러한 시도는 새로운 이론적 가설의 제시라는 점에서 평가될 수 있지만, 전기 무문토기유적을 주 대상으로 하고 있어 대상자료에서부터 문제점이 내포되어 있다. 따라서 이론적 가설의 제시와 함께 우선 남북한 전환기의 토기 자체에 대한 면밀한 검토가 이루어져야 할 것이다.

2. 말기 즐문토기의 전개

1) 말기 즐문토기에 대한 인식과 특징

동삼동패총의 층위를 통해 "압인문토기→침선문토기→이중구연토기"라고 하는 남부지역 토기편년의 기초가 마련되면서, 이중구연토기의 시간적 위치도 파악되기 시작했다. 이를 토대로 신석기시대 전·중·후기의 3기 편년에서 후기라고 하는 시기명이 부여되면서 이중구연토기가 신석기시대 최후의 토기로 편년되었다.[16] 이후 Sample[17]과 수가리패총[18]에서의 편년연구를 통해 5기 편년이 확립되면서, 이

---

15) 金壯錫, 2002, 「남한지역 후기신석기-전기청동기 전환」, 『韓國考古學報』 48.
16) 金廷鶴, 1972, 『韓國の考古學』, 河出書房新社.
17) L.L. Sample, 1974, Tongsamdong : A Contribution to Korea Neolithic Culture History, Arctic Anthropology Ⅳ-2.

중구연토기로 대표되는 토기문화는 남부지역 신석기시대의 가장 늦은 시기인 晚期 혹은 末期로 인식되어 오늘에 이르고 있다.

이중구연토기의 가장 큰 특징은 명칭에서 분명하듯이 구연부에 점토띠를 덧붙인 점이다[사진 1]. 이중구연이나 홑구연에 새겨지는 문양으로는 退化短斜線文, 平行斜線文, 格子文, 波狀線文, 有孔文, 爪形文, 點列文, 鋸齒文, ×자문 등이 있는데, 시문 범위는 대체로 구연부에 한정된다. 이 가운데 퇴화단사선문은 이중구연과 더불어

[사진 1] 부산 금곡동 율리 출토 이중구연토기

말기의 표지적인 문양이며, 격자문은 후기에 비해 급격히 쇠퇴한다. 거치문은 이전부터 구연부 문양으로 본격화된 것인데, 이중구연부에 시문된 것은 말기에 한정되며, 이후 무문토기로도 이어진다.[19] 구연부의 형태는 直立, 內傾, 外傾, 外反하는 것 등 다양하다. 기형은 V자 혹은 U자형의 심발형토기 위주이며, 여기에 소량의 천발·완·호로 이루어진다. 따라서 기형과 기종구성은 이전 시기의 것을 그대로 잇고 있음을 알 수 있다. 그리고 문양과의 조합에서 보면 이중구연은 대체로 심발형토기에 한정된다. 이 토기들을 모두 아우르는 일종의 토기양식명으로서 '율리식토기',[20] '수가리Ⅲ식토기',[21] 이중구연계토기

18) 釜山大學校博物館, 1981,『金海 水佳里貝塚Ⅰ』.

19) 裵眞晟, 2003,「無文土器의 成立과 系統」,『嶺南考古學』32.

20) 崔鍾圭, 1977,『幾何文土器의 編年表作成을 爲한 一小考』, 釜山大學校 碩士

22) 등의 용어가 사용되고 있다.

2) 분포와 지역성

남해안지역을 중심으로 알려져 온 이중구연토기는 근래에 들어와
서 군산 가도23), 노래섬패총24), 금강 상류역의 진안 갈머리유적25)을
비롯하여 충청 내륙지역의 영동 금정리유적26)과 대전 송촌동유적27)
에서도 출토되어 그 범위가 갈수록 북상하고 있다. 이 같은 예는 앞으
로의 조사에 따라 더 늘어날 것으로 예상된다. 따라서 齊一的인 양상
을 보여 온 이중구연토기의 지역적인 다양성에 대해서도 논의되어야
할 것이다.

먼저 嶺東地域은 아직 말기의 토기가 명확하지 않지만, 양양 송전
리유적에서 지표채집 된 토기가 소개된 바 있다.28) 이 토기에는 구연
부에 단사선문과 찰과상의 조잡한 사선문이 시문되었다(도 17의 1∼
3). 이와 똑같은 예는 아직 보이지 않지만 찰과상의 조잡한 사선문을
통해 중서부지역의 시도식토기와 남부지역의 수가리Ⅱ식토기와 병행
하는 시기로 편년되기도 했는데,29) 아마도 영동지역에 이중구연토기

學位論文.
21) 釜山大學校博物館, 1981, 『金海 水佳里貝塚Ⅰ』.
22) 河仁秀, 2006, 『嶺南海岸地域의 新石器文化 硏究』, 釜山大學校 博士學位論文, p.119.
23) 忠南大學校博物館, 2001, 『駕島貝塚』.
24) 李永德, 2000, 「노래섬 '가'地區貝塚 櫛文土器 考察」, 『韓國新石器硏究會 學術發表會 論文集 2000-1』.
25) 湖南文化財硏究院, 2003, 『갈머리 유적』.
26) 이융조·신숙정, 1988, 「중원지방의 빗살무늬토기-금정리유적의 빗살무늬토기를 중심으로-」, 『孫寶基博士停年紀念 考古人類學論叢』.
27) 忠南大學校博物館, 2002, 『龍山洞』, p.7.
28) 白弘基, 1980, 「江原道 東海岸의 櫛文土器文化」, 『歷史學報』 87.
29) 宮本一夫, 1986, 「朝鮮有文土器의 編年と地域性」, 『朝鮮學報』 121, p.24.

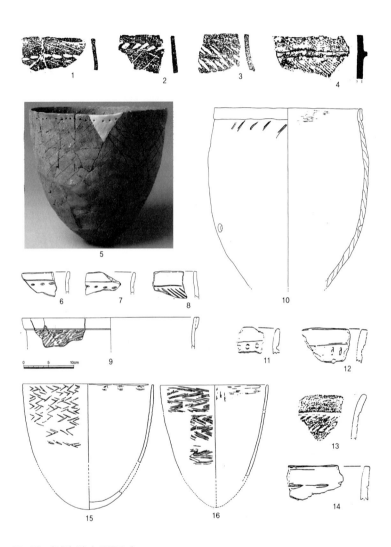

[도 17] 지역별 말기 즐문토기

1~3:襄陽 松田里, 4:春川 內坪, 5:仁川 龍游島, 6~9:淸州 鳳鳴洞, 10:群山 駕島,
11~14:群山 노래섬 '가'지구, 15 · 16:始興 草之里
(6~10 · 15 · 16은 1/7 축소, 나머지 축척부동)

가 출토되지 않다보니 같은 문양요소와 비교하였던 것 같다. 하지
만 송전리의 구연부 단사선문은 수가리Ⅱ기보다는 Ⅲ기에 더 가깝고,
이 지역이 이중구연토기문화권이 아니라는 점을 감안하면 송전리의
구연부 단사선문토기를 시도식토기나 율리식토기와 병행시킬 수도
있을 것이다. 이와 관련하여 최근 淸州 鳳鳴洞遺蹟30) 1호주거지에서
이와 같은 압인상의 단사선문에 이중구연이 결합된 토기(도 17의 6·
7·9)가 확인되고 있어 그러한 가능성에 힘을 실어준다.

다음으로 갈머리·가도패총의 이중구연토기를 보면 古金海灣을
중심으로 한 영남지역에 비해 문양의 다양성이 적다. 특히 이 지역의
이중구연토기는 이중구연상에 문양이 시문된 예는 없고 모두 그 아래
에 시문되고 있는데, 이는 영남지역과 구분되는 점이다.

중서부지역의 토기편년에서 가장 늦은 시기인 후기의 토기로는 金
灘里Ⅱ式土器, 岩沙洞Ⅲ式土器, 矢島式土器가 있다. 금탄리Ⅱ식토기
는 구연부에서 동부까지 횡주어골문이나 점열문을 시문한 것, 1~2조
의 돌대문·단사선문·조문 등을 횡으로 시문한 것, 무문양의 것을
포함하는 금탄리유적 제2문화층의 토기를 지표로 한다. 암사동Ⅲ식토
기는 토기 전체를 구연부·동부·저부로 구분하여 시문한 구분문계
토기에서 동부와 저부의 문양이 생략되고 단사선문계의 구연부 문양
만 남은 토기를 말한다. 시도식토기는 구연부에서 동부까지 다치구
혹은 단치구로 찰과상의 횡주어골문이나 격자문을 시문한 것으로, 시
도패총 第二群 토기를 지표로 하는데31) 이전 시기에 비해 문양의 정
형성이 현저하게 떨어진 조잡한 문양의 토기로서 서해안식토기라고

---

30) 忠北大學校博物館, 2004,『淸州 鳳鳴洞遺蹟(Ⅲ)』.
31) 國立博物館, 1970,『矢島貝塚』.
   韓永熙, 1994,「中·西部地方의 櫛目文土器」,『The Second Pacific Basin
   International Conference on Korean Studies』, 東北亞細亞考古學硏究會.

도 한다. 시도식토기의 편년에 대해서는 수가리Ⅱ기와 병행시키거
나,32) 금탄리Ⅱ식·암사동Ⅲ식·율리식토기를 모두 같은 시기로 편
년하기도33) 하였다.

위와 같은 토기들이 남한의 말기 즐문토기에 포함될 것인데, 이에
덧붙여 춘천 내평유적의 토기에서 즐문토기에서 무문토기로의 전환
기적 성격이 논의되고 있고,34) 인천 용유도35)에서는 시도식토기의 구
연부에 밖에서 안으로 반관통 된 공열문이 새겨진 토기가 있다(도 17
의 5). 이러한 공열문은 노래섬패총 '가'지구의 토기(同 11)에도 보이
고 있어, 한강유역을 포함한 중서부지역에서도 남부지역 말기에 병행
하는 토기의 존재는 인정될 것이다. 이처럼 영남지역의 말기에 병행
하는 토기문화가 남한 각지에서 지역성을 띠면서 전개되고 있었다.
그러한 지역성의 이면에는 이전 시기 재지계 토기문화의 영향이 남아
있기 때문인데, 가도패총의 경우 서해안 후기의 다치횡주어골문토기
와 함께 출토되며, 영남지역에서도 후기의 문양과 이어지는 측면이
있는 점에서 그러하다. 결국 중서부지역이나 영동지역 등에서 후기로
편년되는 토기에서 이중구연토기가 주체를 이루지 않더라도 남부지
역의 말기에 병행하는 자료는 분명히 존재할 것으로 생각된다. 따라
서 중서부지역의 후기는 상한은 차치하고라도 하한은 남부지역 말기
를 포함하는 것으로 판단된다.36)

32) 宮本一夫, 1986, 「朝鮮有文土器の編年と地域性」, 『朝鮮學報』 121.
　　小原 哲, 1987, 「朝鮮櫛目文土器の變遷」, 『東アジアの考古と歷史』(上).
33) 韓永熙, 1996, 「新石器時代 中·西部地方 土器文化의 再認識」, 『韓國의 農耕
　　文化』 5.
34) 朴淳發, 1993, 「한강유역의 청동기·초기 철기문화」, 『한강유역사』, 민음사,
　　pp.176~179.
　　安在晧, 2000, 「韓國 農耕社會의 成立」, 『韓國考古學報』 43, p.46.
35) 임상택·양시은, 2002, 「인천 용유도 신석기유적 발굴조사 개보」, 『해양 교류
　　의 고고학』, 제26회 한국고고학전국대회 발표요지.

이와 관련하여 최근 古澤義久도 京畿灣 南部에서 영남지역에 이르
는 말기의 병행기를 상정하고 있는데,[37] 이에 따르면 大田盆地의 경
우 이중구연토기가 둔산 등에서 보이는 단치횡주어골문이나 능형집
선문토기와 함께 사용되었으며, 京畿灣 南部에서도 이중구연토기와
함께 시도식토기를 계속 사용하였다고 한다. 즉 그는 말기 즐문토기
가 지역별 다양성을 띠면서 남한의 각 지역에서 동시에 전개되고 있
었다는 것을 분명히 하였다.

3) 이중구연토기의 발생과 전개

이중구연토기의 발생에 관해서는 팽이형토기설[38]이 주류였는데,
이에 대해 이중구연이라는 요소 외에는 관련성을 찾을 수 없다는 점
에서 비판[39]이 있어 왔다. 봉계리식토기설은 구연부에 일정한 공백부

---

36) 배진성, 2005, 「2. 남한의 말기 즐문토기」, 『전환기의 선사토기』, 국립김해박
   물관, p.21.
37) 古澤義久, 2006, 「韓半島新石器時代後・晩期二重口緣土器의 生成과 展開」, 『日
   韓新時代의 考 古學』, 九州考古學會・嶺南考古學會 第7回 合同考古學大會.
38) 釜山大學校博物館, 1980, 『金谷洞栗里貝塚』.
   宮本一夫, 1986, 「朝鮮有文土器의 編年과 地域性」, 『朝鮮學報』 121.
   廣瀬雄一, 1989, 「韓國南部地方櫛目文後期의 變遷」, 『九州考古學』 64.
   정한덕, 1994, 「嶺南地方 新石器時代 末期의 二重口緣土器에 대하여」, 『The
   Second Pacific Basin International Conference on Korean Studies』, 東北亞細亞考古
   學研究會.
   이 가운데 정한덕은 이중구연토기문화란 전통적인 즐문토기문화 속에서 새
   로운 문화-구체적으로는 새로운 농경방식의 채용을 의미한다-를 수용한
   것으로서, 남부지역의 즐문토기문화를 능동적인 성격의 것으로 규정하였다.
   비록 短文이어서 자세히 밝혀져 있지는 않지만, 이 설은 팽이형토기설 자체
   의 可否는 차치하고라도, 단순히 외부 토기문화의 영향을 받았다는데서 한
   걸음 더 나아가 말기 즐문토기문화의 성격을 적극적으로 정의하려고 한 견
   해로서 평가할 만 하다.
39) 鄭澄元, 1982, 「南海岸地方의 櫛文土器 研究(1) -釜山・慶南地方 晩期櫛文土
   器의 檢討-」, 『釜大史學』 6.

를 두고 문양을 시문하는 봉계리식토기의 구연 공백부에서 이중구연
이 형성되기 시작했다는 것으로서,[40] 사격자문과 이중구연이 결합된
토기가 대표적이다. 중기 이래 침선문계토기의 변화과정에서 이중구
연토기의 발생을 고려한 견해[41] 역시 봉계리식토기의 구연 공백부를
중시하고 있다. 남해안 즐문토기의 편년에서 후기에서 말기로의 변천
이 다른 시기에 비해 단절적인 양상을 보이데, 이 봉계리식토기설은
그 점을 극복할 수 있는 장점을 가진다. 이외에도 압록강유역[42] 및 요
동반도 일대의 종말기 즐문토기의 영향[43]으로 보는 의견이 있으며,
지두문토기를 고려한[44] 자체발생설도 있었다.

팽이형토기설은 이중구연 자체의 구체적인 비교를 거치지 않은
채, 단지 이중구연으로 처리되어 있는 형상만의 유사성에 착안한 것
이었다. 구연부에 점토띠를 덧붙인 토기는 요동반도를 포함한 압록강
하류역의 신암리Ⅰ기를 전후한 시기에 가장 많고, 두만강유역에도 그
러한 토기가 확인된다. 따라서 이러한 토기제작 수법은 당시 동북아
시아에서 하나의 경향이었기 때문에,[45] 이중구연이라는 요소만으로
는 팽이형토기설을 받아들이기 어렵고, 다른 공반유물상으로도 남부
지역과의 관련성은 전혀 나타나지 않는다.

그리고 남해안과 요동반도 일대의 이중구연토기를 자세히 관찰하

40) 李東注, 1991, 「韓國 南部內陸地域의 新石器時代 有紋土器硏究」, 『韓國上古
    史學報』 7.
41) 田中聰一, 2001, 『韓國 中·南部地方 新石器時代 土器文化 硏究』, 東亞大學
    校 博士學位論文, p.234.
42) 釜山大學校博物館, 1994, 『淸道 梧津里岩陰 遺蹟』.
43) 신숙정, 2001, 「한국 신석기-청동기시대 전환과정에 대한 일 시론」, 『전환기
    의 고고학Ⅰ』, 한국상고사학회.
44) 鄭澄元, 1982, 「南海岸地方의 櫛文土器 硏究(1) -釜山·慶南地方 晚期櫛文土
    器의 檢討-」, 『釜大史學』 6.
45) 崔鍾圭, 1977, 『幾何文土器의 編年表作成을 爲한 一小考』, 釜山大學校 碩士
    學位論文, p.61.

면 덧붙이는 기법이나 이중구연의 폭, 문양 등에서 엄연히 다르다는
것을 알 수 있다. 남해안의 이중구연은 비교적 넓은 상하폭을 가지면
서 구연단에서부터 시작되고 동체부와는 단을 이루면서 뚜렷하게 구
분된다. 이에 비해 압록강하류역~요동반도 일대의 첨가문, 부가퇴문,
융대문 등으로 불려지는 토기에는 구연단보다 조금 내려와서 덧붙여
진 것으로 돌대문이라고 할 수 있는 것이 많다. 구연단에 이어서 덧붙
여진 경우도 남해안에 비해 상하의 폭이 좁고, 마치 가락동식토기처
럼 이중구연 하단부에 단사선문을 일주시킨 것은 남부지역의 말기 즐
문토기에는 없다. 당산상층의 거치문이나 ×자문 등과 같은 문양은 돌
대문에 새겨지는 예가 많고, 이중구연에 새겨지는 경우도 주로 동체
상단의 문양과 함께 조합되고 있어 이중구연의 형태와 더불어 남부지
역의 자료와 직접 대비하기는 곤란하다. 만약 남부지역 이중구연토기
의 계통이 당산상층 등의 이중구연거치문 혹은 ×자문토기에 있다면,
거치문이 새겨진 남부지역의 이중구연토기는 말기 중에서도 시간적
으로 가장 빨라야 할 것이다. 하지만 이러한 토기는 율리 등 전형적인
末期 유적에서 출토되고 있다. 또 남부지역의 거치문은 이미 후기부
터 구연부 문양으로 자리잡고 있었다. 따라서 남부지역 이중구연토기
의 계통을 압록강하류역이나 대동강유역의 일방적인 영향으로 보기
는 어렵다.

그렇다면 남부지역 자체에 좀더 충실할 수밖에 없고, 그러다보니
李東注에 의해 제기된 봉계리식토기설이 많은 공감을 얻고 있으며,
宮本一夫[46]와 古澤義久[47]도 이중구연토기는 수가리Ⅱ식토기의 분포

46) 宮本一夫, 2004, 「北部九州と朝鮮半島南海岸地域の先史時代交流再考」, 『福岡
大學考古學論集 －小田富士雄先生退職記念－』.
47) 古澤義久, 2006, 「韓半島新石器時代後・晚期二重口緣土器の生成と展開」, 『日
韓新時代の考古學』, 九州考古學會・嶺南考古學會 第7回 合同考古學大會.

권과는 구분되는 봉계리식토기에서 생성되었다고 하였다. 이처럼 주
류가 되고 있는 견해에 대해 최근 하인수는 이와는 다른 각도에서의
견해를 제시하고 있어 주목된다. 그는 진주 상촌리의 이중구연토기에
수가리Ⅱ식에 보이는 삼각집선문이 시문되는 점, 제주 북촌리를 비롯
한 비교적 초기의 이중구연토기가 내륙만이 아닌 남해안 일대에 분포
하고 있는 점 등을 예로 들면서 남부지역 이중구연토기는 봉계리식토
기만이 아니라 남해안 일대에서도 발생하고 있었으며, 그 중심지도
내륙보다는 해안지역일 가능성이 크다고 하였다.[48]

어쨌든 근래에는 이중구연토기의 계통을 남부지역 자체에서 찾으
려는 견해가 우세하고, 이는 토기 자체의 변화는 물론 여러 정황상으
로도 바람직한 방향이라고 판단된다. 지역마다 세부적인 형태는 다르
지만 구연부를 두텁게 제작하는 기법은 당시의 요동반도~서북지역,
대동강유역, 두만강유역에서도 유행하고 있었던 점을 생각할 때, 남
부지역 역시 그러한 동북아시아적인 경향에서 예외일 수 없었던 점도
남부지역 이중구연토기의 정착과정을 생각하는데 고려하지 않을 수
없을 것이다.

이러한 이중구연토기의 발생에 더해 말기를 細分해 보려는 연구도
있었다. 조현복[49]은 말기를 分期하면서 이중구연＋사격자문토기와
평행점열문토기 등을 전엽에, 퇴화단사선문토기와 이중구연토기를
후엽에 두었다. 즉 봉계리Ⅳ기를 말기에 소속시킴으로서 말기를 분기
하였다. 廣瀬雄一[50]은 수가리Ⅱ기와 Ⅲ기 사이에 봉계리나 임불리의
토기를 넣어 후기에서 말기로의 이행과정을 연속적인 것으로 파악하

48) 河仁秀, 2006, 『嶺南海岸地域의 新石器文化 硏究』, 釜山大學校 博士學位論文.
49) 趙顯福, 1993, 『嶺南內陸地方 櫛文土器에 대한 一考察』, 東義大學校 碩士學
位論文.
50) 廣瀬雄一, 1989, 「韓國南部地方櫛目文後期の變遷」, 『九州考古學』 64.

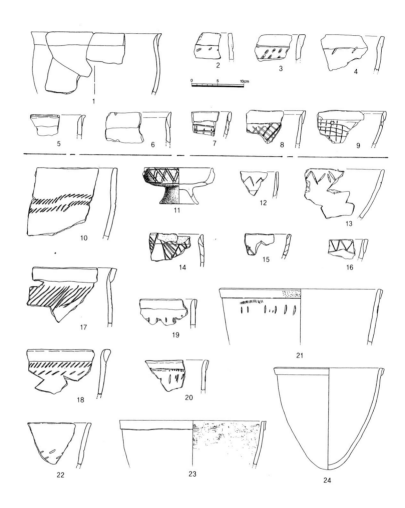

[도 18] 신석기시대 末期의 分期 (1/7 축소)
1:제주 북촌리, 2~4:진안 갈머리, 5~9:김해 화목동

10:김해 농소리, 11:사천 구평리, 12・13・16・19・20:부산 율리,
14・15・17・18・21~24:김해 수가리Ⅲ기

면서, 2열의 퇴화단사선문토기를 말기 전반에, 1열인 것을 말기 후반
으로 했다. 이는 2열에서 1열이라는 형식학적 순서를 생각한 것 같지
만, 말기 중에서도 늦은 율리나 농소리에도 2열의 퇴화단사선문토기
가 있는 등 층위적인 근거는 물론, 출토정황 상으로도 뒷받침되기 어
려운 것 같다. 또 小原哲[51]은 금탄리II기의 토기 중에서 구연부에서
동부에 걸쳐 조잡한 횡주어골문이나 불규칙한 사선문이 시문된 토기
를 분리하여 새로이 夢金浦期를 설정하기도 하였다. 안승모 · 이영
덕[52]은 말기를 수가리 2층과 1층의 두 단계로 구분하면서 갈머리3기
를 말기의 전엽으로 추정하였다.

이중구연토기 가운데 제주 북촌리 · 진안 갈머리3기 출토품처럼 동
체와의 경계가 느슨한 형식(도 18의 1 · 2 · 4)은 기존의 분류안[53]을
감안하면 이른 형식에 해당한다. 또 김해 화목동유적의 이중구연토기
에는(同 7~9) 동체 상부에 퇴화된 사격자문이 시문되어 있어 비교적
이른 시기의 이중구연토기에 속한다. 아직 남부지역에서 말기를 분기
할 만한 층위적인 근거는 없지만, 북촌리 · 화목동 · 갈머리3기 등을
末期의 前半에, 수가리III기 · 율리[54] · 농소리 등을 後半에 두어도 좋
지 않을까 한다(도 18).

---

51) 小原 哲, 1987, 「朝鮮櫛目文土器の變遷」, 『東アジアの考古と歷史』(上).
52) 안승모 · 이영덕, 2004, 「龍潭댐 水沒地區의 新石器文化 －鎭安 갈머리遺蹟을
　　中心으로－」, 『湖南考古學報』19.
53) 林尙澤, 2001, 「3) 駕島 A貝塚의 編年적 位置, (1) 新石器時代」, 『駕島貝塚』,
　　忠南大學校 博物館.
　　宮本一夫, 2004, 「北部九州と朝鮮半島南海岸地域の先史時代交流再考」, 『福岡
　　大學考古學論集 －小田富士雄先生退職記念－』.
　　河仁秀, 2006, 『嶺南海岸地域의 新石器文化 硏究』, 釜山大學校 博士學位論文.
54) 말기 후반보다 이른 문양도 일부 있지만, 이중구연토기의 경우 이중구연부
　　의 단면이 장방형에 가까운 늦은 형식이 압도적이다.

4) 즐문토기에서 무문토기로

그러면 왜 한반도 남부지역은 위와 같은 즐문토기에서 무문토기로
바뀌게 되었을까. 즐문토기에서 시간이 지남에 따라 무문화의 경향이
강해지는 것은 남부지역뿐만 아니라 서북~동북지역을 포함한 한반
도 전체에 공통적이다. 그렇지만 압록강하류역이나 두만강유역에서
는 즐문토기에서 무문토기로의 과정이 연속적인데 비해 남한에서는
단절적인 면이 더 강하다. 그 원인은 '북→남'으로의 토기문화의 영향
에 있을 것인데, 그러한 징후는 신석기시대 말기부터 나타난다. 수가
리패총의 경우 Ⅱ기에서 Ⅲ기로 오면서 기종구성과 기형의 다양성은
줄어들고,[55] 사천 구평리유적[56]에는 다소 돌발적 기종인 고배형토기
(도 18의 11, 사진 2)가 등장한다. 당시 이러한 기종의 토기는 요동반
도~압록강하류역에서 유행하고 있었다. 남부지역에서는 말기 이전

[사진 2] 사천 구평리 출토 고배형토기

55) 釜山大學校博物館, 1981, 『金海 水佳里貝塚 I 』, p.127.
56) 단국대학교 중앙박물관, 1993, 『사천 구평리 유적』.

에 그러한 기종이 없기 때문
에 이 토기는 요동반도~압록
강하류역으로부터 유입되었을
가능성이 높다. 또 춘천 내평
유적에서 출토된 구연부 사선
문 사이에 돌대문이 있는 토
기(도 17의 4)도 이 지역의 영
향으로 파악되었다.57)

[사진 3] 김해 수가리패총 출토 방추차

이와 같이 신석기시대 말기에 한반도 전역에서 무문양화가 가속화
되어 가고, 남부지역에는 압록강하류역의 토기문화가 조금씩 들어오
기 시작하면서 새로운 기운의 도래를 예고하고 있었다. 새로운 농경
기술의 수용58)이나 수가리III기의 방추차(사진 3)에서 추정될 수 있는
새로운 기술 역시 이러한 토기문화와 무관하지 않을 것이며, 그 귀결
점은 바로 남한 조기의 각목돌대문토기로 대표되는 일련의 무문토기
의 출현이다.

3. 조기 무문토기문화의 성립

1) 구성과 분포

무문토기시대의 시작은 새로운 토기문화의 성립과 함께 한다. 먼
저 조기 무문토기의 문양부터 보면, 가장 표지적인 것이 刻目突帶文
으로서 구연부를 돌아가면서 돌대를 덧붙인 후 그 위에 각목문이 새

---

57) 安在晧, 2000, 「韓國 農耕社會의 成立」, 『韓國考古學報』 43, p.46.
58) 정한덕, 1994, 「嶺南地方 新石器時代 末期의 二重口緣土器에 대하여」, 『The
Second Pacific Basin International Conference on Korean Studies』, 東北亞細亞考古
學研究會.

[사진 4] 진주 대평리 어은1지구 출토 각목돌대문토기

겨진다. 돌대의 크기는 상하폭이 대략 1cm 정도이며, 돌대를 부착하
고 횡물손질로 정면한 흔적이 상하에 남아 있다. 구연단에서 1cm 내
외의 거리를 두고 돌대를 부착한 것이 많고, 바로 이어진 것도 일부
있다. 토기의 크기는 다양하지만 기종은 심발형토기에 한정되고, 기
형은 동체부 중간에서 구연단까지 약간 내만하는 것도 있지만 거의
직립에 가깝다(사진 4). 이와 함께 돌대가 구연 전체를 돌아가지 않고
간격을 두고 띄엄띄엄 붙여진 '節狀突帶文土器', 상촌리나 시지동 출
토품과 같은 '이중구연토기'를 비롯해서 '이중구연거치문토기'도 존
재하며, 어은1지구에서는 '절상돌대문+구순각목문토기'(도 21의 11)
도 확인되었다.

　기종구성으로는 深鉢, 淺鉢, 壺와 더불어 (赤色磨研)臺附土器가 조

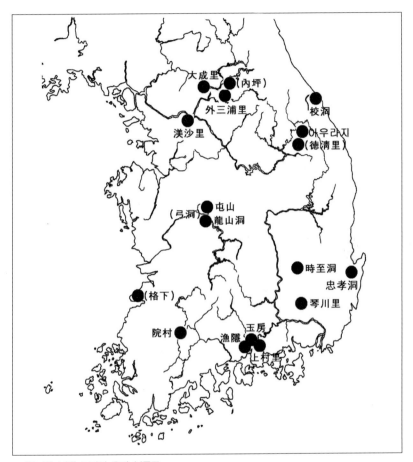

[도 19] 남한 조기의 유적 분포도

합된다. 신석기시대 말기의 경우 율리식토기에도 호와 천발이 있었지
만, 주종을 이룬 것은 심발이었으며 호형토기는 다소 보조적인 위치
에 있었다. 그러던 것이 돌대문토기의 등장과 더불어 호형토기·대부
토기가 주 기종에 포함되었다. 즉 즐문토기에서 무문토기로의 이행에
는 문양뿐만 아니라 기형과 기종구성도 급변하였음을 알 수 있다.

　남한 조기의 유적으로는 남한강유역과 남강유역 외에도 최근에는 호남 내륙의 순창 원촌,[59] 북한강유역의 가평 대성리[60]를 비롯하여 정선 아우라지,[61] 홍천 외삼포리,[62] 영동지역의 강릉 교동유적[63] 등이 확인되었다. 그리고 정선 덕청리유적[64]의 즐문토기 문화층에서도 돌대문토기가 말기 즐문토기와 함께 출토된 바 있다고 한다. 이렇게 보면 아직 유적의 수는 적지만 거의 전국적인 분포를 보인다(도 19). 따라서 남한의 조기 무문토기는 어느 한 두 지역을 거점으로 확산되었다기보다는 남한 각지에서 거의 동시에 발현했던 것으로 판단되고, 그렇기 때문에 뒤에서 언급하듯이 처음부터 지역성을 띠게 되었던 것이다.

2) 조기 무문토기의 계통

새로운 문양과 기종구성에서 분명하듯이 조기 무문토기의 계통은 서북·동북지역에서 구해질 것이다. 먼저 각목돌대문토기부터 보면, 크게 압록강유역설[65]과 두만강유역설[66]로 나뉜다. 실물에 의한 비교

---

59) 湖南文化財研究院, 2005, 『淳昌 院村·官坪遺蹟』.

60) 김일규·현덕만, 2006, 「가평 대성리유적」, 『계층 사회와 지배자의 출현』, 한국고고학회창립 30주년기념 한국고고학전국대회.

61) 江原文化財研究所, 2005, 『정선 아우라지 유적』, 정선 아우라지 관광단지 시굴조사 약보고서.

62) 江原文化財研究所, 2006, 『고속국도 제60호선 춘천~동홍천간 건설공사구간 내 외삼포리 유적 지도위원회의 자료』.

63) 江陵大學校博物館, 2002, 『江陵 校洞 住居址』.

64) 한창균·장명수, 1989, 「旌善郡德淸里 所谷 先史遺蹟」, 『제13회 한국고고학 전국대회 발표요지』.

65) 安在晧, 2000, 「韓國 農耕社會의 成立」, 『韓國考古學報』 43.
   裵眞晟, 2003, 「無文土器의 成立과 系統」, 『嶺南考古學』 32.
   千羨幸, 2005, 「한반도 돌대문토기의 형성과 전개」, 『韓國考古學報』 57.

66) 김재윤, 2004, 「韓半島 刻目突帶文土器의 編年과 系譜」, 『韓國上古史學報』 46.
   강인욱, 2005, 「한반도 동북한지역 청동기문화의 지역성과 편년」, 『江原地域의 靑銅器文化』, 강원고고학회 2005년 추계 학술대회.

가 어려웠기 때문에 돌대문토기의 기형과 기종구성, 그리고 공반유물
을 통해 검토되어 왔는데, 압록강일대의 서북지역 계통설이 우세한
편이다. 이에 대해서는 국립중앙박물관 소장 두만강유역 무문토기의
관찰 결과에서도 밝혔듯이[67] 마치 덧붙인 각목돌대문처럼 인식되어
왔던 웅기 송평동이나 서포항(도 2의 10 · 15) · 회령 오동(도 3의 9 ·
10)의 토기는 돌대를 덧붙인 것이 아니라, 指頭로서 기면을 돌출시키
거나 외반구연의 가장자리에 각목문을 새겨 돌대의 효과를 낸 것으로
서, '指頭(狀)突帶文土器'라는 범주에 해당한다. 따라서 남한의 각목돌
대문토기와는 기형은 물론 제작기법도 다르기 때문에 남한 각목돌대
문토기의 두만강유역 기원설은 받아들이기 어렵다. 남한처럼 돌대를
덧붙이는 수법 자체는 동북지역보다는 서북지역과 가깝고, 공반하는
절상돌대문 역시 압록강유역에 있으며, 말기의 즐문토기에 보이는 異
系統 토기(도 18의 11) 역시 요동지역의 영향인 점 등의 상황을 고려
해 보아도 남한 조기 무문토기의 계통은 요동~압록강유역에서 구해
진다.

　이와 관련해서 미사리 17호주거지 출토 이중구연단사선문토기편
(도 23의 4)이 주목되는데, 千羨幸[68]에 따르면 이 토기는 요동반도의
高麗寨 출토품(도 24의 27~37)과 거의 일치한다고 한다. 필자는 다른
자료조사 과정에서 국립중앙박물관에 소장된 高麗寨 출토 이중구연
단사선문토기편을 관찰할 기회가 있었는데,[69] 미사리의 이중구연단
사선문토기편과 거의 同類임을 확인하였다. 이는 각목돌대문토기를
비롯한 조기 무문토기의 계통이 주로 압록강유역을 포함한 요동~서

67) 裵眞晟, 2006, 「北韓 無文土器의 編年 －早期~前期를 中心으로－」, 『轉換期
　　의 先史土器 資料集』, 국립김해박물관, pp.9 · 10.
68) 千羨幸, 2005, 「한반도 돌대문토기의 형성과 전개」, 『韓國考古學報』 57, p.84.
69) 이에 대해서는 추후에 소개할 예정이다.

북지역에 있음을 방증한다.

그런데 최근 영서지역의 정선 아우라지유적에서 조기의 각목돌대문토기가 출토되었다(도 23의 5). 미사리나 대평리의 돌대문토기는 직립구연의 심발형인데 비해, 이 토기는 頸部는 형성되지 않았지만 옹형토기처럼 동최대경이 구경보다 커서 胴中位가 불룩한 형태이다. 이와 같은 옹형의 기형은 압록강상류역의 공귀리나 심귀리(도 8의 10·11)에 대비되며, 심귀리주거지와 남한 각목돌대문토기 출토 주거지와의 관련성도 지적된 바 있다.[70]

이처럼 남한의 각목돌대문토기 내에서도 기형의 차이가 나타나는 것은 그 계통이 요동~압록강유역의 어느 한 지역에만 한정되지 않음을 뜻한다. 그렇게 때문에 남한에서 돌대문토기가 출토되는 유적 간에도 차이를 보이는 것이다. 즉 미사리에는 각목돌대문토기와 요동계의 이중구연단사선문토기가 있는 반면, 대평리는 재지계의 이중구연토기도 있는 등 미사리와는 차이를 보이며, 또 영서지역은 각목돌대문토기의 기형이 다르다.

이러한 외래계 요소와 함께 재지계 즐문토기의 요소도 계승되고 있으며,[71] 뒤에서 언급되듯이 영동·영남지역의 경우 적색마연대부토기라든지 심발형토기 등에서 두만강유역의 영향도 인정된다. 따라서 조기 무문토기는 西北系라는 주류 속에서 지역에 따라서는 東北系와 在地系도 가미되어 새로운 토기문화로서 형성된 것이라고 하겠다.

서북지역 토기의 문양과 기형이 남부지역보다 다양한 것은 분명하지만, 기종구성 자체는 대체로 유사하다. 또 무문토기가 성립되면서 호형토기가 부각되는 점은 영남지역뿐만 아니라 남한 전체에 공통된다고 할 수 있다. 그러므로 주민의 이주든, 문화의 선택적 수용이든

---

70) 安在晧, 2000,「韓國 農耕社會의 成立」,『韓國考古學報』 43.
71) 裵眞晟, 2003,「無文土器의 成立과 系統」,『嶺南考古學』 32.

새로운 기종구성의 확립은 새로운 생활방식, 구체적으로는 새로운 농
경기술의 수용으로까지 추정해 볼 수 있을 것이다. 이러한 새로운 시
대·새로운 문화의 출현에 관여한 세 계통의 문화는 지역에 따라 다
르지만, 남한 전체를 하나의 권역으로 해서 판단할 때는 서북계>동북
계≧재지계의 순서이지 않을까 싶다.

3) 재지적 전통의 계승

진주 대평리유적 漁隱1地區 95호주거지에서는 早期의 돌대문토
기와 함께 이중구연부의 거치문 사이에 점열문이 시문된 토기(도 20
의 6, 사진 5)가 출토되었다. 이중구연부의 거치문은 이어지지 않고
한 선 한 선씩 따로 새겨진 것으로서 율리식토기에 보이는 것과 같은
수법이다. 말기 즐문토기에서부터 보이는 거치문은 수가리 I 기의 太

[사진 5] 진주 대평리 어은1지구 출토 이중구연거치문토기

線沈線文系의 三角集線文
(同 1)에서 그 기원을 찾을
수 있을 것이다. 이것이 수
가리Ⅱ기에는 退化沈線文
系의 三角集線文(同 2)으로
변하고, Ⅲ기에 이르러 얇
은 이중구연의 형성과 함
께 거치문 내의 집선문이
소멸하기 시작하면서 최종
적으로는 사선으로 표현된
거치문만 남게 된다(同 3~
5).

　이러한 과정으로 볼 때,
영남지역에서 조기의 각목
돌대문토기와 공반되는 이
중구연거치문토기는 재지
적 전통이 남아있는 것이
아닌가 한다. 최근 밀양 살
내[72]·금천리유적[73]처럼

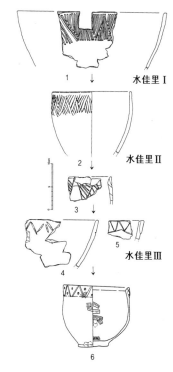

[도 20] 이중구연거치문토기의 형성
1:수가리Ⅴ·Ⅵ층, 2:수가리Ⅳ층, 3:수가리
Ⅱ층, 4·5:율리, 6:어은1지구
95호 (1/8 축소)

각목돌대문토기가 검출되지 않는 유적에서 이중구연토기와 이중구연
거치문토기가 출토되었는데, 이 가운데에는 김해 농소리나 울산 신암
리의 예와 같이 이중구연부를 二段으로 처리한 것도 있다. 이러한 예

---

72) 金炳燮, 2002,「密陽 살내遺蹟 發掘調査 成果」,『韓日 初期農耕 比較硏究』,
　　大板市學藝員 等共同硏究 韓半島綜合學術調査團.
73) 이상길·김미영, 2003,「密陽 琴川里遺蹟」,『고구려고고학의 제문제』, 제27회
　　한국고고학 전국대회 발표요지.

는 외래적 요소라기 보다는 재지적 요소일 가능성이 높을 것이다.

진주 상촌리유적[74])에서는 二重口緣深鉢形土器와 壺形土器가 출토
되었는데(도 22의 9~12), 모두 마연토기로서 이중구연의 단면 형태와
평탄한 口脣部에서 율리식토기의 이중구연과 유사하며, 호형토기는
경부가 직립 또는 외경하면서 胴最大徑이 中上位에 있다. 대구 시지
동 支石墓群 II-1·2호주거지[75])에서도 상촌리와 같은 이중구연토기
와 호형토기에 더해 단사선문토기와 구순각목문토기가 공반되었는데
(同 1~5),[76]) 이 토기들을 가리켜 '上村里式土器'로 명명한 바 있다.[77])

[사진 6] 진주 상촌리 출토 이중구연토기

74) 沈奉謹, 1999, 「晉州上村里出土 無文土器 新例」, 『文物研究』 3.
75) 嶺南大學校博物館, 1999, 『時至의 文化遺蹟 I -調査槪況, 支石墓 外-』.
76) 주거지 내에는 조기의 특징인 石床圍石式爐址가 설치되어 있다.
77) 裵眞晟, 2003, 「無文土器의 成立과 系統」, 『嶺南考古學』 32, p.18.

安在晧[78])도 상촌리의 이중구연토기(사진 6)를 可樂洞式土器와는 다른 계통으로서 이중구연에서 재지 즐문토기의 영향이 잔존한 것으로 파악하였다. 時期는 早期가 아닌 前期의 이른 단계에 편년하면서도 호형토기의 비중이 높은 점에서 돌대문토기가 유입될 때의 압록강유역이나 요동반도의 영향이 있었다고 하여, 早期의 가능성도 염두에 두었던 것 같다. 보고문에 따르면 器面 조정시 생긴 패각조흔문이 군데군데 있다고 하는데, 이는 재지의 즐문토기적 잔재일 가능성이 있다.

그런데 이 유적들에서 각목돌대문토기가 출토되지 않는다는 점을 생각해 보자. 밀양 금천리유적 역시 마찬가지이다. 상촌리의 경우 바로 인근의 유적에서는 각목돌대문토기가 검출되고 있고, 어은1지구에서도 이중구연토기와 각목돌대문토기가 공반되는 점을 고려하면, 단한 예에 불과한 상촌리 제2트렌치內 주거지의 자료 만으로 각목돌대토기의 不在를 단정하는 것은 위험할 수 있다. 그러나 시지동이나 금천리의 예를 감안할 때 각목돌대문토기를 포함하지 않은 예도 상정할수 있지 않을까 한다. 이 유적들 주변에 돌대문토기를 포함한 조기의 유적이 아직 확인되지 않고 있는 점에서도 그러하다. 물론 현재의 자료 量으로는 자신하기 어려운 측면도 있지만, 남한의 조기 무문토기에는 북한으로부터의 영향도 일률적이지 않을뿐더러, 지역에 따라서는 재지적인 전통도 무시될 수 없는 복잡·다양한 상황을 고려한다면, 영남지역 내에서도 다양한 양상이 나타날 가능성을 배제할 수 없다.

4) 조기 이중구연토기의 계통

위에서 본 재지계 요소의 계승, 즉 상촌리식토기의 이중구연이나 조기의 이중구연거치문의 계통이 율리식토기에 있다는데 동의하는

---

78) 安在晧, 2001, 「無文土器時代의 對外交流」, 『港都釜山』 17, p.359.

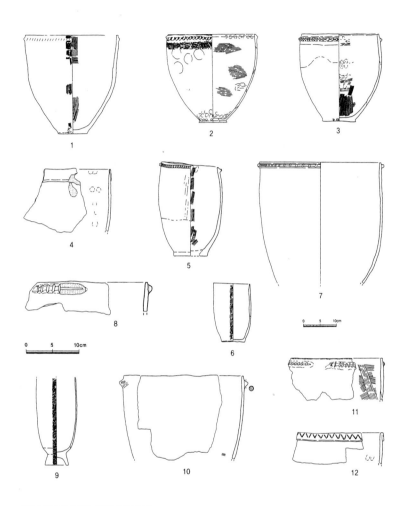

[도 21] 영남지역 조기 무문토기
1:옥방5지구 D-9호, 2:상촌리 2호, 3:어은1지구 118호, 4:어은1지구 95호, 5~7: 어은1지구 107호, 8:어은1지구 108호 주변, 9:어은1지구 85호, 10~12:어은1지구 77호
(8은 1/7, 나머지는 1/11 축소)

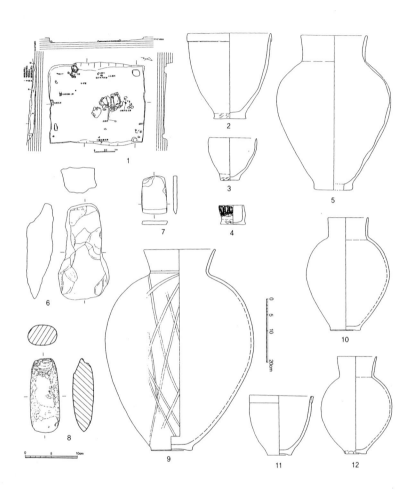

[도 22] 상촌리식토기와 주거지·공반유물
1:시지동 지석묘군Ⅱ-1호주거지, 2:시지동 Ⅱ-2호, 3~7:시지동Ⅱ-1호, 8~
12:상촌리
(주거지 1/200, 토기 1/11, 석기 1/7 축소)

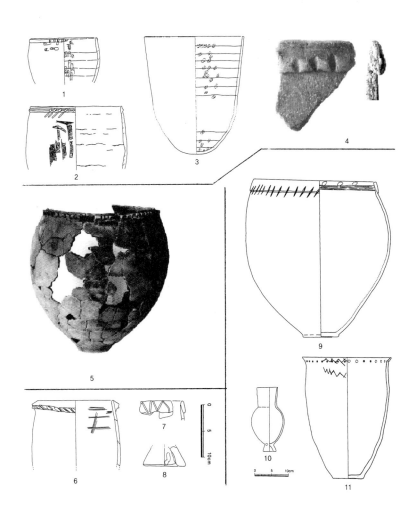

[도 23] 중서부 · 영동 · 영서 · 호남지역 조기 무문토기

1~4:하남 미사리, 5:정선 아우라지 1호, 6 · 8:순창 원촌 1호, 7:부안 격하, 9~
11:강릉 교동 1호

(6~8은 1/7, 4 · 5는 축척부동, 나머지는 1/11 축소)

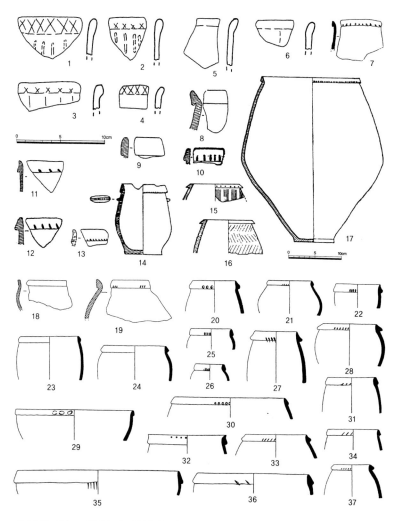

[도 24] 서북~요동반도의 이중구연토기

1~6:당산상층, 7:신암리3-1, 8~10:老溫山頭, 11:光禿山, 12:小娘娘城山, 13:雙山, 14:石灰窯, 15~17:石佛山, 18 · 19:大嘴子Ⅱ기, 20~22 · 25 · 26:單砣子, 23 · 24 · 27~37:高麗寨
(1~6 · 8~13은 1/4, 나머지는 1/7 축소)

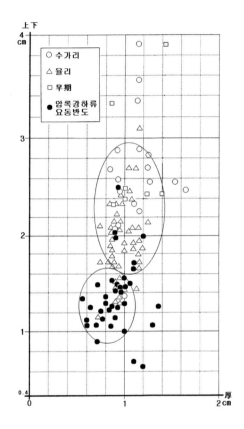

[도 25] 이중구연부 계측치 비교도

견해[79]가 있는 반면 반론도 제기되었다. 河仁秀[80]는 말기 즐문토기의 성립과 변천을 논하면서 무문토기를 중심으로 논의되고 있는 전환기 토기의 계통에 대한 이견을 주장하였는데, 여기서는 이에 대한 검토를 시작으로 조기의 이중구연토기, 나아가 조기 무문토기의 계통에 대해 詳論하고자 한다.

그는 먼저 수가리Ⅱ식과 봉계리식토기를 시기차나 지역차가 아닌 동시기의 수평적 관계로 설정하면서 이중구연토기 성립의 주무대는 내륙이 아닌 남부해안지역이라고 하였다. 이는 남부지역 이중구연토기의 계통에 대한 새로운 방향을 제시한 견해라고 생각한다. 그러나 함께 검토하고 있는 영남지역 조기 무문토기에서 재지계 즐문토기의 요소를 전혀 인정하지 않은 점에는 동의할

---

79) 宮本一夫, 2004,「北部九州と朝鮮半島南海岸地域の先史時代交流再考」,『福岡大學考古學論集 －小田富士雄先生退職記念－』, p.59.
   安在晧・千羨幸, 2004,「前期無文土器の文樣編年と地域相」,『福岡大學考古學論集 －小田富士雄先生退職記念－』, p.71・96.
80) 河仁秀, 2006,「末期 櫛文土器의 成立과 展開」,『韓國新石器研究』12.

수 없다. 전환기 토기에 대해 그가 주장하는 반론의 요점은 구순각목문토기와 더불어 조기의 이중구연토기와 이중구연거치문토기는 말기 즐문토기와는 무관하며, 요동반도~서북지역이나 팽이형토기문화에서 찾는 것이 더 논리적이고 합리적이라는 것이다. 출토상황에서부터 신빙성이 떨어지는 말기의 구순각목문토기는 그렇다해도 과연 조기의 이중구연토기 모두가 재지계와는 무관할까.

남부지역의 신석기시대 말기와 대비되는 요동반도~압록강하류역에서도 이중구연토기가 성행했는데, 대표적인 유적으로는 新岩里 I~3-1·堂山上層과 石佛山[81]·小娘娘城山[82]·雙山[83] 등 그 對岸의 유적들, 요동반도에는 雙砣子[84]·大嘴子[85] I~II기, 單砣子와 高麗寨[86] 등이 있다. 그런데 이 유적들의 이중구연토기 가운데 이중구연부에 거치문이 시문된 것, 즉 율리(도 18의 16)와 同型의 예는 없다. [도 24]에서 보듯이 이 지역은 가락동식토기처럼 이중구연부 하단에 사선문이 있는 것이 주류이며, 당산상층의 ×자문(同 1~4)이나 고려채의 점열문(同 32) 등도 일부 있다. 거치문이 요동지역에 많은 것은 사실이지만 신석기시대 말기에만 한정되지 않고 그 이후에도 꾸준히 나타나며, 대부분 홑구연에 시문된다. 무문토기 성립기에 요동~서북

---

81) 許玉林, 1990, 「遼寧東溝縣石佛山新石器時代晚期遺址發掘簡報」, 『考古』 8.
82) 許玉林·金石柱, 1986, 「遼寧丹東地區鴨綠江右岸及其支流的新石器時代遺存」, 『考古』 10.
83) 丹東市文化局文物普查隊, 1984, 「丹東市東溝縣新石器時代遺址調查和試掘」, 『考古』 1.
84) 조중공동고고학발굴대, 1966, 「쌍타자」, 『중국 동북 지방의 유적 발굴 보고 1963~1965』, 사회과학출판사.
85) 大連市文物考古研究所, 2000, 『大嘴子 -青銅時代遺址 1987年發掘報告-』, 大連出版社.
86) 濱田耕作, 1929, 『貔子窩 -南滿州碧流河畔の先史時代遺跡-』, 東方考古學叢刊 甲種第一册.
87) 이 수치는 보고서의 도면을 계측한 것으로 실물과는 미세한 범위의 오차가 있을 수 있다.

[표 9] 이중구연부 계측치 (단위:cm)[87]

유적	상하	두께	유적	상하	두께	유적	상하	두께	유적	상하	두께
早期無文土器 대구 시지동	2.40	1.00		2.34	0.96		1.50	0.93	光秀山	1.23	0.63
밀양 금천리7호	2.45	1.25		2.22	0.93		2.16	1.23	小娘娘城山	1.47	0.93
진주 상촌리(東)	2.35	0.90		2.70	1.11		2.07	1.11	雙山	1.32	0.57
진주 어은1 77호	2.45	1.40		1.17	0.72		1.38	0.93	石灰窯	1.55	1.00
진주 어은1 95호	2.50	1.00		1.71	0.87		2.07	1.14		0.70	1.10
	3.35	0.85		2.13	0.75		1.89	1.20	石佛山	0.65	1.20
부안 격하	3.90	1.45		1.71	0.78		1.83	0.99		1.05	0.85
김해 수가리III	2.37	1.11	금곡동 율리	1.68	0.93	금곡동 율리	1.44	1.11	大嘴子III	1.05	0.60
	2.70	1.23		2.13	0.90		1.83	1.14		1.50	1.05
	2.49	1.65		1.68	0.90		2.34	0.93		1.45	0.90
	2.82	1.26		1.59	0.96		1.80	0.84	單砣子	0.90	0.70
	3.33	1.14		2.16	0.93		2.40	1.02		1.45	0.95
	2.43	0.96		1.35	0.93		2.19	0.96		1.30	0.80
	2.25	1.17		1.56	0.93		2.43	0.94		1.15	0.90
	1.38	0.99		2.46	1.05		2.01	0.84	高麗寨	1.10	0.60
	2.85	0.93		1.92	1.00		1.68	1.17		2.45	0.95
	2.58	1.26		1.92	1.12		1.71	0.87		1.25	0.85
	3.90	1.14		1.90	1.11		1.47	0.99		2.00	1.20
	2.88	1.17		2.04	1.08		2.70	1.02		1.70	1.10
	2.58	1.56		1.95	1.17	신암리3-1	1.15	0.75		1.00	1.00
	2.58	0.93		1.92	0.84		1.98	0.87		1.05	1.30
	2.10	0.90		1.71	1.17		1.26	0.90		1.05	0.70
	2.13	0.93		1.35	0.90	당산상층	1.53	0.87		1.35	0.80
	1.89	0.84		2.40	0.84		1.23	0.84		1.45	1.00
	2.67	0.84		1.98	0.87		1.26	1.38		1.65	1.10
	1.92	0.87		2.34	0.96	老溫山頭	1.50	0.93		1.30	1.00
	3.57	1.17		1.83	0.84		2.01	0.87		1.20	0.75
	2.07	0.93		3.08	1.18		1.47	0.72			

지역의 영향이 막대했던 것은 분명하지만, 이곳에는 同型의 자료가 없는 반면 한반도 남부의 말기 즐문토기와 조기 무문토기에 同型의 이중구연거치문토기[88]가 있다면 재지계의 가능성을 면밀히 따져볼 필요가 있다. 최근 말기 즐문토기의 이중구연부터 외래계로 보기도[89] 하지만, 그것은 또 다른 문제이고 여기서 밝혀보고자 하는 바는 과연 조기 무문토기의 이중구연과 재지 즐문토기와의 관련성이다.

하인수는 율리나 오진리의 이중구연거치문토기는 율리식토기 중

---

88) 단, 다음 장에서 언급하겠지만 중부 내륙에서 확인되는 전기의 이중구연거치문토기는 좀 다르게 생각할 여지가 있다.

89) 安在晧, 2006, 『靑銅器時代 聚落研究』, 釜山大學校 博士學位論文.

에서도 비교적 이른 시기라고 하여 무문토기와는 시간적인 간격이 있는 것으로 보았지만, 그의 이중구연토기 Ⅱ단계와 Ⅲ단계의 토기는 서로 공존하는 경우도 예상해야 한다. 또 그는 팽이형토기와의 관련도 언급했는데, 이른 시기의 팽이형토기에 새겨진 多線의 거치문(도 13의 2·8) 역시 남부지역 말기 즐문토기는 물론 조기 무문토기에도 없고, 그밖에 팽이형토기문화와 관련시킬 수 있는 요소는 全無하다. 앞에서도 언급했듯이 요동~서북지역의 영향이야 각목돌대문을 비롯한 새로운 문양과 호형토기가 주 기종구성에 포함되는 측면 등에서 인지되지만, 팽이형토기문화와 남부지역의 조기 무문토기는 연관관계를 찾을 수 없다.

또 그는 상촌리와 같은 조기의 이중구연토기(도 22의 11)는 율리식토기와는 무관하며 요동지역 이중구연토기의 영향이라고 하였다. 그러면 남부지역과 요동지역 이중구연토기의 형태와 계측치를 비교해 보자. 남부지역의 말기 즐문토기와 조기 무문토기의 이중구연 단면을 보면 상하 폭의 편차 크지 않아 장방형에 가까운데 비해, 요동지역은 [도 24]의 20~37과 같이 마치 팽이형토기처럼 이중구연부의 下段이 불룩한 형태가 많다. 또 [표 9]의 계측치를 도표화 하면(도 25) 조기의 이중구연은 율리식토기의 범위에 포함되는 반면, 요동~서북지역과는 분포범위에서 차이를 보이고 圓으로 표시한 밀집군의 범위도 다르다. 따라서 아직 조기 이중구연토기의 사례가 적은 약점은 있지만, 이중구연의 형태, 거치문과의 조합, 계측치의 비교를 볼 때 남부지역 조기의 이중구연토기는 외래계라기 보다는 율리식토기와 관련될 가능성이 있다.

이러한 토기의 특징과 더불어 조기의 이중구연토기가 율리식토기의 중심지였던 영남지역에 주로 분포하는 점도 주목해야 한다. 만약

이것이 재지의 즐문토기와는 무관하고 모두 중국동북지방의 영향이
라면 우선 가장 직접적인 영향을 받고 있었던 중서부지역의 미사리유
적 등에서도 조기의 각목돌대문토기와 함께 이중구연토기가 주 기종
구성에 포함되어야 하지만 실상은 그렇지 못하다. 대전 궁동유적에
이중구연거치문토기가 있는데, 이에 대해서는 필자도 조기로 판단하
기도 했지만, 이단병식석검과 함께 묶은 편년안[90]이 참고가 된다. 이
형원은 석검과 함께 조기로 생각하고 있지만, 현재로서 석검을 조기
로 올리기는 어렵다고 생각되므로 이 토기 역시 전기로 내려올 가능
성도 있지 않을까 한다. 이에 대해서는 추후에 다시 검토하고 싶다.
설사 조기라 하더라도 이것 외에는 조기로 인정될만한 이중구연토기
는 없는 것 같고, 일부 확인된다고 하더라도 영남지역의 어은1지구,
금천리, 상촌리처럼 토기조합의 주요 구성요소에 포함될 정도라고는
판단되지 않는다.

　상촌리나 어은1지구 출토품과 같은 조기의 이중구연토기가 모두
요동계라면, 미사리에서는 왜 영남지역 출토품과 같은 이중구연토기
가 출토되지 않는지를 설명할 수 없다. 미사리에 이중구연단사선문토
기(도 23의 4)가 있지만, 이것은 앞에서도 언급했듯이 高麗寨 출토품
과 同類로서 요동반도계가 분명하다. 남부지역의 이중구연도 요동반
도계라면 어은1지구를 비롯한 조기의 유적에서 미사리 출토품과 같
은 요동계의 이중구연토기가 출토되어야 한다. 그러나 미사리와 남부
지역의 이중구연토기는 형태는 물론 시문되는 문양에서도 계통이 다
른 것은 분명하다. 하인수는 조기 이중구연토기의 계통을 요동~서북
지역이나 팽이형토기권에서 찾는 것이 논리적이고 합리적이라고 하
였지만, 남부지역 조기의 이중구연토기는 형태, 문양조합, 계측치, 그

90) 李亨源, 2006, 「弓洞 靑銅器時代 聚落의 編年 및 性格」, 『弓洞』, 忠南大學校
博物館.

리고 지역적 한정성 등 여러 측면에서 요동이나 대동강유역보다는 재지의 즐문토기를 주목하는 것이 훨씬 논리적이고 합리적이다. 조기 무문토기의 성립에 요동~서북지역의 영향이 막대한 것은 사실이지만, 영남지역 조기의 이중구연토기까지 그에 포함해서 조기의 모든 토기가 일률적으로 요동~서북계라면, 남한 조기의 토기에 지역성이 나타날 까닭이 없다.

관련 토기의 상세한 비교·검토나 남한 내의 지역성과 같은 여러 정황을 고려하지 않고, 문양 자체의 유무만으로 판단한다면, 그렇지 않아도 단절적인 전환기를 더욱 모호하게만 할 뿐이다. 물론 현재와 같은 자료의 양에서 즐문토기에서 무문토기로의 전환기에 대한 여러 견해는 안정적이지 못한 면이 있는 것은 사실이다. 그러나 그러한 상황 때문에라도 좀더 다양한 각도에서의 논의가 필요하다.

5) 가락동식토기의 성립

可樂洞式土器는 팽이형토기의 영향을 받은 것으로 인식되어 왔지만,[91] 최근에는 압록강~청천강유역의 토기와 관련시키려는 견해[92]가 우세하다. 이중구연부를 돌아가면서 각목하는 것과 팽이형토기처럼 단위를 이루어 간격을 두고 시문하는 것을 달리 보아야 한다는 점은 일찍부터 지적[93]되었고, 저부의 형태나 전체적인 기형을 보더라도 남한의 가락동식토기는 역시 압록강~청천강유역의 이중구연단사선문토기(도 10의 2)와 관련될 것이다.

---

91) 李白圭, 1974,「京畿道 出土 無文土器·磨製石器」,『考古學』 3.
   韓永熙, 1983,「角形土器考」,『韓國考古學報』 14·15.
92) 大貫靜夫, 1996,「欣岩里類型土器の系譜論をめぐって」,『東北アジアの考古學』
   [槿域].
   朴淳發, 1999,「欣岩里類型 形成過程 再檢討」,『湖西考古學』 創刊號.
93) 後藤 直, 1971,「西朝鮮の「無文土器」について」,『考古學研究』 17-4, p.53.

安在晧[94]는 可樂洞式土器를 前期前半에 편년하였고, 李亨源[95]은 가락동유형을 세 단계로 나누면서 Ⅰ기를 대략 早期의 돌대문토기와 병행시켰다. 甕(혹은 鉢)·壺·淺鉢·(高杯)로 구성되는 가락동식토기의 계통은 요동반도~서북지역 일대에서 구할 수 있다. 옹형토기와 동상부가 강조된 직립구연의 호형토기는 세죽리Ⅱ₁(도 10의 1)의 토기 조합에서 가장 직접적인 계보관계가 있으며, 屯山 1호주거지[96]의 침선문과 점열문이 혼합된 문양(도 26의 11)이나 고배형토기(同 5)에서 신암리Ⅱ식토기(도 5)의 영향도 보인다. 앞 章에서 검토했듯이 세죽리 Ⅱ₁의 상한은 신암리Ⅱ보다 빠를 가능성이 있고, 요동반도에서도 신석기시대 말기의 대취자Ⅱ·단타자·고려채에 이중구연사선문토기가 성행하였다. 이렇게 가락동식토기의 이중구연을 요동~서북계로 본다면 그 초현 시기는 早期일 가능성을 배제할 수 없다.

서해안을 포함한 남한 중서부지역 矢島式土器의 퇴화된 多齒橫走魚骨文土器나 岩寺洞Ⅲ式의 口緣部 短斜集線文土器와 무문토기와의 연결성이 불투명하고, 기종구성에서도 즐문토기에서 호형토기는 기종구성의 주체가 아니었는데 비해 가락동식토기는 옹과 호가 주체이다. 또 이 지역의 후기 즐문토기는 대동강유역의 황해도지역과 상호 교류하면서 문화권역을 같이하고 있었지만,[97] 무문토기시대에 들어서면서 압록강·청천강유역의 영향으로 가락동식토기가 성립된다. 이처럼 문양과 기종구성에서 계승성이 보이지 않는 것으로 보아 무문토기의 성립에 있어서 재지의 전통이 잔존하는 영남지역에 비해 급격

---

94) 安在晧, 2000, 「韓國 農耕社會의 成立」, 『韓國考古學報』 43.
95) 李亨源, 2002, 『韓國 靑銅器時代 前期 中部地域 無文土器 編年 硏究』, 忠南大學校 碩士學位論文.
96) 忠南大學校博物館, 1995, 『屯山』.
97) 林尙澤, 1999, 「서해중부지역 빗살무늬토기 편년연구」, 『韓國考古學報』 40, p.41.

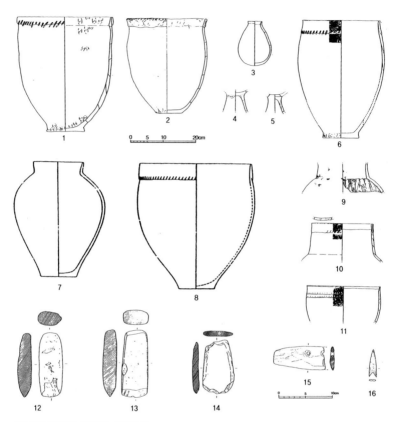

[도 26] 가락동식토기와 공반유물
1~3·12~16:용산동, 4·9:수당리, 5·6·10·11:둔산, 7·8:가락동
(토기 1/11, 석기 1/7 축소, 11·12는 "有光教一, 1966, 「考古學からみた朝鮮」,
『朝鮮史入門』"에서 인용한 도면으로서 가락동유적 보고문의 도면과는 기형에
서 약간의 차이가 있음)

한 변화가 있었을 것이다. 따라서 재지 주민에 의한 수용의 측면보다
는 외부의 강한 영향력, 구체적으로 주민의 이주 혹은 이동의 가능성
도 생각된다.

그러면 왜 가락동식토기는 대동강유역이 아닌 서북지역의 영향으

로 성립되었을까. 앞 章에서와 같이 압록강하류역과 상류역은 공통된
문화권 속에서도 그 나름의 독자적인 토기문화권을 형성하고 있음에
비해 청천강유역의 당산·세죽리·구룡강유적은 하나의 토기문화권
으로 묶기에는 무리가 있다. 당산유적은 하층과 상층 사이에 시간적
간격이 있고, 상층은 압록강하류역~요동지역의 토기문화와 연계되
어 있다. 세죽리유적에서도 뇌문토기편을 비롯해 무문토기에 즐문토
기의 잔재가 남아 있기는 하지만 현재 소개된 자료상에서는 즐문토기
말~무문토기초의 연결이 신암리 만큼은 명확하지 않다. 또 압록강하
류역에서는 미송리형토기가 나오는 시기(신암리III)에도 옹과 호의 조
합이 이어지는데 비해, 세죽리에서는 II_2기에 오면 II_1기와 같은 호형
토기는 보이지 않고 미송리형토기가 나타나기 시작한다. 구룡강유적
의 경우도 각목돌대문이나 縱狀把手에서 알 수 있듯이 I기부터 압록
강상류역 토기의 영향이 보인다. 이처럼 무문토기 성립기의 청천강유
역은 압록강상·하류역 만큼 안정적이지는 못하였다.

　이러한 상황에서 세죽리집단의 이동을 생각할 수 있지 않을까. 세
죽리II_1의 토기가 주변으로 확산되지 않고 대동강유역을 건너 뛰어
한강 이남의 가락동식토기와 관련된다는 것은 부분적인 요소의 전파
보다는 집단의 이주 혹은 이동의 가능성이 더 크다고 할 수 있을 것이
다.[98] 대동강유역의 팽이형토기가 在地에서 後期까지 꾸준히 지속되
는 강한 생명력을 가졌고, 有莖式石劍·有莖式石鏃·有段石斧·石貨
와 같은 팽이형토기와의 공반유물도 주변으로 확산되기보다는 지역
적 한정성이 강한 점에서도 엿볼 수 있듯이, 팽이형토기문화의 독자
성이 강했기 때문에 세죽리II_1의 토기문화가 들어가지 못하고 그것을
건너뛰어 그 이남으로 내려갔던 것이 아닌가 한다.[99] 그렇게 되면 그

---

98) 세죽리II_2기에 와서 호형토기는 소멸하지만 이중구연의 옹형토기가 계속 이
　어지는 것을 생각하면 집단 전체의 이동은 아니었을 것이다.

이동 혹은 이주의 경로는 陸路보다는 海路였을 가능성이 클지도 모르겠다.

6) 조기 마제석기의 組成과 系統

(1) 組成

위에서 조기 무문토기의 계통을 살펴보았는데, 여기서는 조기의 석기 조성을 살펴보고 토기의 계통과는 어떻게 대비되는지 파악해 보자. 아직 조기의 석기조성을 파악하기에는 자료가 부족하지만 남한 신석기 말기의 석기, 북한 전환기의 석기, 남한 조기의 석기를 비교함으로써 조기의 석기를 이해하고자 한다.

공구류에서는 벌채석부와 편평편인석부가 출토되는데, 주상편인석부와 석착이 보이지 않는 점은 前期 工具類 조성과의 큰 차이점이다. 벌채석부는 서북지역이나 동북지역처럼 횡단면이 장방형에 가까운 것(도 27의 16)것으로서 前期에 많이 출토되는 횡단면 원형 혹은 타원형에 중량도 많이 나가는 이른바 '厚斧'는 아직 일반적이지 않다. 서북~동북지역과 마찬가지로 이 시기에도 厚斧가 일부는 있었겠지만 주류가 아니었던 것은 분명하다.

석촉에서는 基部가 만입된 무경식석촉이 완성된 형태로 나타난다.

---

99) 金壯錫(2001, 「흔암리 유형 재고 : 기원과 연대」,『嶺南考古學』 28, p.60.)도 청천강유역 주민의 이주로 보았는데, 그 원인을 미송리형토기를 사용하는 요령식동검집단의 청천강유역 진출로 보았다. 이렇게 되면 청천강유역 주민의 이주는 세죽리II₁기와 II₂기(미송리형토기단계) 사이의 시기 혹은 II₂기에 가까운 시기에 남하하여 남한의 가락동식토기를 성립시킨 것으로 된다. 그러나 미송리형토기문화의 상한은 남한의 前期보다 더 올라갈 수 없기 때문에 가락동식토기의 상한보다는 늦다.
따라서 필자는 그 이주·이동의 원인을 미송리형토기집단의 파급 때문이라기보다는 서북지역 내에서도 청천강유역 토기의 지역성이 압록강상·하류역에 비해 약했던 데서 찾고 싶다.

이단경식석촉이 일부 있기는 하지만 주류는 무경식석촉이다. 연구사
적으로는 무경식석촉의 계보를 骨鏃[100])이나 중국의 靑銅鏃[101])에서 찾
기도 하였는데, 당시의 자료적인 한계 때문인지 석검에 비해 석촉의
조형문제는 그다지 활발히 논의되지 못했다. 그런데 근래에 鴛島貝
塚[102] 등에서 확인되는 자료를 보면 즐문토기 말기부터 이러한 석촉
(同 1·2)이 있었고, 또 신암리 Ⅰ기(도 7의 3·4)를 비롯한 압록강하류
역의 석촉이 주로 무경식이었기 때문에 앞으로 그 계통에 대해 여러
가지로 생각해 보아야 할 것이다.

그리고 동북아시아 속에서도 한반도 무문토기문화의 독특한 요소
가운데 하나인 마제석검은 아직 나타나지 않는다. 요동반도의 쌍타자
Ⅲ기나 이른 시기의 팽이형토기유적에서는 有莖式石劍이 있었지만,
그 이외 지역 특히 남한 조기에 석검은 출현하지 않았다. 석검의 유무
는 조기와 전기의 석기조상상에서 가장 큰 차이점이라고 할 수 있으
며, 뒤에서 살펴보듯이 이것은 무문토기사회의 성격과도 밀접하게 관
련된다. 반월형석도는 조기부터 일반화되었으며, 신석기시대에 많았
던 석제보습(도 27의 9·13)은 前期의 유적에서도 일부 출토되기 때
문에 아직 확인되지는 않았지만 早期에도 있었을 것이다.

위와 같은 석기와 함께 碾石·각종 砥石·土製紡錘車 등이 더해지
는데, 이러한 石器組成에 또 하나 추가되어야 할 것이 바로 玉製裝身
具이다. 한반도에서 곡옥이나 관옥의 형태를 띤 옥제장신구는 주로
後期-(先)松菊里段階-에 출토되는 예가 많았으나, 근래에는 前期는
물론 早期에도 그 존재를 인정해야 할 것 같다. 宮本一夫[103])는 晋州

100) 尹德香, 1983, 「石器」, 『韓國史論』 13, 國史編纂委員會.
101) 全榮來, 1982, 「韓國磨製石劍·石鏃編年에 關한 研究」, 『馬韓·百濟文化』 6.
102) 忠南大學校博物館, 2001, 『鴛島貝塚』.
103) 宮本一夫, 2004, 「北部九州と朝鮮半島南海岸地域の先史時代交流再考」, 『福岡
大學考古學論 集 -小田富士雄先生退職記念-』, p.65.

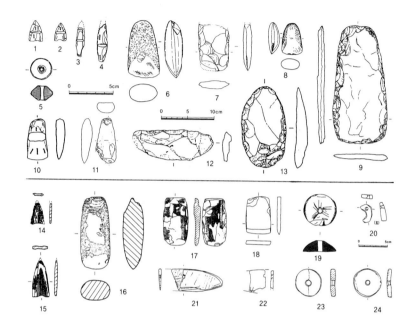

[도 27] 신석기 말기(1~13)와 무문토기 조기(14~24)의 석기
1~4·11:가도, 5:수가리Ⅲ, 6·8·9:오진리, 7:화목동, 11:범방2층, 12·13:쌍청리
14·15·17·20~24:미사리, 16·19:상촌리, 18:시지동
(1~4·14·15는 1/4, 20은 1/3, 나머지는 1/7 축소)

玉房5地區[104]의 출토예를 들어서 조기부터 玉生産이 시작되었을 것으로 보았다. 그런데 그가 예로 든 옥방5지구의 C-2호나 D-9호의 예보다는 미사리A-1호[105]에서 돌대문토기와 공반된 曲玉(同 20)이 현재로서는 가장 확실한 공반예라고 할 수 있으며, A-11호의 옥제품도 포함될 것이다.

104) 李亨求, 2001,『晉州 大坪里 玉房5地區 先史遺蹟』.
105) 서울大學校博物館, 1994,『渼沙里Ⅳ』, 京畿道.

(2) 系統

이와 같은 조기 마제석기의 계통은 어떠한가. 먼저 공구류에서 남·북한의 자료를 비교하여 계통을 고려해 볼 수 있는 것으로는 합인석부가 있다. 남한 조기의 석부(도 27의 16)는 신암리 I · 공귀리 I · 호곡 I 과 마찬가지로 횡단면이 납작한 장방형의 형태가 대부분이고, 아직 전기에서 확인되는 것과 같은 대형이면서 횡단면 (타)원형의 厚斧는 확인되지 않는다. 남한의 신석기시대 후기~말기에는 비록 소형이지만 횡단면이 두터운 석부(同 6)가 꽤 확인되고 있다. 만약 재지의 즐문토기문화를 고스란히 이어받아 무문토기시대가 시작되었다면 아마도 조기에 와서 이것이 대형화되면서 厚斧化된 벌채석부가 주류를 이루었을 것이지만, 그렇지 못한 것을 보면 돌대문토기의 갑작스러운 출현에서도 알 수 있듯이 석부도 서북지역에서 계통을 구할 수 있을 것이다.

남한 조기의 반월형석도는 曲線刃을 한 주형·어형석도 위주인데, 북한에서는 서북지역에 많다. 반면 동북계라고 할 수 있는 장방형석도는 주로 영남지역에서 확인된다. 즉 반월형석도 역시 서북계가 우세한 가운데 영남지역에는 동북계도 함께 확인되고 있어 앞에서 검토한 무문토기의 계통과도 어긋나지 않는다.

그리고 남한 조기의 석촉은 무경식이다. 조기와 관련되는 북한의 신암리 I ~ II, 공귀리 I, 구룡강 I, 호곡 I, 서포항 V 등도 무경식 위주인 반면, 대동강유역은 처음부터 유경식석촉이 성행하였다.

한편, 필자는 서부경남지역의 토제원추형방추차를 두만강유역 계통으로 파악한 바 있으나,[106] 두만강유역의 전형적인 원추형방추차(도 4의 8·9)는 확인되지 않고 있다. 이와 관련해서 千羨幸은 남한 조

---

[106] 裵眞晟, 2003, 「無文土器의 成立과 系統」, 『嶺南考古學』 32, p.28.

기의 방추차가 납작한 장방형의 것과 원추형의 것이 세트를 이루는데
주목하고, 압록강상류역에도 이와 같은 양상이 확인되므로 남한 조기
의 원추형방추차는 두만강유역이 아닌 압록강상류역과 관련될 가능
성이 높다고 하였다.[107) 이것이 더욱 타당한 견해로 생각되어 필자의
이전 안은 철회하고자 한다.

따라서 조기 마제석기의 계통은 무문토기와 마찬가지로 주로 서북
지역의 석기와 공통점이 많으면서, 영남지역에는 동북지역의 석기도
일부 수용되면서 새로운 석기문화가 형성되었던 것으로 판단된다.

4. 조기의 지역성과 意義

지금까지 영남지역을 주로 하면서 남한 각지의 조기 무문토기를
살펴보았는데, 여기서는 앞의 내용을 토대로 지역별 양상을 정리해
보고자 한다. 결론부터 말하면, 남한의 무문토기는 成立期부터 지역
성을 띠고 있었고, 서북이나 동북과의 관련도 남한 전체를 일률적으
로 다루어 북한의 어느 한 지역의 영향으로 남한에 무문토기문화가
시작되었다는 등으로 단순하게 논할 수는 없다고 생각한다.

영남지역 조기 무문토기문화의 성립에 있어 서북지역의 영향이 크
지만, 이중구연거치문(점열문)토기나 이중구연토기 등에서 재지적 전
통도 계승되고 있었다. 또 적색마연토기와 동북형석도[108) · 兩刃의 반
월형석도에서 알 수 있듯이 두만강유역의 영향도 받았다. 즉 남강유역
과 영남내륙지역에서는 토기와 석기 모두에서 서북적 요소와 동북적
요소의 영향이 혼재하는 가운데 재지적 전통도 함께 작용하여 무문토

---

107) 千羨幸, 2005, 「한반도 돌대문토기의 형성과 전개」, 『韓國考古學報』 57, p.87.
108) 裵眞晟, 2006, 「東北形石刀について」, 『七隈史學』 7, 福岡大學人文學部歷史
學科.

기문화가 성립되었으며, 그 정도는 '서북계>동북계≧재지계'였다.

이에 비해 한강유역의 미사리유적에서는 즐문토기적 잔재를 간직한 圓底의 深鉢形土器(도 23의 3) 외에는 각목돌대문토기와 이중구연단사선문토기 등 요동~압록강유역의 영향이 영남지역보다는 훨씬 강했다.

영동지역은 강릉 교동유적에서 볼 때 서북지역과의 관계도 보이지만, 적색마연토기와 동북형석도를 비롯해서 외반구연에 공열문(밖→안)이 시문된 심발형토기는 두만강유역에 유례가 있다. 반면, 영서지역은 정선 아우라지의 각목돌대문토기로 보아 심귀리 등 압록강상류역과의 관련이 상정된다.

따라서 거의 전국적으로 분포하는 조기 무문토기는 지역별 차이가 존재한다. 영남지역의 경우 재지적 전통이 잔존하는 데에는 서북·동북지역으로부터의 거리가 가장 멀기 때문이거나, 율리식토기를 특징으로 하는 말기 즐문토기의 지역성이 강했기 때문일 것이다. 그리고 영동지역에 두만강유역의 요소가 뚜렷한 점은 우선은 지리적인 이유 때문이 아닌가 한다. 특히 영동지역과 영남동해안지역은 두만강유역과 함께 '東海文化圈'[109]으로 설정될 정도로 상호관계가 깊다. 호서지역의 경우 가락동식토기의 갑작스런 등장과 재지적 전통의 부재에서 생각할 때 압록강~청천강유역으로부터 주민이주의 가능성도 생각해 볼 수 있을 것이다.

이제까지 서북~동북지역 토기문화의 영향 속에서 재지계 토기의 전통성도 함께 살펴봄으로써 전환기의 토기문화를 이해하였다. 남한의 전환기에 북한 토기의 영향이 많은 점은 부정할 수 없지만, 그렇다고 同類의 남북한 토기에 시간적 간격을 두어서 예전처럼 말기 즐문

---

109) 裵眞晟, 2007, 「東北型石刀에 대한 小考 −東海文化圈의 設定을 겸하여−」, 『嶺南考古學』 40, pp.22~23.

토기에 팽이형토기와 같은 북한 무문토기의 영향을 생각한다면 모든 측면에서 단절적인 해석만 초래할 것이다. 대동강유역과 남한의 중서부지역은 신석기시대부터 관련성이 많았고, 무문토기시대 조기에도 돌대문토기, 미사리유적에서 출토된 요동반도계의 이중구연단사선문토기, 그리고 압록강~청천강유역 무문토기의 영향 등 서북지역 계통의 요소들이 계속해서 이입되고 있었다. 또 영동·영남지역에는 두만강유역과 관련되는 요소들이 증가하고 있는 등 당시의 선사문화는 全 한반도적인 범위에서의 움직임이 포착된다. 이러한 흐름에는 '북→남'이라는 방향성이 있는데, 그러한 데에는 사회적 動靜도 함께 할 것이며,110) 그것은 바로 새로운 농경기술을 바탕으로 한 농경사회의 모습이 아닐까.

요령지역 신석기시대에서 청동기시대로의 전환기의 생업기반을 보면, 遼西에서는 목축과 농경을 병용하는 형태였지만, 가축의 사육화가 보이지 않는 遼東은 농경 주체의 사회였다.111) 토기를 비롯한 물질자료의 영향 이면에는 이러한 생업적인 부분의 영향도 작용하였을 것이다.

무문토기시대의 대표적인 특징으로는 평저 무문토기의 출현, 定住의 강화와 농경사회로의 진입, 정형화된 마제석기의 전성기, 청동기의 사용, 본격적인 분묘 축조의 시작 등을 들 수 있는데, 이러한 요소들은 모두 농경문화라는 큰 틀 속에 포함된다. 최근 신석기시대의 농경문제가 이슈로 떠오르면서 강조되고 있지만, 농경의 시작단계를 벗어난 '농경사회'라고 규정하기에는 무리가 있다. 물론 신석기시대의 생업을 수렵채집경제만으로 규정할 수는 없겠지만, 식물재배의 존재

---

110) 小林達雄, 1994, 「繩文土器の生態」, 『繩文文化の研究』 5 繩文土器Ⅲ.
111) 千葉基次, 1996, 「遼東靑銅器時代開始期」, 『東北アジアの考古學』 第二[槿域], 깊은샘, pp.143~144.

여부로서 전체의 생계경제를 규정할 수는 없는 것이다.[112) 전환기를 기준으로 양 시대의 생업체계를 바라보면 그 정도의 차이는 너무 크다. 새로운 토기문화는 생업에 대한 측면에서도 급격한 변화를 수반할 것인데, 생업과 직접 관련되는 석기에서도 양 시대의 차이는 확연하다. 마제석기 자체는 신석기시대부터 제작되었지만, 정형화 된 마제석기는 무문토기와 함께 한다.[113) 그러한 마제석기의 중심에는 벌채석부・주상편인석부・편평편인석부・석착으로 구성된 목공구가 있었고, 그 이면에는 발달된 농경기술에 필수적인 요소로서 목제농경구의 발달이 수반될 것이다.

어은1지구 조기의 주거지는 이후 시기의 주거지와 구역을 같이 한다. 분포도에서 보면 이때에도 밭이 존재했을 가능성이 높고, 주거지 내에서 쌀・보리・조・밀 등의 곡물과 함께 반월형석도가 출토되었다. 이것은 서북~동북지역의 영향이 본격화하는 무문토기시대의 시작부터 남부지방이 농경사회로 진입하고 있었음을 보여준다. 물론 신석기시대 후기~말기에 와서 굴지구 등의 비중이 높아지는 점이나, 쌍청리유적[114)의 반월형석도 등을 통해 이전에 시작된 농경이 한층 더 강화되었을 것으로 짐작된다.[115) 또 농소리패총의 토기편에서 검출된 벼의 plant-opal[116) 등에서 말기의 농경은 이전과는 질적으로 달랐을 것이다. 이렇게 자체적인 농경기술을 발달시켜 나가고 있었던

---

112) 金壯錫, 2002, 「남한지역 후기신석기-전기청동기 전환」, 『韓國考古學報』 48, p.98.
113) 裵眞晟, 2005, 「無文土器時代 石器의 地域色과 組成變化」, 『사람과 돌』, 국립대구박물관.
114) 國立淸州博物館, 1993, 『淸原 雙淸里 住居址』.
115) 田中聰一, 2001, 『韓國 中・南部地方 新石器時代 土器文化 硏究』, 東亞大學校 博士學位論文.
116) 郭鍾喆・原宏志・宇田律徹朗・柳澤一男, 1995, 「新石器時代 土器胎土에서 검출된 벼의 plant-opal」, 『韓國考古學報』 32.

남한 사회는 새로운 농경기술을 수반한 전환기의 토기문화를 받아들임으로써 농경사회의 서막을 열고 새로운 시대로 전환되었던 것이다.

제4장 전기의 외래계토기와 무문토기문화

　남한의 전기 무문토기 속에는 기존의 가락동·역삼동·흔암리계 토기와는 이질적이어서 외래계토기라고도 할 수 있는 자료가 최근에 와서 증가하고 있다. 바로 橫帶區劃文이 시문된 外反口緣(臺附)甕이나 口頸部에 多條의 횡침선문이 시문된 壺形土器를 말하는데, 원류는 요동반도에 있다. 二條의 횡침선과 그 사이에 사선문 등의 문양을 채운 것이 가장 전형적인 횡대구획문이라고 할 수 있는데, 이외에 多條의 횡침선만으로 된 것, 一條의 횡침선만으로 횡대구획을 의도한 것도 횡대구획문토기에 포함될 것이다. 그리고 횡대구획 없이 異系統의 문양이 시문된 것, 이중구연에 격자문 등이 시문된 것, 문양은 없지만 천안 백석동 출토품과 같은 臺附甕도 횡대구획문토기와 마찬가지로 재지계는 아닐 것이다. 따라서 여기서 사용하는 '外來系土器'란 이러한 예를 모두 총칭하는 용어이다.

　남한의 횡대구획문에 대해서는 이미 安在晧에 의해 요동지역과의 관련성이 지적된 바 있다.[1] 여기서는 이와 관련된 남한의 자료를 집성하여 요동반도~북한~남한의 병행관계를 파악하기 위한 단서의 하나로 삼고 싶다. 뒤에서 살펴보듯이 요동지역과 압록강하류역은 어느 정도 병행관계가 설정되어 있으며, 제2장에서 북한지역 편년의 병

---

1) 安在晧, 2004, 「韓國無文土器の炭素14年代」, 『彌生時代の實年代』, 學生社.

행관계도 설정하였다. 이를 대비하여 검토하면 청동기시대 초기~전반기 중국동북지방과 북한의 병행관계를 파악해 볼 수 있을 것이다. 문제는 남한과의 병행관계를 어떻게 설정하는가이다. 조기의 경우 각목돌대문토기나 적색마연대부토기 등에서 남북한 토기의 관련성이 파악되고 있다. 그러나 전기의 경우 물론 적극적인 연구가 없는 데에도 원인이 있겠지만, 남북한의 병행관계를 파악하기가 쉽지 않은 것은 분명하다. 이러한 상황에서 최근 자료가 증가하고 있는 남한의 횡대구획문토기는 하나의 돌파구가 될 수 있을 것이다. 즉 이를 통해 요동반도와 남한 전기 무문토기의 병행관계를 살펴보고 그 결과를 요동~북한의 병행관계에 對比함으로써, 조기부터 전기에 이르기까지 요동반도~북한~남한의 편년망 구축에 一助할 수 있지 않을까 한다.

청동기시대 동북아시아의 토기편년에 대한 지금까지의 연구를 散見해 보면, 남한의 전기 무문토기는 다소 소외되어 온 느낌을 지우기 어렵고, 그러다 보니 자연 동북아시아 편년체계 속에 전기 무문토기는 어디에 위치하는지 분명하지 않은 것이 사실이다. 이러한 양상은 남한 전기 무문토기문화에 대한 다양하고 폭넓은 연구에 하나의 장벽으로 작용할 가능성이 높다고 생각한다. 이를 극복하기 위해서라도 남한의 외래계토기를 적극적으로 검토할 필요가 있다.

1. 요동반도 횡대구획문토기의 전개

1) 쌍타자III기의 細分

동체부나 구경부에 돌대 혹은 횡침선으로 구획한 후 그 사이에 사선문 등을 채우는 모티브의 문양은 주로 遼東半島에서 성행했으며, 平行條線文, 平行沈線文, 弦文 등으로 불려져 왔다. 구체적으로는 雙

砣子[2]·大嘴子[3]Ⅲ기를 필두로 해서 羊頭窪,[4] 於家村 上層,[5] 大溝
頭,[6] 上馬石 上層,[7] 於家村 砣頭積石墓[8]를 들 수 있다. 이 유적들에서
출토된 횡대구획문토기의 양상과 그 변천부터 파악해 둠으로써 남한
의 類例를 검토하는 데 참고하자.

[표 10] 쌍타자Ⅲ기와 그 이후의 편년안

宮本一夫(1991)		小川靜夫 (1982)	千葉基次 (1996)	華玉冰·陳國慶 (1996)	陳光 (1989)	王巍 (1993)
양두와		쌍타자Ⅲ · 양두와 ↓ 상마석상층	대구두 ↓ 쌍타자Ⅲ ↓ 어가촌상층 ↓ 양두와	대취자Ⅲ₁ Ⅲ₂ Ⅲ₃	쌍타자상층 ↓ 양두와 ↓ 어가촌상층 ↓ 타두적석묘	쌍타자Ⅲ ↓ 상마석상층 ↓ 타두적석묘 ↓ 쌍방 ↓ 강상·누상
어가촌상층						
쌍타자4호住						
상마석A區下層	타두 적석묘					
상마석A區上層	쌍방6호					
상마석BⅡ區	강상묘					
	누상묘					

쌍타자유적은 中原의 夏·商代에 해당하는 요동반도의 가장 표지
적인 유적으로서 층위에 따라 Ⅰ·Ⅱ·Ⅲ기로 구분되고, 여기에 병행
하는 대취자 Ⅰ·Ⅱ·Ⅲ기와 더불어 청동기시대 초기 요동반도 토기
편년의 기준이 되고 있다. 이를 토대로 한 이 지역 청동기시대의 토기
편년은 여러 연구자들에 의해 비교적 그 성과가 축적되어 있는 편인

2) 조중공동고고학발굴대, 1966, 「쌍타자」, 『중국 동북 지방의 유적 발굴 보고
   1963~1965』, 사회과학출판사.
3) 大連市文物考古研究所, 2000, 『大嘴子 -青銅時代遺址 1987年發掘報告-』,
   大連出版社.
4) 金關丈夫·三宅宗悅·水野淸一, 1942, 『羊頭窪』, 東方考古學叢刊 乙種第三册.
5) 許明綱·劉俊勇, 1981, 「旅順於家村遺址發掘簡報」, 『考古學集刊』 1.
6) 吉林大學考古學系·遼寧省文物考古研究所 外, 1992, 「金州大溝頭青銅器時代
   遺址試掘簡報」, 『遼海文物學刊』 1.
7) 遼寧省博物館·旅順博物館·長海縣文化館, 1981, 「長海縣廣鹿島大長山島貝
   丘遺址」, 『考古學報』 1.
8) 旅順博物館·遼寧省博物館, 1983, 「大連於家村砣頭積石墓地」, 『文物』 9.

데, 대표적으로는 宮本一夫,[9] 小川靜夫,[10] 千葉基次,[11] 陳光,[12] 王
巍,[13] 華玉冰·陳國慶[14] 등의 연구를 들 수 있다(표 10). 이들의 편년
안에서 여기서 대상으로 하는 청동기시대 전반기의 편년을 비교하면
세부적으로 조금씩 차이가 있지만, 큰 틀에서는 쌍타자III 이후 상마
석상층이나 타두적석묘를 거쳐 쌍방유형으로 진행된다는 데에는 이
견이 없는 것 같다. 따라서 횡대구획문이 본격화하는 쌍타자III기부터
횡대의 구획만 남은 미송리형토기인 쌍방유형까지를 대상으로 횡대
구획문토기의 양상과 변천을 파악해 보자.

　宮本一夫는 중국동북지방의 토기편년을 가장 열정적으로 연구해
왔다고 할 수 있는데, 편년상의 분기나 토기의 형식변천안에 대해서
는 많은 연구자들이 인정할 정도로 설득력 있는 토기편년을 제시해
왔다. 그에 따르면 쌍타자III은 '양두와→어가촌상층→쌍타자상층(4호
住)'의 순서로서 前·中·後期의 3단계로 구분된다.[15] 쌍타자III기는
주거지가 3동 혹은 4동 중복되는 경우도 있어 I·II기에 비해서는
장기간에 걸쳐 있을 가능성이 있다. 그래서 최근에는 중국의 연구자
들도 쌍타자·대취자III기를 2단계 내지 3단계로 세분하고 있다. 특히

9) 宮本一夫, 1991, 「遼東半島周代倂行土器の變遷 －上馬石貝塚A·BII區を中心
に－」, 『考古學 雜誌』 76-4.
10) 小川靜夫, 1982, 「極東先史土器の一考察 －遼東半島を中心として－」, 『東京
大學文學部考古學 研究室研究紀要』 1.
11) 千葉基次, 1996, 「遼東靑銅器時代開始期 －塞外靑銅器文化綜考 I －」, 『東北
アジアの考古學』 第二[槿域], 깊은샘.
12) 陳 光, 1989, 「羊頭窪類型研究」, 『考古學文化論集』 2, 文物出版社.
13) 王 巍, 1993, 「夏商周時期遼東半島和朝鮮半島西北部的考古學文化序列及其相
互關係」, 『中國 考古學論叢』, 科學出版社 ; 1993, 「商周時期遼東半島与朝鮮大
同江流域考古學文化的相互關係」, 『靑果集』, 吉林 大學出版社.
14) 華玉冰·陳國慶, 1996, 「大嘴子上層文化遺存的分期及相關問題」, 『考古』 2.
15) 宮本一夫, 1985, 「中國東北地方における先史土器の編年と地域性」, 『史林』 68
－2 ; 1991, 「遼東半島周代倂行土器の變遷 －上馬石貝塚A·BII區を中心に－」,
『考古學 雜誌』 76-4.

대취자Ⅲ에 관해 華玉冰・陳國慶은 1992년 자료를 층위 관계를 토대로 早期, 晚期前段, 晚期後段의 3단계로 구분하였는데, 여기서는 편의상 이를 Ⅲ₁, Ⅲ₂, Ⅲ₃이라 하자. 그 내용을 정리해 보면, 시기가 내려가면서 호는 동최대경이 동상부로 이동하여 견부가 강조되며 문양의 장식성도 증대되는데, 돌대 혹은 침선으로 이루어진 횡대구획문은 주로 Ⅲ₂부터 유행한다고 한다. 그리고 다른 기종에 비해 기벽이 얇고 정교하게 제작된 직립구연의 대부발은 Ⅲ₁에는 없으며, 외반구연의 대부옹은 Ⅲ₃에 와서는 소멸되었다고 한다.

[표 11] 쌍타자・대취자Ⅲ기의 주거지 간 선후관계

쌍타자Ⅲ			대취자Ⅲ(1987年)	
중복	5호→1호, 12호→13호, 17호→10호	⇒	중복	6호→5호, 22호→21호, 27호→26호, 31호→30호, 36호→35호→34호→8호수혈, 39호→38호→6호수혈
층위	4호→2호, 9호→7호, 6호→3호, 8호→6호, 7호→4호, 10호→8호	5호→1호 9호→7호→4호→2호 17호→10호→8호→6호→3호		

이후 2000년도에는 1987년도 조사보고서가 간행되었는데, 거기서는 대취자Ⅲ기에 11例의 주거지 중복관계가 확인된다. 이 가운데 토기가 포함된 것은 6例인데(표 11), 기종이나 문양의 변화를 파악할 수 있을 만큼 양호한 일괄품은 적지만, 서너 기까지 중복되는 것을 보면 분기의 가능성을 검토할 만하다. 또 쌍타자Ⅲ기에도 [표 11]과 같이 4~5기의 주거지가 서로 선후관계를 보인다.[16] 華玉冰・陳國慶은 쌍타자와도 비교하면서 쌍타자 4호주거지를 가장 늦은 단계에 두었는데, 이는 宮本一夫의 편년과도 일치한다. 그런데 Ⅲ₁은 1987년 자료에

---

16) 물론 4호주거지를 제외하고는 양호한 기종구성의 예가 적고, 중복 주거지라고 해도 토기의 선후관계 설정하기에는 자료의 결여가 심하다.

서는 간취하기 곤란한 면이 있고, 쌍타자의 중복관계에서 가장 늦은
2호주거지의 호형토기를 그들의 案에 대비하면 Ⅲ₁에 해당되는 등 불
안정한 측면도 있다.

　이런 약점이 있기는 하지만, 현재로서는 華玉冰・陳國慶의 편년안
이 토기의 형식과 층위관계를 함께 고려하고 있어 비교적 설득력이
있다는 점은 인정할 만하다. 그래서 여기서는 그들이 대취자 1992년
자료로 설정한 晚期, 즉 Ⅲ₂・Ⅲ₃에 더해서 1987년 자료와 쌍타자Ⅲ의
중복관계를 함께 고려하면서 횡대구획문토기의 기형과 문양의 변천
을 살펴보았다.

　그들의 편년에서 대부발은 만기부터 시작되는데, '6호(도 28의 7・
8)→5호(同 13)'의 중복관계에서 보면 대각이 붙은 호형토기가 후행할
가능성이 있다. 또 횡대구획은 돌대와 횡침선이 사용되었는데, '6호→
5호'와 '36호(同 2)→34호→8호수혈(同 17・19)'의 중복관계에서 보면,
Ⅲ₂보다 Ⅲ₃에 횡침선 구획이 증가한다. 이에 후행하는 상마석A지점
하층의 자료가 대부분 횡침선 구획이어서 돌대구획에서 횡선구획으
로의 방향성이 있음을 알 수 있다. 또 그들은 어골문이 시문된 쌍타자
7호의 호형토기(도 29의 3)를 Ⅲ₁(早期)에 두었는데, 위 표의 중복관계
를 보면 7호는 9호에 후행한다. 물론 9호의 토기는 알 수 없지만, 그들
이 조기로 둔 대취자 1호의 壺[17]와는 경부의 문양도 다르고, 동상부
가 강조되는 정도에서도 차이가 있어 같은 시기로 두기는 어렵다. 이
類의 토기는 30・34호에서도 출토되었는데(同 8・11), 모두 선행 주거
지를 파괴하고 있어 횡대구획계 문양이 성행하는 Ⅲ₂・Ⅲ₃단계에 두
는 것이 적절하다. 그리고 직립구연의 대부발은 Ⅲ₂부터 나타난다고
하는데, 쌍타자의 중복관계에서 [도 29]의 5는 3에 후행하며 7・10도

17) 華玉冰・陳國慶, 1996, 前揭書, p.71, "圖四의 1".

중복관계에서 늦은 주거지 출토품이다. 14는 쌍타자 6호주거지 출토품으로서 주거지 중복관계에서도 늦은데, 앞에서와 같은 직립구연이 아니라 동체에서 구연으로 가면서 외경한다. 이것은 횡교상파수(同 15)와도 공반되고 있어 가장 늦은 형식의 대부발로 판단된다. 따라서 [도 29]와 같이 대부발의 변천을 정리하면, 문양은 시기가 늦어질수록 단순·간략해지며, 기형도 직립에서 점차 외경하는 방향으로 변해간다. 다음으로 외반구연의 臺附甕 역시 臺附鉢처럼 복합문양(同 2)에서 단순해지는 경향으로 변화한다. 그리고 쌍타자 구획6에서 파수부토기(同 16)와 상하 엇갈린 사격자문토기(同 13)가 함께 출토되었다. 유구 내의 공반관계는 아니지만 서로 관련될 가능성을 높게 본다면 이 역시 III기 내에서 늦은 시점에 두어도 좋지 않을까 한다.

2) 횡대구획문의 쇠퇴와 미송리형토기의 등장

쌍타자III 이후의 횡대구획문토기는 상마석상층 혹은 상마석A區와 어가촌 타두적석묘의 자료가 대표적이다. 이에 대해서는 양자를 선후관계로 보는 의견도 있지만, 宮本一夫처럼 생활유적과 분묘유적의 토기를 분리해서 보는 안이 좋다고 생각한다. 이에 따르면 타두적석묘는 쌍타자III의 마지막 단계에서부터 상마석A區하층과 병행한다(표 10).

宮本一夫와 陳光은 타두적석묘의 토기를 3단계로 구분하고 있는데, 이를 砣頭 I·II·III이라 하자. 이때 횡대구획문은 II단계(도 30의 10~12)까지이며 III단계(同 13~15)에는 동체부에 횡선만 남게 되어 미송리형토기 형성 직전의 모습으로 변화하고, 이후에는 쌍방6호묘와 같은 전형적인 미송리형토기(同 20)가 등장한다. 쌍타자III기에 이어지는 상마석A區 下層은 쌍타자III₃에 이어 횡침선에 의한 구획과

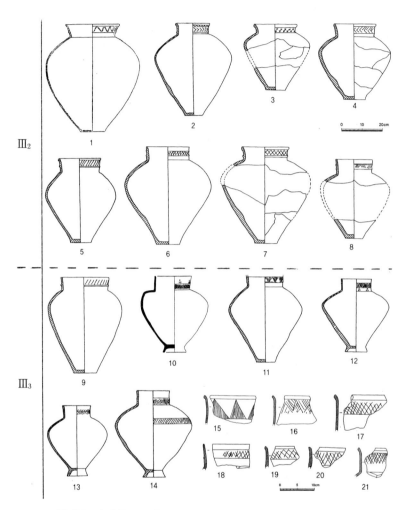

[도 28] 雙砣子·大嘴子Ⅲ의 壺
1:雙17호, 2:大36호, 3·4:大10호, 5·6:大37호, 7·8:大6호, 9:大30호, 10:雙, 11·
12:大25호, 13:大5호, 14:大15호, 17·19:大8호수혈, 18·20:大6호수혈, 15·16·
21:大Ⅲ기
(1~14는 1/18, 15~21은 1/11 축소)

[도 29] 雙砣子・大嘴子Ⅲ의 臺附鉢・臺附甕・壺
1:大1호-1992년-, 2:大4호-1992년-, 3:雙7호, 4:大Ⅲ기, 5・6:雙4호, 7:大21호,
8:大34호, 9:大15호, 10・11:大30호, 12:大8호, 13:大17호, 14・15:雙6호, 16:雙구획
6, 17:大15호
(15는 1/7, 3・8・11・17은 1/18, 나머지는 1/14 축소)

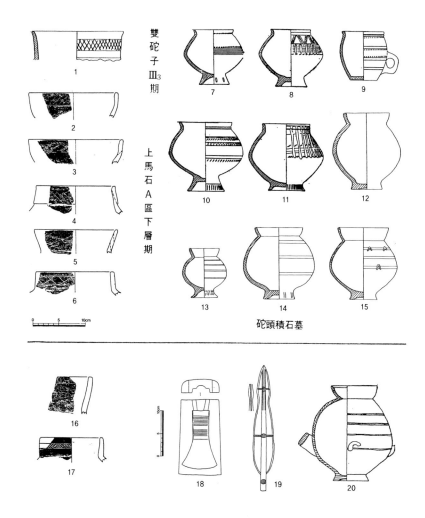

[도 30] 횡대구획문토기와 미송리형토기
1:大溝頭, 2~6:上馬石A區下層, 7:砣頭8호, 8·9:砣頭3호, 10:砣頭31호, 11·12:
砣頭21호, 13:砣頭42호, 14:砣頭36호, 15:砣頭40호, 16·17:上馬石A區上層, 18~
20:雙房6호
(1은 축척부동, 18~20은 1/8, 나머지는 1/7 축소)

사격자문을 특징으로 하며, 上層은 쌍방유형에 병행하거나 약간 후행한다.[18) 이를 정리한 것이 [도 30]이다. 大溝頭遺蹟의 횡대사격자문토기(同 1)는 쌍타자III으로 보거나[19) 쌍타자II와 III 사이로 보기도[20)하는데, 돌대가 아닌 횡침선 구획이며 그 속의 문양도 사격자문으로 비교적 단순한 것으로 보아 쌍타자III$_3$의 예(도 28의 17~21)에 대비할 수 있다.

따라서 횡대구획문토기의 전성기는 쌍타자III$_2$에서 砣頭II까지이며, 이후에는 횡선만으로 구성된 미송리형토기가 유행하게 되었다. 미송리II$_1$ 이후에 해당하는 상마석BII區나 강상 · 누상묘에 횡대구획문이 일부 잔존하지만, 쌍타자III의 계보에서 이어져 온 횡대구획문의 주류는 미송리형토기 성립 직전인 砣頭III기(도 30의 13~15)에는 쇠퇴하였다. 남한의 횡대구획문 역시 쌍타자III$_2$~上馬石A區下層과 砣頭積石墓에 계통을 둔 것으로 생각되는데, 이하에서 남한의 類例를 살펴보자.

2. 남한의 횡대구획문토기

1) 횡대구획문토기의 분류

(1) 橫帶三角集線文

이 문양의 토기로는 鎭安 如意谷 A- I 地區,[21) 陰城 下唐里,[22) 大田

---

18) 宮本一夫, 1991,「遼東半島周代倂行土器의 變遷 －上馬石貝塚A · BII區을 中心にー」,『考古學雜誌』76-4.
19) 吉林大學考古學系 · 遼寧省文物考古硏究所 外, 1992,「金州大溝頭靑銅器時代遺址試掘簡報」,『遼海文物學刊』1.
20) 千葉基次, 1996,「遼東靑銅器時代開始期」,『東北アジアの考古學』第二.[槿域],깊은샘, p132.

新垈洞[23) 출토품을 들 수 있다. 먼저 여의곡 출토품은 횡침선 사이에
三角狀의 거치문을 시문한 적색마연토기로서 외면에서 구연 내측까
지 丹이 관찰된다(도 31의 1). 해당 유구인 32호묘는 일단병식석검이
출토된 후기의 분묘이지만, 이 토기는 묘역 경계석 아래에서 출토되
었다고 보고된 점으로 보아 32호묘보다 빠를 가능성이 높다. 하당리
6호 주거지 저장공 출토품(同 2)은 마연토기로서 구연부는 짧게 외반
하며, 그 아래에 3조의 횡침선을 그은 후 아래 쪽 침선 사이에 삼각집
선문이 시문되었다. 보고자에 따르면 이 유적에서 이중구연단사선문
토기는 출토되지 않았지만, 위석식노지와 초석을 갖춘 가락동유형의

[사진 7] 대전 신대동 출토 횡대삼각집선문토기

21) 全北大學校博物館, 2001, 『如意谷遺蹟』, 鎭安 龍潭댐 水沒地區內 文化遺蹟
發掘調査 報告書VIII.
22) 中央文化財硏究院, 2004, 『陰城 下唐里遺蹟』.
23) 李亨源, 2002, 『韓國 靑銅器時代 前期 中部地域 無文土器 編年 硏究』, 忠南大
學校 碩士學 位論文.

주거지인 점을 고려하여 전기의 늦은 시기로 파악된다고 하였다. 신
대동 출토품 역시 위의 토기와 마찬가지로 구연부가 짧게 외반하며
그 아래의 횡침선 사이에 삼각집선문이 시문되었다(同 3, 사진 7).

위의 三者는 문양의 종류나 문양대의 위치가 동일하며, 규격에서
도 큰 차이를 보이지 않고, 짧게 외반하는 기형상의 특징도 유사하여
같은 類의 토기임이 분명하다. 따라서 외면이 표면박리 된 하당리 출
토품 역시 적색마연토기였을 것이며, 저부가 결실된 [도 31의 1·2]는
신대동(同 3)과 같은 臺附小壺일 가능성이 높다.

이러한 횡대삼각집선문은 주로 쌍타자III₂와 III₃에 대비되는데(도
28의 11·12·15·16, 도 29의 2), 외반구연의 대부옹은 이 때부터 砣
頭II까지 성행하였다.

(2) 橫帶押捺文

이 예는 天安 云田里[24) A·B地區와 鎭川 思陽里[25)에서 출토되었
다. 운전리 A지구 석관묘 출토품(도 31의 4)은 외반구연의 적색마연토
기로서 2조의 횡침선이 돌아가며, 三角押捺文이 횡침선 사이에 3열,
하단의 횡침선 아래에 1열 시문되었다. 석관묘 내부에 부장된 상태로
출토되었으며, 동시기로 추정되는 3기의 주거지에는 구순각목문·구
순각목공열문의 심발형토기와 단사선문·구순각목문·구순각목단사
선문의 호형토기가 출토되었다. B지구 4호 주거지 출토품(同 5)은 외
반구연 아래에 1조의 횡침선과 삼각압날문이 다소 불규칙하게 시문
되어 있으며, 표면박리가 심하여 적색마연의 유무는 알 수 없다. A지
구 출토품과 기형은 같지만 문양은 퇴화된 모습이다. 사양리 출토품

24) 忠淸文化財硏究院, 2004,「天安 云田里 遺蹟」.
25) 中央文化財硏究院, 2001,『鎭川 思陽里遺蹟』.

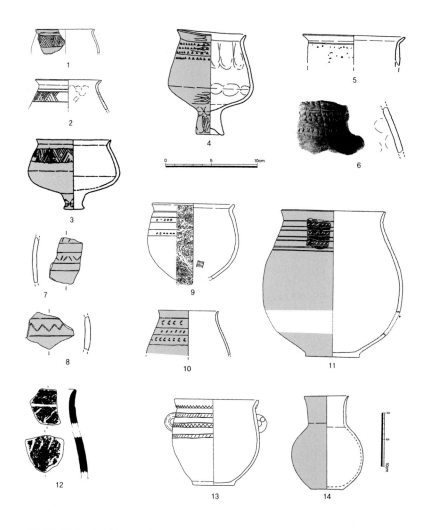

[도 31] 횡대삼각집선문·횡대압날문·횡대사선문 Ⅰ류
1:진안 여의곡, 2:음성 하당리, 3:대전 신대동, 4·5:천안 운전리, 6:진천 사양리,
7·8·10:충주 조동리, 9:청원 풍정리, 11:하남 미사리, 12:여주 흔암리, 13·14:
김천 교동
(4~8·12는 1/4, 나머지는 1/7 축소)

은 3조의 횡침선과 그 사이에 1열 내지 2열의 三角狀押捺文이 시문된 적색마연토기편인데(同 6), 동상부의 일부만 남은 파편이어서 기형은 불명이다.

이 토기들은 앞의 횡대삼각집선문토기와 문양의 종류는 약간 다르지만, 기형이나 문양대의 위치가 유사하여 같은 계통의 토기로 판단된다. 요동반도에서는 대취자 10호에 삼각압날문(도 28의 3)이 있으며, 운전리 출토품과 같은 대부옹(도 31의 4)은 쌍타자Ⅲ₂부터 砣頭Ⅱ (도 30의 10~12)까지 성행하였다.

(3) 橫帶斜線文 Ⅰ類

이 문양은 河南 渼沙里,[26] 忠州 旱洞里,[27] 淸原 楓井里,[28] 金泉 校洞[29] 출토품이 해당된다. 먼저 미사리 A-6호 주거지 출토품(도 31의 11)은 적색마연토기로서 외반구연 아래에 7조의 횡침선과 그 사이에 간격을 두고 사선문과 거치상문이 시문되었다. 이와 유사한 예가 조동리에서도 출토되었는데, 적색마연토기로서 외반구연 아래에 4조의 횡침선과 그 사이에 사선문이 있는 것(同 10), 여러 조의 횡침선과 그 사이에 간격을 두고 사선문과 'ㅅㅇ'文 혹은 거치상문이 시문된 것(同 7·8)이 있다. 풍정리 출토품(同 9)은 표면박리가 심하여 적색마연의 유무는 알 수 없지만, 외반구연의 옹형토기로서 동상부에 5조의 횡침선이 돌아가고 두 번째와 네 번째 칸에 점열문이 一列씩 시문되었다. 기형과 문양대의 위치 및 구성방식에서 보아 미사리나 조동리와 같은 類에 해당한다.

26) 서울대학교박물관, 1994, 『渼沙里Ⅳ』, 京畿道.
27) 忠北大學校 先史文化硏究所, 2001, 『忠州 旱洞里 先史遺蹟(Ⅰ)』 ; 2002, 『忠州 旱洞里 先史遺蹟(Ⅱ)』.
28) 中央文化財硏究院, 2005, 『淸原 大栗里·馬山里·楓井里遺蹟』.
29) 啓明大學校行素博物館, 2006, 『金泉校洞遺蹟Ⅰ』.

[사진 8] 김천 교동 출토 횡대사선문토기

그리고 김천 교동유적에서는 외반하는 이중구연부와 胴上部에 단면 원형의 환상파수가 縱으로 부착된 파수부토기(同 13, 사진 8)가 수습되었다. 동상부에 6조의 횡침선이 있으며, 이중구연 하단에서부터 거치문과 사선문이 교대로 시문된 것이다. 내외면 모두 갈색으로서 표면 마연되었으나 박리 및 산화된 부분이 많아 마연 단위는 관찰되지 않는다. 파수는 시문 후에 부착되었는데, 파수의 부착에서 생길 수 있는 주위의 문양 소실이 거의 없고, 內面에도 파수 부착에 의한 凸部가 없는 것으로 보아 실용성보다는 장식적 혹은 모방적인 성격의 파수로 판단된다. 그리고 적색마연평저장경호(同 14)가 함께 수습되었는데 조사자의 의견[30]에 따르면 兩者는 공반되었을 가능성이 높다고

---

30) 당시 계명대학교박물관에 있었던 배성혁선생님으로부터 조사 당시의 상황을 들을 수 있었다.

한다.

한편, 驪州 欣岩里31) 11호 주거지 포함층에서는 횡침선 아래에 사선문이 있는 예(同 12)가 있는데, 같은 개체로 보고된 두 토기편의 사선문 간격이 달라 서로 이어진 문양이 아닐 가능성도 배제할 수 없다. 따라서 횡침선이 원래 1조였는지 아니면 결실된 부분에도 횡침선이 있었는지는 알 수 없다. 문양으로만 본다면 다음에 다룰 횡대사선문 II류에 속할 수도 있으나, 짧게 외반하는 구연부는 I류만의 특징이므로 여기에 둔다.

위와 같이 多條의 횡선과 그 사이에 사선문이나 거치상문이 있는 例는 砧頭II의 예(도 30의 10)와 대비할 수 있다. 김천 교동 출토품은 砧頭I의 파수부토기(同 9)와 기형이 유사하지만, 이중구연·雙耳 등에서 차이가 있어 이보다는 시기가 내려올 가능성이 있으며, 동체부의 문양도 砧頭II(同 10)와 대비된다.

(4) 橫帶斜線文 II類

이 문양은 大田 官坪洞,32) 忠州 早洞里, 春川 新梅里,33) 公州 貴山里,34) 蔚山 梅谷洞 新基遺蹟35)에서 출토되었다. 관평동 출토품(도 32의 1)은 심발형토기로서 구연부에 횡침선이 1조 돌아가며 구연단과 횡침선 사이의 하단부에는 단사선문이 있고, 구순부에는 각목문이 있어 모두 세 가지 문양으로 조합되었다. 즐문토기로 보고된 조동리 출토품(同 3)은 구연 아래 胴上部에 2조의 횡침선과 그 사이에 긴 사선문을 채운 것이다. 新梅里의 심발형토기(同 2)에도 유사한 문양이 있

31) 서울大學校博物館, 1975, 「欣岩里住居址 3」, 『考古人類學叢刊』 7.
32) 中央文化財研究院, 2002, 『大田 官坪洞遺蹟』.
33) 한림대학교박물관, 2003, 『춘천 신매대교부지 문화유적 발굴조사 보고서』.
34) 忠淸埋藏文化財研究院, 2000, 『公州貴山里遺蹟』.
35) 蔚山文化財研究院, 2006, 『蔚山梅谷洞新基遺蹟 I』.

는데 구순각목문이 결합되었다. 公州 貴山里 Ⅱ地區(同 4)와 蔚山 梅
谷洞(同 6·7)에도 이러한 예가 있는데, 문양의 시문은 역시 횡침선이
先, 사선문이 後이다. 그리고 매곡동 6호 주거지 출토품(同 8)은 壺의
동체부에 횡침선과 사선문이 시문된 것인데, 파편이어서 문양의 전모
는 알 수 없지만 원래는 2조의 횡침선으로 구성되었을 가능성이 높다.
　이와 같은 횡대사선문Ⅱ류를 앞의 토기와 비교하면 횡침선의 수와
그에 따른 문양대의 범위 및 문양의 종류도 다르지만, 가장 큰 특징은
심발이라는 기종의 차이일 것이다. 횡대사선문Ⅰ류와 같은 외반구연
의 옹형토기가 전형적인 외래계 기종인데 비해, 심발형은 재지계이다.
특히 한 개체에 재지계의 돌유문이 외래계 문양과 결합된 예가 유독
이 類의 토기에서만 확인되고 있는 점이 주목된다. 대표적인 예가 울
산 매곡동 출토품(同 5~7)인데, 이 가운데 1조의 횡침선과 그에 겹쳐
서 사선문이 시문된 예(同 5)는 엄밀히 따지면 횡대구획문은 아니지
만 문양의 모티브는 나머지 두 점과 같다. 아마도 재지계의 돌유문과
결합되면서 1조의 횡침선과 사선문이라고 하는 변형이 일어났던 것
이 아닌가 한다.

　(5) 橫帶孔列文·橫帶波狀文·橫帶鋸齒文

　橫帶孔列文土器(도 32의 11·12)는 慶州 月山里[36) B지구 28호 주
거지 출토품인데, 구연부에 2조의 횡침선을 돌린 후 그 사이에 밖에서
안으로 반관통된 공열문을 시문한 심발형토기이다. 橫帶波狀文土器
는 慶州 甲山里[37) 1호 주거지 출토품으로(同 9·10) 구연부에 2조의
횡침선과 그 사이에 파상문이 연속적으로 시문되었다. 구순각목문이
나 공열문이 결합되기도 하며, 공반유물로는 대부소호, 구순각목문심

36) 國立慶州文化財硏究所, 2003, 『慶州月山里遺蹟』.
37) 慶尙北道文化財硏究院, 2006, 『慶州 甲山里遺蹟』.

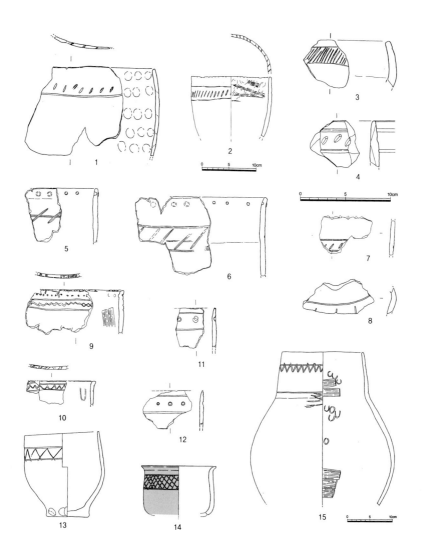

[도 32] 횡대사선문Ⅱ류·횡대공열문·횡대파상문·횡대거치문·횡대사격자문토기
1:대전 관평동, 2:춘천 신매리, 3:충주 조동리, 4:공주 귀산리, 5~8:울산 매곡동 신기, 9·10·15:경주 갑산리, 11·12:경주 월산리, 13:경산 옥곡동, 14:청원 송대리 (3·4는 1/4, 15는 1/8, 나머지는 1/7 축소)

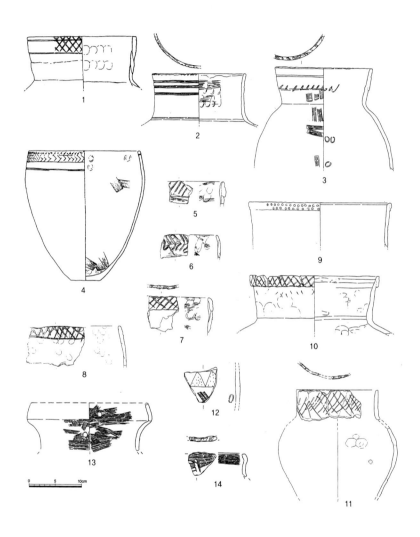

[도 33] 횡대사격자문 外
1:사천 본촌리, 2:김해 어방동, 3:경주 갑산리, 4:대전 신대동, 5~8:철원 와수리,
9·10:청원 대율리, 11:아산 풍기동, 12:청원 황탄리, 13·14:화성 천천리
(5~8·12~14는 1/7, 나머지는 1/10 축소)

발, 횡선문심발과 횡대거치문의 壺(同 15)가 있다. 橫帶鋸齒文土器는 심발과 호가 있는데, 慶山 玉谷洞[38] 출토품(同 13)은 심발형토기로서 동상부에 2조의 횡침선을 돌린 후 그 사이의 공간 전체를 이용하여 거치문을 시문하였다. 慶州 甲山里 출토품(同 15)은 口頸部에 2조의 횡침선을 돌린 후 위쪽 침선에 잇대어 거치문이 시문된 것으로, 위의 횡대파상문토기와 공반되었다. 그리고 浦項 仁德洞[39] 출토품은 이중 구연부에 거치상문이 시문된 것인데(도 34의 2·3), 이중구연부를 횡 대구획과 같은 文樣帶로 이용하였다.

이와 같은 예는 한 점을 제외하고는 모두 심발인데, 공열문과 결합 되기도 하는 점에서 크게는 횡대사선문 Ⅱ류처럼 재지계의 토기에 외 래계 문양이 조합되었다고 할 수 있다. 그리고 파상문 역시 요동반도 에 유례가 있는데, 華玉冰·陳國慶은 대취자Ⅲ에서도 가장 늦게 편년 하였다.[40]

(6) 橫帶斜格字文

清原 松垈里[41]의 외반구연토기와 泗川 本村里[42]의 호형토기가 있 다. 송대리 출토품(도 32의 14)은 적색마연토기로서 외반구연 아래에 2조의 횡침선을 그은 후 그 사이를 사격자문으로 채운 것이다. 기형이 나 문양 구성상 횡대삼각집선문·횡대압날문토기와 관련이 깊다. 본 촌리 출토품(도 33의 1, 사진 9)은 구경부 상단에서 구연단에 잇대어

---

38) 韓國文化財保護財團, 2005, 『慶山 玉谷洞 遺蹟 I』.
39) 慶尙北道文化財硏究院, 2006, 『浦項 仁德洞 遺蹟』.
40) 華玉冰·陳國慶, 1996, 「大嘴子上層文化遺存的分期及相關問題」, 『考古』 2, p.69의 圖一의 10.
41) 韓國文化財保護財團, 1999, 「清原 松垈里遺蹟」, 『清原 梧倉遺蹟(I)』.
42) 조영제, 1998, 「泗川 本村里 遺蹟」, 『南江댐 水沒地區의 發掘成果』, 第7回 嶺 南考古學會學術發表會.
   藤尾愼一郎, 2002, 「朝鮮半島の突帶文土器」, 『韓半島考古學論叢』, すずさわ書店.

[사진 9] 사천 본촌리 출토 횡대사격자문토기

사격자문을 시문한 후에 2조의 횡침선을 그은 것으로서, 이제까지 보아온 여타의 횡대구획문토기와는 시문 순서가 다르다. 한편, 횡침선은 없지만 구경부 전체를 사격자문으로 채운 牙山 豊基洞[43) 출토품(도 33의 11)도 순수한 재지계는 아닐 것이다.

이러한 횡대사격자문은 요동반도에서는 쌍타자III₂에서 上馬石A區 下層期까지, 즉 미송리형토기 성립 이전까지의 대표적인 문양 가운데 하나로서, 호·대부발·대부옹 등 여러 기종에 보이는데 남한에서도 호와 대부옹에 채용되었다.

(7) 口頸部橫沈線文·橫帶點列文·橫帶魚骨文

구경부횡침선문토기로는 慶州 甲山里·金海 漁防洞[44) 출토품과 더불어 사천 본촌리의 예도 포함될 수 있겠다. 갑산리 출토품(도 33의 3)은 구경부 상단에 1조의 횡침선을 돌리고 여기서 2cm 아래에 단사선문이 시문되었으며, 구순부에는 각목문이 있다. 점토를 약간 덧대어 이중구연의 효과를 내었는데, 1조의 횡침선과 더불어 흡사 문양대의 효과를 내고 있는 것이 아닌가 한다. 어방동의 예(同 2)는 구순부에 각목문과 구경부 상단에 3조의 횡침선이 시문된 것으로, 갑산리와는 약간 다르지만 횡대의 위치는 같다. 횡대점열문토기는 大田 屯山[45) 1

---

43) 충청남도역사문화원, 2005, 『牙山 豊基洞 遺蹟』.
44) 慶南考古學研究所, 2006, 『金海 漁防洞 無文時代 高地性聚落遺蹟』.

호 주거지 출토품(도 26의 11)을 말하는데, 점열문과 횡침선이 교대로 시문되었다.

大田 新坌洞[46]의 횡대어골문토기(도 33의 4, 사진 10)는 3조의 횡침선, 공열문, 어골문이 결합된 심발형토기이다. 횡침선을 돌린 후 구연단에서부터 두 번째 횡침선 부분까지 짧은 사선을 지그재그로 3번씩 끊어서 시문하였으며, 그리고 나서 맨 위의 횡침선 바로 위쪽에 밖에서 안으로 관통하는 공열문을 시문하였다. 이러한 어골문은 요동반도에서 쌍타자III₂ · III₃(도 28 · 29)에 성행하였던 문양이다.

[사진 10] 대전 신대동 출토 횡대어골문토기

45) 忠南大學校博物館, 1995, 『屯山』.
46) 李亨源, 2002, 『韓國 靑銅器時代 前期 中部地域 無文土器 編年 硏究』, 忠南大學校 碩士學 位論文.

(8) 二重口緣 點列文 · 斜格字文 · 斜線文 · 鋸齒文

清原 大栗里遺蹟[47]의 경우 2호 주거지에서 이중구연점열문(도 33
의 9)과 이중구연거치문토기(도 34의 1)가 공반되었으며, 7호 주거지
에서는 이중구연사격자문이 시문된 壺(도 33의 10)가 출토되었다. 이
와 유사한 예가 鐵原 瓦水里遺蹟[48] 4호 주거지에서도 검출되었는데,
이중구연 전체를 사선문이나 사격자문으로 채운 것(도 33의 5 · 7), 구
연단 2cm 아래에 1조의 횡침선을 돌리고 그 공간에 격자문을 채운 것
(同 8), 구연부에 어골문이 시문된 것(同 6), 이중구연거치문토기(도 34
의 4)가 공반되었다.

이 같은 예는 이중구연 혹은 홑구연의 구연단에 접한 구연부에 문
양이 시문된 점에 특징이 있다. 쌍타자Ⅲ에는 이중구연 자체에 시문
된 예는 드물고, 그에 이어지는 上馬石貝塚A區[49] 下層과 上層에서 이
중구연+사격자문 · 사선문 등이 있는데, 사격자문은 주로 下層에서
확인되고 있어, 위의 예는 이와 대비되는 시기로 판단할 수 있다.

(9) 三角區劃文과 附加口緣壺

清原 黃灘里[50] A지구에서는 前期 장방형주거지의 부속시설로 추정
되는 104호 수혈에서 삼각형 구획과 그 속에 삼각상의 點文이 시문된
토기가 출토되었다(도 33의 12). 그리고 華城 泉川里[51] 1호 주거지에서
는 附加口緣壺가 검출되었으며(同 13 · 14), 공반유물로는 구순각목공

47) 中央文化財研究院, 2005, 『清原 大栗里 · 馬山里 · 楓井里遺蹟』.
48) 江原文化財研究所, 2006, 『鐵原 瓦水里 遺蹟』.
49) 宮本一夫, 1991, 「遼東半島周代倂行土器の變遷 －上馬石貝塚A · BⅡ區を中心
に－」, 『考古學雜誌』 76-4.
50) 高麗大學校 埋藏文化財研究所, 2001, 「黃灘里遺蹟」, 『경부고속철도 대전 · 충
청권 문화유적 발굴조사보고서(Ⅰ)』.
51) 한신대학교박물관, 2006, 『華城 泉川里 靑銅器時代 聚落』.

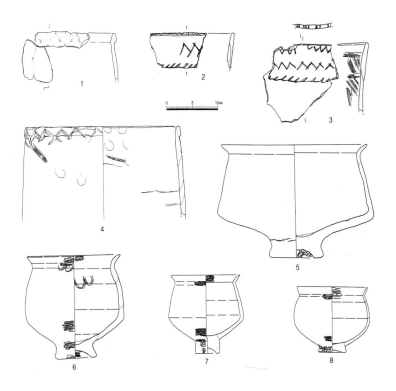

[도 34] 이중구연거치문토기와 대부옹
1:청원 대율리, 2・3:포항 인덕동, 4:철원 와수리, 5~8:천안 백석동 (1/7 축소)

열문・공열문・구순각목문토기, 무경식・이단경식석촉 등이 있다. 또 후기의 송국리식주거지에서도 저부에 투창이 있는 특이한 형태의 적색마연토기가 출토되었다.

이러한 예가 요동반도에 있는지는 확신할 수 없지만, 전기 무문토기와 공반되는 이 토기들이 재지계가 아님은 분명하다.

2) 남한 횡대구획문토기의 특징

위와 같은 횡대구획문토기는 대부분 근래에 출토되고 있어 앞으로

의 연구에 기대해야 하는 부분이 많지만, 이에 대해 주목한 견해들도
있었다. 먼저 안재호는 남한의 횡대구획문을 쌍타자·대취자Ⅲ과 관
련시켜 보았으며,[52] 赤色磨硏臺附壺라는 신기종 역시 중국동북지방
에서 그 원류를 구하고 있다.[53] 이현숙은 天安 白石洞遺蹟[54] 출토품
으로 대표되는 臺附甕(도 34의 5~8)을 요동지역에 대비하였고,[55] 許
義行은 천안 운전리 출토품(도 31의 4)을 요동반도의 우가촌 타두적
석묘 출토품에 대비하였다.[56] 이어 천선행은 사천 본촌리의 횡대사격
자문토기(도 33의 1)를 상마석A구 하층의 토기와 관련시켰다.[57] 이와
같이 남한 출토 외래계토기의 원류를 요동지역에서 구하는 것은 필자
뿐 아니라 다른 연구자들도 공감하는 바이다.

　이러한 계통을 지닌 무문토기시대 전기의 횡대구획문토기는 外反
口緣(臺附)甕, 長頸壺, 深鉢로 구성되며, 문양은 횡침선으로 문양대를
구획한 후 사선문 등을 채운 것이다. 앞에서 본 요동반도의 경우 쌍타
자Ⅲ₃까지는 돌대구획과 횡선구획이 모두 있고, 상마석A구하층기에는
횡선구획 위주로 되었는데, 남한에서는 돌대구획은 없고 모두 횡선구
획이다. 이와 함께 이중구연 혹은 구연단에 접한 구연부에 사선문·
어골문·격자문·거치문 등이 시문된 것(도 33의 5~10, 도 34의 1~
4) 역시 외래계라고 할 수 있다.

　여기서 남한 외래계토기의 기종, 문양조합, 분포의 특징을 살펴보
면, 우선 횡대삼각집선문·횡대압날문·횡대사선문Ⅰ류가 시문된 外
反口緣(臺附)甕(도 31)은 문양과 기종 모두 新出하는 요소이다. 따라

---

52) 安在晧, 2004, 「韓國無文土器の炭素14年代」, 『彌生時代の實年代』, 學生社.
53) 安在晧, 2002, 「赤色磨硏土器의 出現과 松菊里式土器」, 『韓國 農耕文化의 形
　　成』, 學硏文化社.
54) 公州大學校博物館, 1998, 『白石洞遺蹟』.
55) 李賢淑, 1998, 「天安白石洞遺蹟 出土 臺附鉢에 대한 檢討」, 『先史와 古代』 11.
56) 許義行, 2004, 「Ⅳ. 考察」, 「天安 云田里 遺蹟」, 忠淸文化財硏究院, p.224.
57) 千羨幸, 2005, 「한반도 돌대문토기의 형성과 전개」, 『韓國考古學報』 57, p.83.

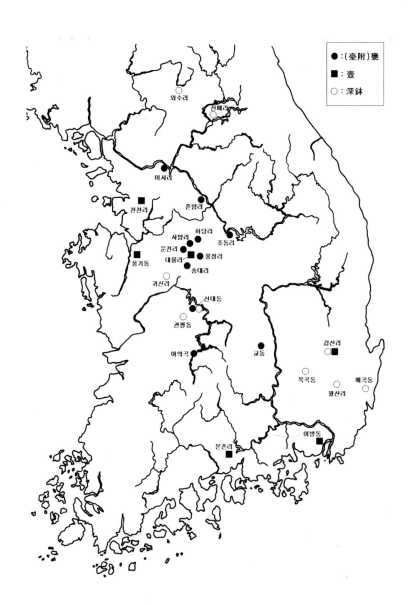

[도 35] 남한 외래계토기의 분포

서 이것이 남한 외래계토기의 전형이라고 할 수 있다. 이와는 달리 횡대사선문Ⅱ류·횡대공열문 등은 재지계의 심발에 표현되고 있어 남한 내에서도 기종과 문양 조합에서 차이가 보이며, 분포상에서도 호서지역과 그 이외 지역은 차이점이 간취된다. [도 35]에서 중서부지역은 深鉢도 일부 있지만 外反口緣(臺附)甕으로 대표되는 요동계 토기의 특징이 가장 잘 표출되는 지역인 동시에 남한 내에서 외래계토기의 밀집도가 가장 높다.

그러한 반면, 영남지역은 구경부에 횡침선이 시문된 壺(도 33의 1·2)가 있기는 하지만 남한 외래계토기의 대표기종인 外反口緣(臺附)甕은 없으면서, 재지계의 특징인 深鉢과 孔列文이 횡대구획문과 조합되고 있다(도 32의 5~13, 도 34의 2·3). 이처럼 외래계 요소와 재지계 요소의 결합은 예외 없이 심발에 한정되고 있어, 외반구연(대부)옹과의 차이점은 분명히 인지된다. 또, 한탄강유역의 철원 와수리유적과 북한강유역의 춘천 신매리유적에서도 심발에 횡대구획문이 시문되며(도 32의 2) 아직 외반구연(대부)옹은 검출되지 않았다. 물론 영남지역이나 이 지역들 모두 추후의 調査例를 주시해야 할 것이지만, 전형의 외래계토기가 집중되는 중서부지역과의 차이는 인정된다.

이렇게 보면, 가장 다양한 종류의 횡대구획문과 외반구연(대부)옹이라는 신기종이 있는 호서지역을 중심으로 한 중서부지역이 남한 전기에 요동반도계 토기를 수용한 주체였던 것으로 판단된다. 이에 비해 영남지역과 중북부지역은 중서부지역을 거친 후의 횡대구획문이 채용되었던 것이 아닐까. 그렇기 때문에 이 지역에는 新器種은 제외되고 횡대구획문만 채용되며, 한 개체 내에 공열문 같은 재지계 문양과도 결합되는 등 전형에서 벗어난 모습으로 등장하게 되었다. 즉 무문토기시대 전기에 요동반도계 토기를 직접 수용한 곳은 호서지역을 포함한 중서부지역이었으며, 영남지역이나 중북부내륙지역은 중서부지역의 영향을 받아 외래계토기가 나타났던 것이다.

한편, 이러한 외래계토기의 지역적 차이는 조기 무문토기의 지역성과도 무관하지 않을 것이다. 앞에서도 논했듯이 조기부터 중서부지역과 영남지역의 무문토기는 각각 지역성을 띠고 있었는데, 이러한 양상이 전기에 외래계토기를 수용하는 데에도 작용하지 않았을까 한다. 남한 내에서 요령식동검이 가장 먼저 출현한 곳이 바로 호서지역인데, 여기에는 이 지역이 남한 내에서 중국동북지방의 토기를 수용한 주체였던 점이 배경으로 작용하였을 것이다.

3) 전기 무문토기 편년과의 대비

(1) 전기의 지역편년과 병행관계

Ⅰ장에서도 언급했듯이 현재 前期의 지역성은 갈수록 두드러지고 있어서, 남한 전체를 동일한 기준으로 편년하기 어렵고, 기존의 가락동계·역삼동계를 전기전반, 흔암리계를 전기후반으로 일률적으로 편년하는 것도 맞지 않다. 그러다보니 최근 지역단위의 편년연구가 활기를 띠고 있다. 남한 각지의 상세한 지역편년은 앞으로의 과제로 남겨 두기로 하고, 여기서는 근래의 지역편년연구 가운데 前期를 세분한 성과를 비교하면서, 그 속에서 외래계토기의 위치를 고려해 보고자 한다. 이를 통해 요동반도와의 병행관계도 조금은 밝혀질 수 있을 것이다. 남한 전기 무문토기에서 비교적 지역편년연구가 진행된 곳은 호서지역을 포함한 중서부지역과 영남지역 중에서도 서부경남지역이라 할 수 있다. 이 지역들을 중심으로 해서 근래의 지역편년 연구성과를 활용하여 호서지역을 포함한 중서부지역, 영남지역, 영동지역 전기의 병행관계를 그려보면 다음과 같다.

安在晧・千羨幸[58]은 호서지역과 중서부지역을 세 단계로, 영남지역을 네 단계로 구분하고 병행관계도 제시하였는데, 지역별로 단계가 구분되는 시점은 일치하지 않지만, 서로 겹치는 범위를 묶어서 크게 보면 대략 [표 12]와 같은 병행관계로 파악된다. 庄田愼矢는 기존 연구의 약점이었던 기형 분류를 적극 이용하여 지역편년을 설정하였는데, 서부경남지역은 Ⅱ・Ⅲ의 두 단계로,[59] 호서지역은 ⅡA・ⅡB・Ⅲ의 세 단계로[60] 구분하였으며, 비래동 동검은 Ⅲ단계에 소속시켰고, 양 지역의 병행관계는 'Ⅱ=ⅡA・ⅡB, Ⅲ=Ⅲ'으로 설정하였다.[61] 이러한 편년안은 전자는 문양을, 후자는 기형을 근거로 하고 있어 기준이 다르기 때문에 서로의 병행관계를 맞추기는 쉽지 않다. 그러나 두 연구에서 전기의 시점과 종점은 대체로 일치하는 것 같고, 그 사이의 단계 설정이나 시간폭도 큰 틀에서는 서로 겹치는 부분이 많다고 생각되기 때문에 [표 12]와 같은 병행관계로 정리할 수 있다.

그리고 李亨源은 가락동유형을 分期하였는데,[62] 가락동유형Ⅲ기를 후기의 이른 시기로 편년하였지만 여기서는 전기의 늦은 시기로 파악하고자 한다. 그는 신대동의 호형토기가 송국리형토기에 가깝다고 하였지만, 그렇게 보는 연구자는 드문 것 같다. 또 비래동 동검묘는 전기로 보는 것이 대세이고, 신대동의 횡대어골문(도 33의 4)이나 횡대

---

58) 安在晧・千羨幸, 2004, 「前期無文土器の文樣編年と地域相」, 『福岡大學考古學論集 －小田富 士雄先生退職記念－』.

59) 庄田愼矢, 2004, 「韓國嶺南地方南西部の無文土器時代編年」, 『古文化談叢』 5集下.

60) 庄田愼矢, 2004, 「比來洞銅劍の位置と彌生年代論(上)」, 『古代』 117 ; 2005, 「湖西地域 出土 琵琶形銅劍과 彌生時代 開始年代」, 『湖西考古學』 12.

61) 庄田愼矢, 2005, 「湖西地域 出土 琵琶形銅劍과 彌生時代 開始年代」, 『湖西考古學』 12, p.51.

62) 李亨源, 2002, 『韓國 靑銅器時代 前期 中部地域 無文土器 編年 硏究』, 忠南大學校 碩士學位論文.

삼각집선문토기(도 31의 3)를 고려하더라도 전기로 편년하는 것이 좋다고 판단된다. 이 역시 安在晧・千羨幸이나 庄田愼矢의 편년과 직접적으로 연결하기 어려운 것이 사실이다. 하지만 李亨源과 庄田愼矢는 비래동 동검을 III단계에 두는 점에서 일치하였다. 또 가락동유형 I 기는 조기부터 전기의 이른 시기로 편년하고 있기 때문에 가락동유형 II 기는 대략 庄田愼矢의 IIB, 安在晧・千羨幸의 II단계와 상당 부분 병행한다.

[표 12] 남한 전기의 병행관계

시기 \ 지역	중서부			영남		영동
	庄田愼矢 (2005)	安在晧・千羨幸 (2004)	李亨源 (2002)	安在晧・千羨幸 (2004)	庄田愼矢 (2004)	朴榮九 (2000)
조기	I				I	↑ 교동 ↓
			가락동 I			
전기 전반	IIA	I		I	II	조양동
	IIB	II	가락동II	II III		
전기 후반	III	III	가락동III	IV	III	방내리

이와 더불어 영동지역의 편년[63]과도 대비해 보면, 江陵 校洞遺蹟[64]은 전기로 보기도 하지만 상한은 조기까지 올라갈 수 있다고 생각된다. 전기는 朝陽洞[65]과 坊內里[66]의 두 단계로 구분하고, 浦月里[67]는 후기로 보았다. 이렇게 해서 [표 12]와 같은 중서부・영남지역과의 병행관계를 설정하였다.

---

63) 朴榮九, 2000, 『嶺東地域 靑銅器時代 住居址 硏究』, 檀國大學校 碩士學位論文.
64) 江陵大學校博物館, 2002, 『江陵 校洞 住居址』.
65) 江陵大學校博物館, 2000, 『束草 朝陽洞 住居址』.
66) 江陵大學校博物館, 1996, 『江陵 坊內里 住居址』.
67) 江陵大學校博物館, 2002, 『襄陽 浦月里 住居址』.

(2) 호서지역과 요동반도의 병행관계

이와 같은 남한 전기의 지역편년 가운데 호서지역은 외래계토기가 가장 밀집하고 있어 요동반도와의 병행관계를 설정해 볼 만하다. 호서지역을 포함한 중서부지역의 경우 그 내용이나 기준에는 차이가 있지만 세 단계로 편년하는 데에는 대체로 일치하였다(표 12). 남한의 횡대구획문토기는 대부분 전기 무문토기와 공반되며,[68] 위의 편년에 대비하면 Ⅱ(B)단계와 Ⅲ단계에 속하는데, Ⅲ단계의 예가 더 많은 것 같다. 앞에서도 언급했듯이 남한의 횡대구획문토기는 쌍타자Ⅲ₃~상마석A區下層期의 자료와 밀접한 관계가 있었다. 이를 직접 대비하면 중서부지역 Ⅱ(B)단계~Ⅲ단계는 요동반도의 쌍타자Ⅲ₃~상마석A區下層期와 병행하는 것으로 파악할 수도 있는데, 여기서 중서부지역 Ⅲ단계에 출현하는 요령식동검을 고려할 필요가 있다.

요동반도에서 비교적 고식의 요령식동검으로는 쌍방 6호묘의 예(도 30의 19)가 대표적인데, 그 시기는 상마석A區下層 이후인 상마석A區上層·신암리Ⅲ에 해당한다. 따라서 중서부지역의 Ⅲ단계는 상마석A區上層·신암리Ⅲ 이전에 두기는 어렵다. 그래서 이와 같은 상황을 고려하여 [표 13]과 같이 중서부지역 Ⅱ(B)단계는 주로 상마석A區下層과, Ⅲ단계는 상마석A區上層·쌍방6호·신암리Ⅲ과 병행하는 단계로 파악할 수 있다. 또 남한에서 횡대구획문토기가 가장 많이 출토되는 전기 Ⅲ단계는 쌍타자Ⅲ₃~상마석A區下層期 이후, 즉 요동반도 일대에 전형적인 미송리형토기가 등장하는 시점에도 쌍타자Ⅲ₃~상마석A區下層에 원류를 둔 외래계토기가 유행하고 있었다.

---

68) 화성 천천리유적의 송국리형주거지에서 출토된 有孔臺附鉢(이형원, 2006, 「Ⅴ. 고찰-1. 청동기시대」,『華城 泉川里 靑銅器時代 聚落』, p.168.) 외에 거의 대부분의 외래계토기는 전기에 해당한다.

[표 13] 전기 무문토기와 요동~서북지역의 병행관계

시기 \ 지역		남한 중서부			요동반도	압록강하류	요령식동검
		庄田愼矢 (2005)	安在晧·千羨幸 (2004)	李亨源 (2002)			
조기		I		가락동I	쌍타자Ⅲ$_1$	신암리Ⅱ	
					쌍타자Ⅲ$_2$		
전기	전반	ⅡA	I	가락동Ⅱ	쌍타자Ⅲ$_3$		
		ⅡB	Ⅱ		상마석A下	(?)	
	후반	Ⅲ	Ⅲ	가락동Ⅲ	상마석A上	신암리Ⅲ	요동(쌍방), 남한

호서지역을 포함한 중서부지역은 Ⅱ(B)단계부터 쌍타자Ⅲ₃~상마석A區下層 혹은 砣頭積石墓 계통 토기의 영향을 가장 직접적으로 받고 있었기 때문에 Ⅲ단계에 요령식동검이 이 지역에 가장 먼저 등장할 수 있었을 것이다. 한반도에서 요령식동검의 등장이 중국동북지역과의 정치적·이념적 상호작용의 결과69)라고 하는데, 이는 외래계토기의 수용이 뒷받침되었기 때문에 가능했던 것이라 할 수 있다.

현 상황에서 예전처럼 전기 전반을 가락동·역삼동계, 전기 후반을 흔암리계라고 할 수 없다면, 전기 내에서 외래계토기가 증가하고 요령식동검이 등장하는 중서부지역 Ⅲ단계의 시작을 전기 내에서의 큰 분기로 삼을 수 있다. 따라서 [표 13]에서 Ⅱ단계까지를 전기 전반으로, Ⅲ단계를 전기 후반으로 하고, 이를 토대로 해서 영남·영동지역도 [표 12]와 같이 전기를 전반과 후반으로 分期할 수 있을 것이다.

이러할 때 전기 후반은 외래계토기의 증가나 요령식동검의 등장뿐만 아니라, 다음 장에서 살펴보듯이 분묘 축조가 증가하고 진안 여의곡처럼 큰 묘역이 설치되기도 한다. 또 진주 대평리나 춘천 천전리 등에서 주구석관묘가 확인되고 있어 부장품뿐만 아니라 분묘 축조의 규

---

69) 李盛周, 1996, 「靑銅器時代 東아시아 世界體系와 韓半島의 文化變動」, 『韓國上古史學報』 23.

모에서도 어떤 격차가 나타나고 있다. 따라서 전기의 전반과 후반은
사회적 성격에서도 차이가 인정될 수 있을 것이다.[70]

3. 요동반도~북한~남한의 병행관계

위에서 남한 전기의 지역편년과 병행관계를 살펴보았고, 이에 더
해 전기 무문토기와 공반하는 외래계토기를 통해 요동반도~서북지
역과의 병행관계도 검토하였다. 여기서는 이 결과를 II장의 북한지역
편년과 대비하여 요동반도~북한~남한의 병행관계를 설정해보고자
한다.

요동반도와 압록강하류역 간의 병행관계는 宮本一夫를 비롯한 여
러 연구자들이 검토해 왔다(표 10). 그에 따르면 쌍타자 I 과 신암리 I
이 평행하며, 쌍타자III은 주로 신암리 II와 대비되었고, 신암리III은
쌍방6호묘와 같은 시기로 파악되고 있어, 동북아시아에서 요동반도와
압록강하류역의 병행관계는 비교적 안정적이라고 할 수 있다. 압록강
하류역과 함께 서북지역으로 묶일 수 있는 압록강상류역과 청천강유
역의 편년 역시 제2장에 살펴본 바와 같이 어느 정도 병행관계는 밝
혀졌다.

그러한 반면 두만강유역과 대동강유역을 어떻게 위의 지역들과 연
결시키느냐가 문제일 것인데, 뇌문토기를 공통으로 하는 두만강유역
1단계와 신암리 I 의 평행성은 부인되지 않을 것이다. 두만강유역 2~
3단계는 요동~서북지역과 직접 대비할 수 있는 자료가 없지만, 큰 공

---

70) 이러한 점은 제1장에서 언급했듯이 기존의 전기를 전기와 중기로 구분하는
유력한 근거가 될 것이며, 이로 인해 조기-전기-중기-후기의 시기구분으
로 나아갈 것으로 예상된다. 이에 대해서는 다른 논고를 통해 자세히 논할
예정이다.

백 없이 전개되고 있는 두만강유역의 편년을 생각하면 제2장에서와 같은 병행관계를 설정해도 큰 무리는 아니라고 판단된다. 그리고 대동강유역의 경우 팽이형토기의 이중구연은 요동반도의 영향으로 보아 왔는데,[71] 대취자 II기에 이중구연에 3선 1조의 사선문이 간격을 두고 시문된 예(도 24의 19)가 있는 점, 單砣子나 高麗寨의 이중구연이 팽이형토기처럼 하단이 불룩한 형태인 점을 보면 양 지역의 관련성은 부인할 수 없다. 따라서 팽이형토기가 출현하는 시점 역시 쌍타자 II기나 신암리3-1과 거의 비슷한 시점이 아닐까 한다.

[표 14] 요동반도~북한~남한의 병행관계

요동반도	압록강 하류역	압록강 상류역	청천강유역	두만강 유역	대동강유역	남한
쌍타자 I 쌍타자 II	신암리 I 신암리3-1	토성리·장성리	당산상층	1단계	금탄리 II·남경 II (↑)	↑ 조기
쌍타자 III$_1$ 쌍타자 III$_2$ 쌍타자 III$_3$	신암리 II	공귀리·심귀리 I	세죽리 II$_1$·구룡강 I	2단계	팽이형토기 I	전기 전반
상마석 A下 상마석 A上	신암리 III	공귀리·심귀리 II (↓)?	세죽리 II$_2$ / 구룡강 II$_1$ 구룡강 II$_2$	3단계 / 호곡 III	팽이형토기 II$_1$ ↓	전기 후반
강상묘 누상묘	미송리 II$_1$ 미송리 II$_2$	?	구룡강 III	호곡 IV	팽이형토기 II$_2$ 팽이형토기 III	후기

이렇게 해서 요동반도와 북한의 지역편년을 연결하고, 여기에 앞에서 살펴본 남한과 요동반도의 병행관계를 대입하면 [표 14]와 같이 정리된다. 지금까지 신암리 II는 주로 남한의 조기와 관련되어 왔지만, 천선행도 제시한 바 있듯이[72] 남한의 전기와도 병행하는 부분이 있을

---

71) 小川靜夫, 1982, 「極東先史土器の一考察 －遼東半島を中心として－」, 『東京大學文學部考古學 研究室研究紀要』 1, p.145.
  宮本一夫, 1986, 「朝鮮有文土器の編年と地域性」, 『朝鮮學報』 121, p.16.
  林炳泰, 1986, 「韓國 無文土器의 研究」, 『韓國史學』 7, p.120.
72) 千羨幸, 2005, 「한반도 돌대문토기의 형성과 전개」, 『韓國考古學報』 57, p.82.

것으로 생각한다. 즉 신암리Ⅱ는 남한의 조기는 물론 전기 전반까지
도 포함하는 것으로 판단한다.[73] 이후에 보이는 요동~서북지역의 미
송리형토기는 남한의 전기 전반에서도 늦은 시점에 등장하여 전기후
반에 성행하였으며, 묵방리형토기(미송리Ⅱ₂)와 강상묘·누상묘는 남
한의 후기와 병행할 것이다.

4. 전기 마제석기의 組成과 系統

여기서는 남한 전기 마제석기의 특징과 組成相을 살펴보고, 북한
의 양상과 비교하여 계통을 파악하고자 한다. 앞에서는 전기를 크게
전반과 후반으로 나누었지만, 여기서는 구분하기 보다는 전기의 전반
적인 석기조성상 파악에 중점을 두었다.

전기는 조기부터 있었던 기본적인 組成에 몇 가지가 추가되면서
더욱 다양화·전문화되어 무문토기시대의 석기문화가 확립되는 시기
라고 할 수 있다. 먼저 공구류에서는 조기부터 있었던 벌채석부와 편
평편인석부 외에 새로이 주상편인석부(도 36의 10)와 석착(同 5·6)이
더해지면서 무문토기시대 공구세트가 갖추어지고, 이로 인해 목제도
구도 더 활발히 제작되었을 것이다. 벌채석부에서는 횡단면 원형 혹
은 타원형의 厚斧(同 1·2)가 보편화되면서 중량이 700~800g이나 나
가는 것도 있는 등 이전 시기에 비해 벌채의 효율성이 높아졌다. 이
가운데는 횡단면 방형의 이른바 四稜斧(同 3)도 종종 출토되는데, 형
태적인 특징은 물론 재질도 일반적인 벌채석부와는 다른 흑색의 현무
암이 주로 사용되었다. 보통 안산암계의 벌채석부는 강한 충격에 의

---

73) 신암리Ⅱ의 토기는 다양한 문양, 기형, 기종을 보이고 있어, 향후 분기의 가
능성도 염두에 두고 싶다.

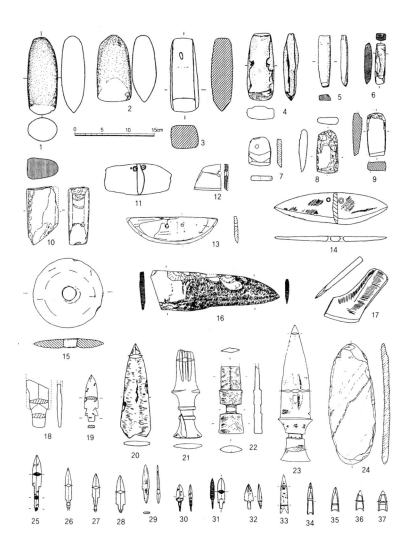

[도 36] 전기의 석기

1 · 6 · 31:상모리, 2 · 11:역삼동, 3 · 15 · 19:백석동, 4 · 20 · 26~28 · 34~37:흔
암리, 5:고죽동, 7 · 17 · 29:방내리, 8 · 22:초곡리, 9 · 16 · 32:저포리, 10 · 12:산
포, 13 · 24 · 30:관산리, 14 · 18:조양동, 21:옥석리, 23:신대동, 25:군덕리, 33:비
례동 (1/7 축소)

해 파손될 때 身部 중앙부에서 横으로 절단되는데 비해, 이 사릉부는
재질의 특성상 縱으로 절단된 예가 많다. 횡단면을 방형으로 처리하
는 제작기법, 그리고 다른 벌채석부와 구별되는 材質을 통해 그 계통
성 등 추후의 연구가 필요하다.

수확구에서는 조기부터 있었던 반월형석도의 각 형식이 계속 사용
되는데, 중서부지역은 서북계의 舟型과 魚型이, 영동·영남동부지역
은 동북계의 櫛型·長方型이 눈에 띈다. 이에 비해 수량은 적은 편이
지만 石鎌도 사용되었으며, 석촉은 無莖式과 二段莖式이 주류이면서
촉신이 작은 一段莖式도 일부 출토된다. 또 동북형석도(同 17)가 동해
안일대의 유적에서 출토 사례가 증가하고 있다. 그리고 조기에 이어
전기의 주거지와 분묘에는 管玉 등 옥제장신구의 출토예도 늘어난다.

전기의 석기조성에서 가장 큰 특징이자 변화는 바로 石劍의 출현
일 것이다. 전기의 석검은 有莖式도 일부 있지만 二段柄式石劍이 많
은데, 영남지역의 경우 단연결부의 길이가 긴 것이 종종 확인되고 있
어 지역성도 보인다. 당시의 석검은 실전용의 무기로 사용되는 한편,
소유자의 신분이나 사회적 지위와도 관련하여 의기적·상징적인 측
면도 지니고 있었다. 따라서 석검의 출현은 기존의 석기조성에 단순
히 한 종류의 도구가 더해지는데 그치지 않고 어떤 사회적인 성격의
변화까지도 예상하게 한다. 이에 대해서는 분묘와 더불어 다음 장에
서 상세히 검토할 것이다.

이와 같은 전기의 석기는 대부분 조기의 석기에서 발달된 것으로
조기와 마찬가지로 요동~서북지역과 관련되는 것이 많다. 석검은 뒤
에서 논하듯이 중국동북지방의 동검 모방에서 비롯되었고, 환상석부
(도 36의 15)도 요동~압록강유역의 것과 대비할 수 있다. 이는 앞에서
검토한 전기의 외래계토기가 요동반도의 영향인 것과도 밀접한 관련

이 있을 것이다. 이와는 달리 두만강유역에 계통을 둔 동북형석도는 남한의 동해안 일대에서 집중적으로 출토되며,[74] 울산 신정동유적의 성형석부가 두만강유역 출토품과 대비된다거나,[75] 부리형석기가 주로 영남지역 일대에 분포하는 것을 보면 동해안을 따라 두만강유역의 요소도 상당부분 수용되었음을 알 수 있다. 이러한 전기 마제석기의 지역별 계통은 조기부터 나타난 지역성과도 무관하지 않을 것이다.

5. 토기의 수용과 사회 변화

이제까지 북한 무문토기의 지역성과 지역간 병행관계, 남한 조기 무문토기의 성립과 계통, 전기의 외래계토기와 지역간 병행관계를 살펴보고, 나아가 외래계토기가 집중하는 중서부지역과 요동반도의 편년을 대비함으로써 요동반도~북한~남한의 청동기시대 편년망을 그려보았다.

이를 통해서 보면, 남한 무문토기사회는 조기는 물론 전기에도 북쪽으로부터 새로운 요소를 수용하였는데, 먼저 요동~서북지역을 주계통으로 하는 조기 무문토기의 성립이 있었고, 전기 후반에 증가하는 외래계토기를 통해 다시 한번 이 지역의 문화를 받아들였음을 알 수 있었다. 물론 영동·영남지역의 경우 조기는 물론 전기에도 요동계 요소와 더불어 두만강유역과도 밀접한 관련성[76]이 엿보이지만, 남한 무문토기사회의 성립과 발전에 가장 큰 자극제가 되었던 것은 요

---

74) 裵眞晟, 2007, 「東北型石刀에 대한 小考 —東海文化圈의 設定을 겸하여—」, 『嶺南考古學』 40.
75) 李秀鴻·崔承希, 2003, 「4. 별도끼」, 『蔚山 新亭洞 遺蹟』, p.72.
76) 裵眞晟, 2007, 「東北型石刀에 대한 小考 —東海文化圈의 設定을 겸하여—」, 『嶺南考古學』 40.

동~서북계 요소였다.

　그러면 위와 같은 토기의 계통과 그 영향은 남한 무문토기사회에 구체적으로 어떠한 영향을 초래하였을까. 조기 무문토기는 앞에서도 논했듯이 청동기시대의 시작과 연결되는데, 토기는 물론 석기에서도 기존과는 다른 일련의 정형화 된 석기생산이 시작되고 있어 새로운 농경기술의 수용과 더불어 신석기시대와는 차원을 달리하는 도작농경사회의 시작을 의미한다. 그리고 다음 장에서 다루는 바와 같이 전기에 확인되는 외래계토기의 존재는 본격적인 분묘 축조의 시작과 동검의 등장으로 대표되는 청동기문화의 수용을 의미할 것이다.

　즐문토기 종말기에 요동~서북지역의 토기문화와 그에 동반한 도작농경문화를 수용함으로써 새로운 무문토기문화를 영위하고, 조기에 이은 전기에는 중국동북지방의 동검을 모방하여 석검이라는 新出의 개인용무기가 제작되었다. 이와 동시에 분묘 축조가 시작되면서 석검과 석촉이라는 무기류가 부장되는 새로운 현상이 나타나고, 또 전기 후반(중서부지역 III단계)에는 요령식동검도 등장하게 되었다.

　전기의 이러한 새로운 현상에는 외래계토기에서도 암시되듯이, 전기에도 중국동북지방으로부터 새로운 문화를 계속해서 수용하였음을 뜻한다. 이로 인한 무문토기사회의 변화는 전기 동안 계속되지만, 특히 전기 후반은 앞에서도 언급했듯이 외래계토기, 분묘, 요령식동검 등을 통해 이전과는 다른 성격의 사회로 도약할 준비를 갖추고 있었던 점에서 전기 내에서 큰 획기로 설정할 만하다. 확대되어 가는 농경사회를 유지하기 위해 중국동북지방으로부터 필요한 요소를 받아들여 남한 사회에 맞게 적용한 전기 후반의 이러한 기반이 있었기 때문에, 후기에 '國'의 형성[77]으로까지 이어질 수 있었던 것이다.

---

77) 武末純一, 2002, 「遼寧式銅劍墓와 國의 形成」, 『淸溪史學』 16·17合輯.
　　裵眞晟, 2006, 「無文土器社會의 威勢品 副葬과 階層化」, 『계층사회와 지배자

그렇다면 무문토기사회는 왜 위와 같은 외래계토기와 그에 동반하는 新要所를 수용하게 되었고, 그것이 무문토기사회에 어떠한 변화를 초래하였는지에 대해 제5장에서 구체적으로 살펴보자.

의 출현』, 한국고고학 창립 30주년 기념 한국고고학전국대회.

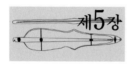제5장

계층사회의 형성과 전개

1. 석검 출현과 분묘 축조

短劍은 실전에서는 말할 것도 없고 그렇지 않을 때에도 몸에 착장되어 신체와 일체를 이루는 개인용의 성격이 강하다. 戰場에서는 가장 가까운 거리에서 敵을 상대하기 때문에 다른 어떤 무기보다도 英雄性을 유발하기 쉬워 세계의 많은 지역에서 戰士의 理念型과 연결되고 있다.[1] 그렇다면 무문토기사회에서 석검의 출현은 지휘자를 전제로 하는 전쟁의 시작과도 밀접한 관계가 있을 것이다. 劍身과 柄部가 一體로 제작된 有柄式石劍은 무문토기시대에 개인용 무기이자 사회적 지위의 상징으로서 등장하였고, 有溝石斧와 더불어 동북아시아에서도 유독 한반도에서 발달하였다. 일본열도에서는 송국리단계의 형식부터 시작되기 때문에 우리와는 시간적인 격차가 크고, 요령지역에도 석검이 少量 출토되지만 有莖式 일색이며 한반도에서 유행하는 有柄式은 보이지 않는다. 따라서 분포의 집중도나 종류·수량 등 모든 면에서 석검의 중심지는 한반도였고, 그 주체는 有柄式石劍이었다.[2]

1) 松木武彦, 2001, 『人はなぜ戦うのか －考古學からみた戦爭－』, 講談社, p.54.
2) 석검에 대한 연구사는 金邱軍(1996, 「韓國式石劍의 硏究(1) －祖型問題를 중심으로－」, 『湖巖美術館 硏究論文集』 1)이 잘 정리하였으므로, 세세한 나열

석검은 武器이면서 신분 상징의 儀器이기[3] 때문에 다른 어떤 도구
보다도 무문토기사회의 성격을 파악하는데 좋은 단서가 될 수 있다.
전기부터 석검이라는 개인용 무기가 등장하고, 이와 거의 동시에 분
묘가 축조되기 시작하면서 무기를 부장하는 습속이 생겨나는데, 이러
한 현상은 무문토기사회에서 석검의 출현 시점을 전후하여 사회 성격
이 크게 변화했음을 시사할 것이다. 이러한 논의를 위해 여기서는 주
로 남한에 遼寧式銅劍이 등장하기 전에 중국동북지방의 동검을 모방
하면서 출발했던 전기의 석검을 대상으로 그 출현의 배경과 의의를
살펴보고자 한다.

1) 古式石劍의 분류와 변천

석검은 有莖式과 有柄式이라는 대분류 아래 여러 型式으로 분류된
다. 대동강유역을 제외한 한반도의 석검은 有柄式이 주체였는데 柄部
의 형태에 따라 먼저 二段柄式과 一段柄式으로 나누어지고, 그 속에
서 여러 亞型式으로 분류되면서 지역차와 시기차를 중심으로 논의되
었다. 이렇게 해서 前期는 이단병식석검, 後期는 일단병식석검이 標
識的이라는 데에는 대부분 동의하고 있어, 유적이나 유구의 시기판정
에 큰 기준이 되기도 한다.

남한 무문토기사회에 銅劍 이전의 그 대용품이었던 前期의 석검에
는 일부 有莖式・有節式・一段柄式도 있지만, 단연 二段柄式이 두드
러진다. 지금까지의 형식분류를 보면 전기의 석검이 너무 많은 형식
으로 세분된 감이 없지 않다. 일반적으로 석기의 한 형식은 이웃하는

은 피한다.
3) 宋華燮, 1994,「先史時代 岩刻畵에 나타난 石劍・石鏃의 樣式과 象徵」,『韓國
考古學報』31.
李榮文, 1997,「全南地方 出土 磨製石劍에 관한 研究」,『韓國上古史學報』24.

형식과 공존하는 기간이 긴 경향도 있기 때문에 李白圭[4]의 지적대로
세분된 형식분류는 오히려 혼란을 초래할 위험도 있다. 또 무언가의
모방에 의해 석검이 발생하였다면 이른 시기 석검의 형식분류는 비교
적 단순·명확할 필요가 있다.

석검의 분류는 형태와 계측치라는 두 가지 기준에서 접근할 수 있
는데, 이단병식의 경우 형태에서는 劍身의 血溝와 柄部의 段이 가장
큰 특징이므로 段連結部의 둘레 전체가 段을 이루면서 뚜렷하게 구분
되는 것(Ⅰ)과 측면 抉入에 의해 段으로 표현된 것(Ⅱ), 血溝가 있는
것(a)과 없는 것(b)으로 분류한다. 계측치는 사용에 의해 재가공되는
검신부보다는 그 영향이 적은 柄部에 적용할 수 있지만, 전기의 이단
병식석검 병부 각 부위의 계측치를 집계한 결과 편년에 유효한 경향
성은 나오지 않았다. 따라서 전기의 이단병식석검은 柄部의 段이 명
확하면서 血溝가 있는 것(Ⅰa式)과 없는 것(Ⅰb式), 柄部의 段部가 측
면 抉入에 의해 이단병식으로 표현되면서 血溝가 있는 것(Ⅱa式)과 없
는 것(Ⅱb式), 段의 상하가 節帶로 표현되면서 段이 소멸되어 가는 것
(Ⅲ式)으로 분류한다. 이 가운데 검파두식이 표현되는 것은 거의 Ⅰ式
에 한정된다.

이 형식들은 서로 공존하는 경향이 많아 일률적으로 편년하기는
어렵겠지만, 형식변화의 경향이나 공반유물에서 발생순서는 대체로
'Ⅰ→Ⅱ→Ⅲ式'으로 보아도 좋다고 생각한다. 여기서 古式石劍이란
출현시기가 가장 빠른 것으로서 주로 Ⅰ式을 가리킨다(도 37). 물론
Ⅰ式이라고 해도 모두 이른 시기에 속하지는 않고 전기 후반이나 후
기에도 있지만, 劍把頭飾·血溝·段이 모두 표현된 형식이 출현 당시
의 모습을 가장 잘 반영하고 있음은 틀림없다.

4) 李白圭, 1991,「石製武器－韓國」,『日韓交渉の考古學』－彌生時代篇－, 六興
出版.

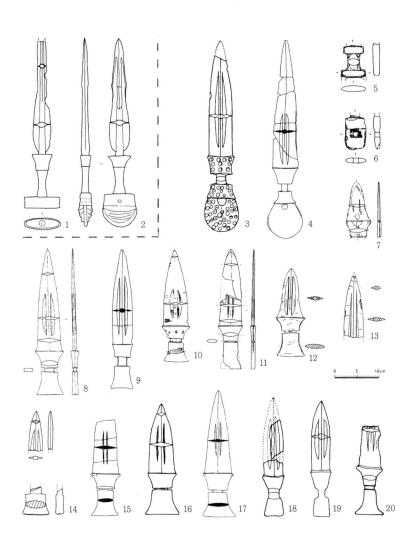

[도 37] 古式遼寧式銅劍과 Ⅰa式石劍

1・2:寧城縣小黑石溝8501號墓, 3:義昌 平城里, 4:彦陽 東部里, 5・6:慶州 月山里
B－4・採集, 7:益山 永登洞7號住, 8:津岸 顔子洞9號墓, 9:慶州 神堂里, 10:大田
新垈洞1號墓, 11:鎭安 수좌동1號墓, 12・13:保寧 舟橋里13號住, 14:束草 朝陽洞3
號住, 15:扶餘 論峙里, 16:山淸 默谷里, 17:舒川, 18:江南 猿岩里, 19:鳳山 御水
區, 20:平壤 美林里 (1/8 축소)

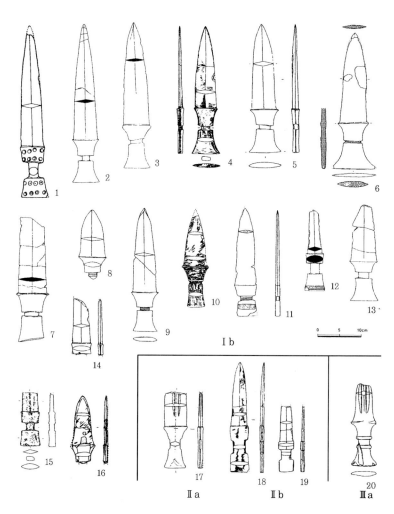

[도 38] Ⅰb·Ⅱa·Ⅱb·Ⅲa式石劍
1:義昌 平城里, 2:慶州, 3:寧越 角洞里, 4:鎭安 顔子洞1號墓, 5:晋州 玉房8地區3
號墓, 6:陜川 苧浦里8號墓, 7:堤川 黃石里2號墓, 8·9:驪州 欣岩里12號住, 10:牙
山 鳴岩里14號住, 11:江陵 坊內里1號住, 12:江陵, 13:公州 雞龍山, 14·19:蔚山
鳳溪里Ⅱ-2號住, 15:浦項 草谷里2號住, 16:浦項 院洞4號住, 17:漣川 三巨里8號
住, 18:山淸 沙月里 11號住, 20:坡州 玉石里 (1/8축소)

혈구는 Ⅱ式에도 일부 있지만 대부분 Ⅰ式에 표현되며, Ⅲ式은 파주 옥석리 출토품(도 38의 20)으로 대표된다. 옥석리의 유절식석검은 주로 이른 시기로 편년되어 왔는데, 이에 대해서는 沈奉謹[5]이 의문을 제기한 바 있으며, 安在晧[6]도 형식은 부여했지만 단계는 설정하지 않았던 점을 보면, 이 석검의 시기는 再考할 만하다. 형식학적으로는 段連結部의 변화과정에서 有節式의 발생을 이해하는[7] 것이 가장 타당하다.

2) 古式石劍의 祖型

위와 같이 고식석검의 형식이 어느 정도 한정된다면 그 祖型은 무엇일까. 지금까지 석검의 조형론은 과연 무엇을 모방하였는가에 집중되었다. 왜냐하면 발생기의 석검이 완성된 형태를 띠고 있어 무언가의 모방임에 틀림없다고 보았기 때문이다. 여기에는 동검모방설이 우세하였는데, 동검이라고 해도 오르도스식동검,[8] 중국식동검,[9] 요령식동검[10] 등 다양하게 거론되었고, 어느 하나만 비교해서는 조형문제가 쉽게 해결되지 않는다고 하여 각 형식별로 계통을 나누어보는 多元論[11]도 제기되었다.

---

5) 沈奉謹, 1989, 「日本 彌生文化初期의 磨製石器에 관한 硏究」, 『嶺南考古學』 6, p.5.

6) 安在晧, 1991, 『南韓 前期無文土器의 編年』, 慶北大學校 碩士學位論文.

7) 朴宣映, 2004, 『南韓 出土 有柄式石劍 硏究』, 慶北大學校 碩士學位論文.

8) 金元龍, 1971, 「韓國磨製石劍起源에 관한 一考察」, 『白山學報』 10.
   尹德香, 1977, 『韓半島 磨製石劍의 一考察』, 서울大學校 碩士學位論文.

9) 全榮來, 1976, 「完州上林里出土 中國式銅劍에 關하여」, 『全北遺蹟調查報告』 6.

10) 金邱軍, 1996, 「韓國式石劍의 硏究(1)-祖型問題를 중심으로-」, 『湖巖美術館 硏究論文集』 1.

11) 金良善, 1962, 「再考를 要하는 磨製石劍의 形式分類와 祖形考定의 問題」, 『古文化』 1.
    田村晃一, 1988, 「朝鮮半島出土의 磨製石劍について」, 『Museum』 452.

한편, 뚜렷한 결론이 나지 않자 이에 대한 방향전환으로 석창,[12] 有
莖式石劍의 木製柄部,[13] 骨器[14] 등이 거론되기도 하였지만, 이 案은
오히려 동검에 비해 더욱 검증하기 어려운 추상적인 추정이다. 왜냐하
면 석창에서 석검으로의 변화과정을 증명할 수 없을뿐더러 석검과 함
께 석창도 여전히 사용되고 있으며, 骨劍과 석검은 비교 자체가 어렵
고, 이른 시기 유경식석검의 목제병부가 출토된 바도 없기 때문이다.
前期의 유경식은 대동강유역에 많은데, 거기에서 기원했다면 다른 지
역에서도 유경식석검이 우세해야 한다. 그러나 남한 전기의 석검이 이
단병식 위주인 것을 보면 대동강유역의 영향은 인정되기 어렵다. 토기
에서도 팽이형토기의 영향으로 여겨져 왔던 가락동계토기는 압록강~
청천강유역과의 관련성이 고려되고 있다.[15] 莖部에 홈이 있는 송국리
단계의 유경식석검이 대동강유역의 영향인지는 차치하고, 전기의 고
식석검에 한정할 때 대동강유역의 영향은 인정할 수 없다. 동검의 모
방이라면 稀貴材였던 청동 대신 돌로 만들었다고 할 수 있겠지만, 유
경식석검을 모방했다면 똑같이 목제병부가 딸린 유경식을 제작했지
굳이 一體로 된 이단병식을 제작할 까닭이 없기 때문이다.

---

12) 김용간, 1964, 「우리 나라 청동기시대의 년대론과 관련한 몇 가지 문제」, 『고
   고민속』 2.
   金仙宇, 1994, 「한국 마제석검의 연구 현황」, 『韓國上古史學報』 16.
13) 沈奉謹, 1989, 「日本 彌生文化初期의 磨製石器에 관한 研究」, 『嶺南考古學』 6.
14) 김용간, 1964, 「우리 나라 청동기시대의 년대론과 관련한 몇 가지 문제」, 『고
   고민속』 2.
   全榮來, 1982, 「韓國磨製石劍·石鏃編年에 關한 研究」, 『馬韓·百濟文化』
   4·5.
15) 大貫靜夫, 1996, 「欣岩里類型土器의 系譜論을めぐって」, 『東北アジアの考古
   學』[槿域], 깊은샘.
   金壯錫, 2001, 「흔암리 유형 재고:기원과 연대」, 『嶺南考古學』 23.
   李亨源, 2002, 『韓國 靑銅器時代 前期 中部地域 無文土器 編年 研究』, 忠南大
   學校 碩士學 位論文.
   裵眞晟, 2003, 「無文土器의 成立과 系統」, 『嶺南考古學』 32.

석검을 제작하기 위해서는 石材를 길고 얇게 다듬은 후 전체를 정밀하게 마연함은 물론 血溝, 鐔部, 段連結部 등을 세밀하게 표현해야 한다. 이렇게 제작에 많은 정성과 시간을 필요로 하는 석검은 무문토기사회에서 점진적인 변화과정 없이 갑작스럽게 등장하였는데, 전기의 고식석검에는 血溝, 段連結部, 劍把頭飾 등이 표현되어 있어 후기의 석검보다 더 제작하기 까다롭다. 또 석검의 형식변화가 '복잡'에서 '단순'이라는 점 등을 고려해 보면, 이른 시기의 석검이 무언가의 모방에서 비롯되었을 것이며, 그 대상은 단연 동검일 가능성이 높다. 동검이라고 해도 오르도스식동검, 중국식동검, 요령식동검이 있는데, 형태만 비교한다면 세 종류 모두 석검과의 공통점을 찾을 수 있겠지만, 尹德香도 지적했듯이[16] 한반도 무문토기문화와의 계통적인 관련성을 고려할 때 우선시되는 것은 요령식동검이며, 이럴 때 특히 주목되는 것이 평성리나 동부리의 검파두식이 딸린 석검이다(도 37의 3·4). 近藤喬一[17]은 이 자료를 통해 한반도 남부의 이단병식석검은 전형적인 요령식동검 前段階인 遼寧省寧城縣小黑石溝 8501호묘 출토의 柄과 劍身이 함께 주조된 古式遼寧式銅劍(도 37의 1·2)을 모방한 것으로 보았다. 이 안은 동검모방설을 가장 구체적으로 밝힌 견해로 평가할 만하다.[18]

---

16) 윤덕향, 1983, 「石器」, 『韓國史論』 13, 국사편찬위원회.
17) 近藤喬一, 2000, 「東アジアの銅劍文化と向津具の銅劍」, 『山口縣史』 資料編 考古 1.
18) 小黑石溝 8501호묘는 대체로 西周後期, 빨라야 西周中期에 비정되고 있다. 이것을 그대로 받아들이면 고식석검의 상한연대는 기원전 9세기 정도가 된다. 그렇지만 최근 전기 유적에서는 기원전 10세기를 상회하는 연대측정치가 속출하고 있으며, 현재로서 이 같은 연대측정치를 무시할 수는 없다. 그렇게 되면 다소의 시간적 틈이 생기게 되지만, 앞으로 중국측 자료의 연대는 더 올라갈 수도 있고, 소흑석구보다 이른 고식요령식동검이 검출될 가능성도 배제할 수 없다. 따라서 고식석검의 상한연대 역시 소흑석구의 연대에 고정하고 싶지는 않다.

宮本一夫도 동검이 주로 요령지역에 분포하는 반면, 이단병식석검은 그 주변인 한반도에 분포하는 현상을 통해 고식석검은 동검을 모방한 것으로서 동검과 같은 위신재의 역할을 했다고 하였다.[19] 진주 대평리 어은2지구에서는 劍身의 鋒部片을 마치 銅劍의 鋒部와 같이 세밀하게 재가공 한 후 아래쪽에 兩孔을 뚫어 팬던트처럼 사용한 것(도 40의 8)이 있다. 요령식동검처럼 鋒部의 血溝가 刃線을 따라 표현되어 있으며 劍身의 斷面 역시 동검과 흡사하다. 이처럼 석검이 재가공 되는 경우에도 동검에 충실하면서 다른 기능으로 轉用되는 것은 석검이 지닌 위신재적 성격 때문일 것이다. 동검의 영향을 받은 석검이 출현 당시부터 주거지는 물론 분묘에도 부장되는 것은 처음부터 실용성과 함께 상징성이 있었던 것을 말해주며, 이는 중국동북지방에서 동검이 寶器나 祭器로서 이용되었던 점과 결코 무관하지 않다.[20]

3) 석검 출현의 이데올로기

(1) 石劍의 副葬

석관묘나 지석묘와 같은 정형화 된 분묘는 早期의 예가 확인되지 않아 前期부터 축조되었을 것으로 생각되는데, 그 시작부터 석검이 부장되는 것을 보면 전기에는 중국동북지방의 동검을 모방한 석검뿐만 아니라 부장의 습속도 함께 수용되었을 가능성이 크다. 그렇게 되면 조기와 전기는 토기·석기·주거지뿐만 아니라, 본격적인 분묘의 축조와 무기류의 부장이라는 점에서도 구분되어 사회적 성격의 변화를 예상해 볼 수 있다. 최근 본격적인 농경사회로의 진입 시기가 무문

---

19) 宮本一夫, 2004,「中國大陸からの視點」,『季刊考古學』88 -彌生時代の始まり-, 雄山閣.
20) 中村大介, 2003,「石劍と遼寧式銅劍の關係にみる竝行關係」,『第15回東アジア古代史・考古 學研究會交流會豫稿集』.

토기시대의 시작부터라고 하는데,[21] 농경사회의 규모가 더 확대되었을 것으로 생각되는 前期에 와서 분묘 축조가 시작되는 현상은 집단의 정착성과 전통성이 강조되는 농경사회의 특성과도 밀접하게 관련될 것이다.

뒤에서 살펴보겠지만 석검과 마찬가지로 분묘도 재지적인 발전과정을 거쳐 출현한 양상은 보이지 않는다. 石劍, 墳墓, 武器의 副葬이라고 하는 세 요소는 같은 시기에 나타나는데, 이 요소들이 서로 관련된다면 석검의 출현은 단지 동검의 형태만 모방하는데 그치지 않고 사회적 기능이 포함된 정신문화적인 측면도 함께 수용되었음을 시사한다. 西周前期부터 동북아시아에서는 다양한 묘제와 함께 厚葬의 풍습이 전개되었는데, 무문토기시대의 분묘 역시 이러한 동북아시아적인 흐름의 영향으로 비롯되었다고 할 수 있고,[22] 동검의 대용품인 석검이 처음부터 분묘에 부장되는 점은 이러한 영향에서 자유로울 수 없었음을 보여준다.

석검의 출현, 분묘 축조의 시작, 무기의 부장에서 알 수 있듯이 요령지역 동검문화의 수용은 前期 무문토기사회의 큰 특징으로서 사회적 성격과 밀접하게 관련된다. 早期에 요령지역으로부터 토기와 농경을 중심으로 한 새로운 생활문화를 수용하였다면, 이후에는 분묘와 석검의 출현이 시사하는 새로운 관념체계를 내포한 동검문화를 수용함으로써 전기 무문토기사회의 특성이 확립되었음에 틀림없다. 조기부터 본격화되기 시작한 농경사회가 발전 궤도에 오르려면 향상된 생산기술 외에 어떤 새로운 사회적 이데올로기를 필요로 하였을 것이

21) 李相吉, 1999, 「晉州 大坪 漁隱1地區 發掘調査 槪要」, 『남강선사문화세미나 요지』.
安在晧, 2000, 「韓國 農耕社會의 成立」, 『韓國考古學報』 43.
22) 甲元眞之, 1999, 「日韓における墓制の異同」, 『季刊考古學』 67, 雄山閣.

다. 여기에는 새로운 생
활문화의 확립에 주력한
조기 무문토기사회 자체
의 힘만으로는 한계가 있
었기 때문에 발달된 외부
문화의 수용이 필요했고,
이전부터 영향을 받아왔
던 요령지역으로부터 이
번에는 '劍'으로 상징되
는 사회적 이데올로기를
받아들이게 되었다. 寶器

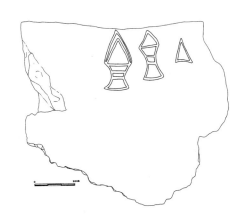

[도 39] 영일 인비동 16호 지석묘 상석 암각화

혹은 祭器와 같은 정신적인 측면이 내포된 석검의 출현, 이와 거의 동
시에 분묘가 축조되면서 무기 부장의 습속이 시작되는 것은 바로 이
러한 사회적 배경 때문이었다.

결국 전기의 석검은 확대되어 가는 농경사회를 효율적으로 관리·
통제하기 위한 사회적 이데올로기가 함축된 것으로 이해할 수 있고,
영일 인비동유적의 예[23]와 같이 지석묘 상석에 이단병식석검을 새기
는 의례행위[24] 역시 석검이 지닌 사회적 의미가 얼마나 컸던가를 생
각하게 한다.

(2) 戰爭의 指標

선사시대의 전쟁에서 석검은 석촉과는 달리 모든 참여자가 소지하

---

23) 국립경주박물관, 1985, 「월성군·영일군지표조사보고」, 『국립박물관 고적조
사보고』 제17책, 국립중앙박물관.
24) 宋華燮, 1994, 「先史時代 岩刻畵에 나타난 石劍·石鏃의 樣式과 象徵」, 『韓國
考古學報』 31.

지는 않았을 것이므로, 석검을 통해 전투 지휘자의 존재를 예상하기
도 한다. 분묘에 부장되는 석검 가운데 劍身部의 재가공이 뚜렷한 예
가 있는 것을 보면 부장용으로 따로 제작하지 않고, 생전에 착용하던
것을 그대로 부장했던 것으로 판단된다. 이는 석검 자체가 아니라 피
장자의 武勳이나 그로 인한 사회적 지위를 기리기 위해서였을 것이
다.25) 이처럼 석검을 소지한 자가 전투를 지휘하고, 사후에 그 업적을
기념하여 평소에 착용하던 석검을 무덤에 부장하는 풍습이 있는 사회
는 戰爭26)이 있었던 사회일 가능성이 높다. 그렇다면 한반도에서 본

25) 분묘에 부장된 석검의 경우 부장을 위해서 별도로 제작된 것으로 인식하는
경향이 있는 것 같다. 재가공으로 인해 검신부가 극히 작아진 예는 일부에
지나지 않고 대부분 완형으로 출토되기 때문에 그렇게 생각하는 것 같지만,
완형인 경우에도 대부분 刃의 가장자리에는 미세한 缺損이 있다. 부장용으
로 제작되었다고 생각하는 데에는 삼한·삼국시대의 분묘 부장품에 대한 인
식에서 비롯된 선입관이 작용하고 있는 것은 아닐까. 점토대토기단계에 가
까운 부산 괴정동 출토품처럼 병부의 兩端이 과장된 것, 송국리단계 석검 가
운데 병부에 비해 검신부가 지나치게 긴 것이나 청도 진라리 출토품처럼 대
형의 것은 부장용일 가능성이 있다. 하지만 전기의 석검 가운데 이러한 것은
없고, 검파두식이 딸린 것은 동검의 모방 때문이다. 지위의 상징이었던 석검
은 어떤 대상에 접촉되지 않더라도 착장하는 것 자체에 의미가 있었고, 이것
이 사후에도 그대로 부장되기 때문에 검신부가 줄어드는 것과 같은 명확한
재가공흔을 보이는 것이 일부에 지나지 않는다고 해서 전기의 석검 대부분
이 부장용으로 특수하게 제작되었다고는 생각하지 않는다. 송국리단계의 동
검에는 재가공으로 인해 변형된 것이 많은데, 이는 피장자가 생전에 소지하
고 있던 것을 부장한 예이고, 야요이시대의 인골에 박힌 동검의 鋒部片 역시
동검이 부장용으로만 제작되지 않았음을 보여준다. 동검도 이러한데 하물며
그것을 모방하여 시작된 전기의 석검 대부분이 피장자의 사후에 부장용으로
별도 제작되었다고 할 수 있을까. [도 37·38]과 같이 전기의 석검은 주거지
출토품도 많다. 전기의 주거지 출토품과 분묘 출토품에 큰 차이가 있는가.
전기에는 석검을 착용·사용해 왔던 피장자의 지위나 업적을 기리는 상징적
인 습속이 있었기 때문에 그것을 그대로 부장하였던 것이다.
26) 전쟁의 일반적인 정의는 '집단간의 무력충돌'이라고 할 수 있지만, 선사시대
의 전쟁은 다소 세부적으로 정의할 필요가 있다. 전쟁이 시작되는 前期에 집
단의 전멸이나 지배·복속 관계를 보여주는 물질자료는 없다. 따라서 무문
토기시대의 전쟁은 '정복·피정복의 관계가 아니더라도, 다수의 사상자를 낸

격적인 戰爭의 始作은 바로 무문토기시대 前期부터가 아닐까.

전쟁의 고고학적 증거로 '防禦聚落', '武器', '武器의 副葬', '殺傷人骨', '武器形祭器', '戰士・戰爭場面의 造型'이라는 여섯 요소가 거론된다.[27] 그 가운데 무기는 가장 중요하고 필수적인 조건이다.[28] 무문토기사회의 경우 환호취락이나 진주 대평리 옥방7지구의 斷首人骨[29]은 대체로 後期에 해당한다. 前期부터라고 확실히 말할 수 있는 요소는 '武器'와 '武器의 副葬'이다.

石鏃은 수렵구로서 신석기시대부터 사용되었는데, 무문토기시대 전기부터는 석검과 함께 분묘에 부장되는 것으로 보아 이때부터 수렵구인 동시에 원거리 공격무기로도 사용되기 시작했을 것이다. 신석기시대~무문토기시대 조기의 석촉이 대부분 無莖式인데 비해, 이후에 나타나는 有莖式은 전기에서 후기로 갈수록 늘어나고, 후기후반에는 거의 유경식 일색으로 되는 양상은 석촉의 무기화에 따른 형태변화로도 볼 수 있다. 또 석검에 의한 근접전의 시작은 전쟁의 역사에서도 큰 의의를 가진다.[30] 따라서 석검의 출현, 석촉의 무기화, 무기 부장의 습속 등은 전기 무문토기사회에서 전쟁이라는 집단적인 행위와도 관련된다.

석검의 출현을 전쟁과 같은 긴장상태와 관련시킬 때, 그러한 상황을 초래한 원인은 농경사회라는 사회적 성격에서 찾을 수 있다. 최근

지 않고 때로는 사상자가 없더라도, 취락의 소수 인원만 참여하더라도, 적극적이든 소극적이든 집단 공동의 목적에 무기가 동원되는 집단 행위를 통해 다른 집단과 접촉하거나 그 힘을 과시함으로서 집단을 유지하는 일련의 행위'로 규정해 둔다.

27) 佐原 眞, 1999,「日本・世界の戰爭の起源」,『戰いの進化と國家の生成』 -人類にとって戰いとは 1-, 國立歷史民俗博物館 監修, 東洋書林.
28) 田中 琢, 1999,「戰爭と考古學」,『考古學研究』 42-3, 考古學研究會, p.24.
29) 田中良之, 1999,「南江地域出土人骨について」,『남강선사문화세미나요지』.
30) 大林太良, 1984,「原始戰爭の諸形態」,『日本古代文化の探求 戰』, 社會思想社.

晋州 漁隱1地區와 密陽 琴川里遺蹟[31]을 통해 무문토기시대 조기부터 신석기시대와는 질적으로 다른 농경사회에 들어섰던 것으로 파악되고 있어, 전기의 농경사회는 자체적인 발달의 정도가 더 커졌을 것으로 豫見된다. 세계의 많은 예에서 무기와 방어시설이 나타나는 것은 본격적인 농경사회부터인 경우가 많아 성숙한 농경사회의 전쟁과 그 이전의 전쟁에 본질적인 차이가 있다는[32] 견해는 이론상으로나 고고학 자료상으로나 설득력이 높다.

앞에서 '석검의 출현', '분묘 축조의 시작', '무기 부장의 시작'이라는 전기 무문토기사회를 특징짓는 세 요소를 중국동북지방으로부터 받아들인 정신문화라는 측면에서 살펴보았다. 확대되어 가는 농경사회를 원활히 유지하기 위해서는 발달된 외부문화의 수용을 토대로 한 새로운 사회적 이데올로기가 필요했기 때문이다.

이와 관련해서 멜라네시아와 북동아프리카의 민족지를 참고해 보면, 전쟁과 관련된 연령집단과 같은 군사조직은 한 집단에서 다른 집단으로 모방되는 경향이 강한데, 이러한 현상은 弱者가 强者를 모방함으로써 자기의 존재를 방어함과 동시에 자신의 새로운 측면을 발전시켜 갈 수 있었던 창조적인 측면에서 해석되기도 한다.[33] 무문토기사회에 석검이 출현할 당시의 중국동북지방은 발달된 청동기를 소유한 강력한 집단이었다. 그에 비해 상대적으로 약자였던 무문토기사회는 강자를 모방하면서 적극적인 변혁의 노력을 기울여야만 하였을 것이다. 그러한 배경에서도 석검의 출현을 생각해 볼 수 있으며, 석검이

---

31) 이상길·김미영, 2003,「密陽 琴川里遺蹟」,『고구려고고학의 제문제』, 제27회 한국고고학 전국대회.
32) 松木武彦, 2001,『人はなぜ戰うのか －考古學からみた戰爭－』, 講談社.
  佐原 眞, 1999,「日本·世界の戰爭の起源」,『戰いの進化と國家の生成』 －人類にとって戰いとは 1－, 國立歷史民俗博物館 監修, 東洋書林.
33) 栗本英世, 1999,『未開の戰爭, 現代の戰爭』, 岩波書店, pp.139～143.

동검의 형태뿐만 아니라 분묘에 부장되는 현상에서 알 수 있듯이 그
에 포함된 이데올로기적인 측면도 받아들였던 점에서도 그러하다.

석검이 전쟁과 관련된다면 전기 무문토기사회는 이전에 비해 전쟁
이라는 행위가 크게 증가했던 것으로 인식될 수도 있다. 그러나 전기
의 고고학 자료에 타집단의 정복이나 영토의 확장과 같은 격렬한 전
쟁의 흔적이 없는 것을 보면, 이 때의 전쟁은 취락 자체의 유지와 내
부 단결이 큰 목적이었던 것 같고, 따라서 아래와 같은 특징을 위주로
한 전쟁을 추론해 볼 수 있다.

(3) 형식적인 전쟁

전쟁은 목적에 따라 '경제전쟁', '정치전쟁', '보복전쟁' 등 여러 가
지가 있는데, 이러한 성격의 전쟁은 선사시대에만 한정되지 않고 시
공을 초월한 여러 사회에 보편적으로 일어난다. 여기서는 이러한 측
면보다는 다분히 형식적이라고 할 수 있는 '상징적·제의적 전쟁'에
초점을 맞추어 보고 싶다. 즉 무문토기시대의 전쟁을 생각할 때 가장
일반론적이라고 할 수 있는 클라우제비츠[34]의 '정치적 관점'에서 보
다는 존 키건[35]의 '문화적 행위'로서의 관점을 중시하고 싶은 것이다.

석검이 사용되기 시작했다 해도 선사시대의 전쟁에서는 弓矢에 의
한 전투가 가장 큰 비중을 차지할 것이다. 따라서 격렬한 白兵戰이 일
반적이지는 않았을 뿐더러, 그것이 승패를 좌우하는 경우는 드물었을
것이다. 앞에서와 같이 무문토기시대 前期의 전쟁이 정복에 의한 영
토 확장보다는 집단의 유지나 내부 결속에 목적이 있다면, 당시의 전
쟁은 의례적인 행위를 통한 상징적인 성격을 띠었을 가능성이 있다.
이럴 때 존 키건이 말하는 이른바 '祭儀的 戰爭'이라는 관점이 주목된

---

34) Karl von Clausewitz(李鍾學 譯), 1974, 『戰爭論』, 一潮閣.
35) John Keegan(유병진 옮김), 1996, 『세계전쟁사』, 까치.

다. 야노마뢰族에서 보이는 상호견제를 목적으로 한 상징적인 성격의
싸움, 마링族의 '진정한' 싸움 직전의 '싸움 아닌' 싸움이나 오스트레
일리아 무룽기族처럼 死者가 생기면 전쟁을 중지하는[36] 등의 형식적
인 전쟁 사례가 세계 각지의 민족지 자료에서 관찰되고 있다. 미개사
회의 전쟁은 儀禮的이고 競技的인 성격이 강하고,[37] 同類 간의 전쟁
에는 死傷者를 거의 내지 않는 儀式的인 측면이 있다거나[38] 종교적·
의례적이면서 一定의 법칙하에 진행된다고[39] 하는 견해도 위와 같은
사례와 무관하지 않을 것이다.

전기 무문토기사회에서 많은 사상자 혹은 집단의 전멸까지도 감수
하는 적극적이고 대규모적인 전쟁을 행하였다고 할만한 고고학적 상
황이 감지되지 않는 것을 보면, 이 때의 전쟁도 다소 소극적인 전쟁
위주였을 가능성이 높고, 그렇기 때문에 제의적·상징적인 특징이 두
드러지게 되었을 것이다. 그 목적은 농경사회의 특성상 집단의 노동
력과 영역의 관리가 중요하기 때문에 그것을 유지하기 위한 내적 통
합에 있었다. 즉 농경의 발달에 따라 집단의식이 고양되어 영역의 경
계에 대한 관념이 이전보다 뚜렷해지면서 집단간의 分界는 더 분명해
졌고, 이를 유지하기 위해서는 구성원 전체의 공감을 얻을 수 있는 전
투장면의 재현과 같은 주기적인 사건이 필요했다. 이럴 때 큰 역할을
했던 것이 바로 석검이 아닐까.

엘만 서비스에 따르면 부족사회에서 이웃한 부족간의 戰時的 狀況
은 거의 영속적이며 승패를 결정하기보다는 내적통합을 위해서였다
고 한다.[40] 상대집단의 제압이 목적이었다면 전시적 상황은 곧 종료

36) 佐原 眞, 1996, 「戰いの歷史を考える」, 『倭國亂る』, 國立歷史民俗博物館.
37) 栗本英世, 1999, 『未開の戰爭, 現代の戰爭』, 岩波書店, p.74.
38) 大林太良, 1994, 「爭いと戰い」, 『稻と鐵』 日本民俗文化大系 3, 小學館, p.344.
39) 水野淸一, 1959, 「戰爭」, 『図解考古學辭典』, 創元社刊, p.575.
40) Elman R. Service(申瀅植 譯), 1986, 『원시시대의 사회조직』, 三知院, p.139.

되었을 것이지만, 집단의 내적통합과 유지가 최대의 목적이었기 때문에 형식적이고 상징적인 전시적 상황이 지속될 수 있었을 것이다. 무기류의 부장이라는 행위가 무문토기시대 전시기에 걸쳐 계속되는 데에는 이러한 배경과 관련이 있을 것이고, 동검을 모방한 고식석검은 전기 무문토기사회에서 그러한 상황을 잘 보여주는 자료가 아닐까. 석검이 사람들을 결집시키고 邪惡을 물리치는 힘의 상징물로서 가치 부여 되고, 무기를 사용하는 장면을 통해 공동체원에게 유력자의 힘을 확실히 보여준다는 해석[41] 역시 상징적·제의적 역할과도 관련된다.

한편, 石劍 柄部에 새겨진 圓形의 凹文을 위와 같은 정황과 관련시켜 볼 수는 없을까. 전기의 석검에 이러한 예가 종종 보이는데, 柄部 중앙에 하나의 縱列을 이루는 것(도 40의 5·7)과 多數의 橫列로 된 것(도 38의 1, 도 40의 1~3)으로 나누어진다. 또 凹文이 아니라 여러 줄의 溝(도 38의 12, 도 40의 6)가 표현되기도 한다. 이처럼 병부에 표현되는 문양이 몇 개로 유형화되어 있다는 것은 개인이 임의적으로 새긴 것이라기보다는, 그 이면에 어떤 공통된 관념과 집단적인 행위가 있었음을 암시한다.[42] 그것은 전쟁의 승리를 기원하거나 그와 관련된 祭儀의 흔적일수도 있고, 혹은 戰勳을 기념하는 상징 등 여러 가지를 상상해 볼 수 있다. 大邱 東川洞遺蹟의 石劍(도 40의 6)이 제의와 관련된 수혈에서 출토되었다는[43] 점에서도 그러한 성격의 一端이 엿

---

41) 後藤 直, 2000,「朝鮮靑銅器時代」,『季刊考古學』第70号, 雄山閣, p.56.
42) 劍의 把部에 문양을 새긴 것은 점토대토기단계에도 있는데, 劍身 下段에 조족문이 새겨진 한국식동검이나 사슴무늬·손무늬·다수의 기하문이 새겨진 검파형동기 등이다. 의기적 성격을 띤 이 같은 銅器의 把部에 상징적인 문양을 새긴 것처럼, 처음부터 상징성을 내포한 이단병식석검의 柄部 凹文 역시 의기적·제의적 상징성을 띠고 있을 가능성이 높다.
43) 嶺南文化財研究院, 2002,『大邱 東川洞聚落遺蹟』본문1, p.257.

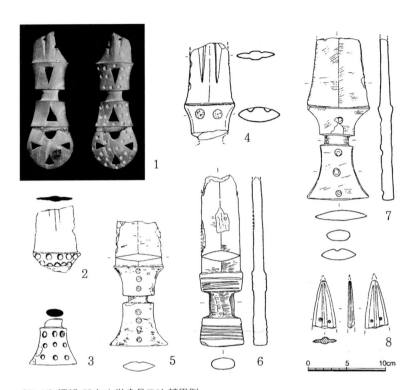

[도 40] 柄部 凹文과 裝身具로의 轉用例

1:啓明大 所藏品, 2·3:慶州 採集, 4:蔚山 採集, 5:蔚山 九秀里B-6號住, 6:大邱
東川洞 20號竪穴, 7:浦項 草谷里5號住, 8:晋州 漁隱2地區2號住 (1/5 축소)

보인다.[44] 다만, 현재 이러한 예가 주로 영남지역에서 검출되고 있어
지역화 된 표현방식일 가능성도 배제할 수 없다.

그리고 제의적 성격과 관련된 토기로는 赤色磨硏臺附土器(도 41)
가 있는데, 긴 臺脚이 붙은 이 토기는 단순한 용기라기보다는 정신적

---

44) 이상길은 이 석검이 목검을 모방한 것으로 보면서 농경의례로서 '模擬戰'의
가능성을 고려하기도 하였다(李相吉, 2000, 「農耕儀禮」, 『韓國 古代 稻作文
化』, 국립중앙박물관 학술심포지움, pp.33·38.)

상징물로서 중국동북지방의 문화적 전통이 강하게 반영된 것이라고
한다.[45] 이러한 대부토기와 석검이 모두 검출되는 유적에서 양자의
공존관계를 정리한 것이 [표 15]이다. 아직 개체수가 적어 통계치의
객관성이 약하지만, 적어도 대부토기와 석검이 출토되는 유적에서는
꼭 공존현상이 보이며, 주거지라는 유구의 특성상 원래 소속된 유물
전체가 남기 어려운 점을 감안하면 공존율은 더 높았을 것으로 생각
된다. 이러한 양상 역시 석검이 가지는 제의적 측면과 관련시켜 볼 수
있을 것이다.

[표 15] 赤色磨研臺附土器와 前期 石劍의 공반관계

遺蹟	共存率	共存關係			
驪州 欣岩里	25%	1號住 臺2, 石1	2號住 臺2	3號住 石2	4號住 臺2
		5號住 臺1	8號住 石1	9號住 臺	12號住 臺1, 石5
忠州 早洞里	25%	1號住 臺2	3號住 臺1	6號住 石1	9號住 臺1, 石1
束草 朝陽洞	25%	1號住 臺1	3號住 臺1, 石1	4號住 臺1	7號住 臺2
慶州 隍城洞	100%	시굴1號住 臺1, 石1	Ⅱ-다-1號住 臺2, 石1		
天安 白石洞	50%	2號住 臺1, 石1	3號住 石1	※ 臺-臺附土器 石-石劍	
浦項 大蓮里	50%	4-2號住 臺1, 石3	8號住 石1		
陰城 下唐里	100%	6號住 臺1, 石1			

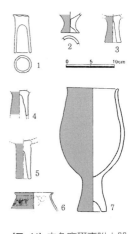

[도 41] 赤色磨研臺附土器

1·2:欣岩里, 3:早洞里, 4:隍城洞,
5:大蓮里, 6:下唐里, 7:朝陽洞(1/7축소)

45) 安在晧, 2002, 「赤色磨研土器의 出現과 松菊里式土器」, 『韓國 農耕文化의 形
　　成』, 學研文化社, p.149.

위와 같이 석검을 통해 추론되는 전기 무문토기사회에서의 형식적인 전쟁은 전쟁의례라고도 할 수 있는 제의적인 성격이 강하고, 또 실제 상대와 대적하더라도 격렬하게 충돌하기 보다는 자기 집단의 힘을 과시하면서 영역의 유지가 최대의 목적이었다.

사실 실제 전쟁에서는 석검보다 석촉이 더 큰 위력을 발휘한다. 그런데도 석검에 이런 상징적인 면이 부각되는 것은 '個人用'이라는 劍의 특성상 제사나 전쟁을 통해 집단을 이끄는 leader의 역할이 중시되는 사회로 변화하고 있었기 때문이며, 여기에는 바로 석검이 동검의 代用物로서 출발했던 배경이 크게 작용하였을 것이다.

4) 전기 분묘의 사례와 특징

(1) 사례의 집성

분묘는 조상숭배, 집단제사, 집단의 전통성 등을 상징적으로 보여주며, 그 부장품을 통해서는 來世觀과 피장자의 사회적 지위가 드러나기도 한다. 오늘날에도 여전히 유지되고 있는 이러한 분묘문화는 무문토기시대부터 시작된다고 할 수 있다. 신석기시대에도 다양한 묘제가 있었지만, 무문토기시대의 정형화 된 분묘와는 연결되지 않고,[46] 세계사적으로도 예외는 있지만 이주하는 수렵채집민은 대체로 묘지를 만들지 않는다.[47]

이러한 분묘는 무문토기시대의 경우 압도적인 다수가 후기에 속하다 보니 전기 분묘에 대한 연구는 미미하고 그 특징도 제대로 부각되지 못했다. 그래서 여기서는 최신 자료까지 포함하여 그 특징과 변천

---

46) 李相均, 2000, 「韓半島 新石器人의 墓制와 死後世界觀」, 『古文化』 56.
    任鶴鐘, 2003, 「南海岸 新石器時代의 埋葬遺構」, 『先史와 古代』 18.
47) 佐原 眞, 1999, 「日本·世界의 戰爭의 起源」, 『戰いの進化と國家の生成』 -人類にとって戰い とは 1-, 國立歷史民俗博物館 監修, 東洋書林.

을 파악함으로써 이어서 다룰 계층화 문제에 대비하려 한다.

이단병식석검과 무경식석촉, 채문토기, 이른 형식의 적색마연토기 등의 출토 예를 기준으로 전기의 분묘를 집성한 것이 [표 16]이다. 이 분묘들을 전기의 전반과 후반으로 자르듯이 편년하기는 어렵지만, 대체로 전기 후반의 예가 많다고 할 수 있다. 그리고 북한 자료 가운데에도 전기에 속할 가능성이 있는 것이 몇 예 있다. 이른 형식의 요령식동검이 출토된 선암리와 대아리, 이단병식석검이 출토된 어수구석관묘가 있으며, 평양 남경유적에서는 5기의 석관묘가 보고되었으나 유물이 출토된 것은 미송리형토기가 출토된 1호석관묘 뿐이고, 나머지는 시기를 알 수 없다. 그리고 대동강유역에서도 많은 지석묘가 조사되었는데 출토유물로 시기를 한정하기가 곤란하여 표에는 명시하지 않았지만, 전기에 속하는 예도 분명히 존재할 것이다.

  (2) 특징

전기의 분묘는 집단적으로 조성되는 후기와는 달리 단독으로 존재하거나 3~4기 정도가 小群을 이룬다.[48] 구체적으로는 뒤에 나오는 유형분류(표 17)와 같이 단독, 2기 병렬, 3~4기의 小群, 2기 1조가 몇 개 모여 小群을 이루는 형태로 구분해 볼 수 있다. 입지에서도 충적지와 같은 평지에 입지하기도 하지만, 주위를 조망하기 좋은 구릉정상부, 구릉사면, 그리고 구릉사면에서도 능선과 이어지는 말단부에 입지하는 특징이 있다.

매장주체부는 반지하식의 鎭安 顔子洞 1호묘를 제외하고는 모두 지하식이며, 板石과 割石을 혼용하여 축조하기도 한다. [표 16]에서 상석이 있거나 있었던 것으로 추정되는 경우는 대부분 할석이 사용되었

---

48) 河仁秀, 2003, 「南江流域 無文土器時代의 墓制」, 『晉州 南江遺蹟과 古代日本』, 인제대학교 가야문화연구소.

음을 알 수 있으며,[49] 大田 比來洞처럼 개석식지석묘 역시 매장주체부는 할석으로 축조되었다. 한편 土壙인 예도 일부 있는데, 海平 月谷里의 경우 벽면을 따라 보강석으로 추정되는 할석들이 있어 목관의 존재도 예상된다. 실제 옥방8지구에서 그러한 예가 조사되었는데, 벽석이 서로 맞물리지 않고 듬성듬성한 점, 석관 內側의 점질토가 네 벽면을 따라 직선상으로 연결되어 있는 점, 목관의 흔적이 있는 곳과 판석 사이의 공간에 채문토기가 부장되고 있어 內棺의 존재가 인정되는 점에 근거하였다.[50] 또 사천 이금동에서도 전기의 분묘에서부터 목관의 존재가 추정되고 있다.[51] 개석은 石蓋와 木蓋가 모두 사용되었는데, 저포E지구 8호에서는 나무로 관의 상부를 架構하고 그 위에 판석을 얹은 것으로 추정되었다.

이와 더불어 진주 옥방8지구를 시작으로 천안 운전리, 춘천 천전리, 서천 오석리에서 조사된 周溝石棺墓 역시 전기 분묘의 독특한 특징이다. 주구의 형태는 세장방형(옥방8지구, 사천 이금동, 춘천 천전리, 서천 오석리), 원형(옥방8지구), 방형(천전리), 一周하지 않고 한쪽만 감싼 것(사천 이금동, 천안 운전리) 등 네 종류로 구분된다. 이것이 일정한 묘역을 구획하는 의미가 있다면 敷石을 깐 묘역의 초기형태일 가능성도 있을 것이다.

---

49) 할석으로 축조된 경우 판석의 석관묘와 구별하여 석곽묘라 부르기도 하며, 상석이 없더라도 지석묘의 하부구조였던 것으로 추정되기도 한다.

50) 李柱憲, 2000, 「大坪里 石棺墓考」, 『慶北大學校考古人類學科20周年紀念論叢』.

51) 金 賢, 2003, 「泗川 梨琴洞 無文時代 木棺에 대한 檢討」, 『泗川 梨琴洞 遺蹟』, 慶南考古學研究所.

[표 16] 전기의 분묘

참고 문헌	유적명	구조	배치	입지	출토유물(매장주체부)
1	義昌 平城里	판석(수습)	·	丘陵	이단병식석검, 환상석기(?)
2	彦陽 東部里	·	·	·	이단병식석검
3	陝川 苧浦E 8호	上石(?), 횡구식, 할석, 방형묘역	單獨(?)	沖積地	이단병식석검 1, 무경식석촉 4, 유경식석촉 1, 적색마연호 1
4	玉房 8地區	3호	장방형주구, 판석(목관)	周溝內 一列 配置	沖積地	이단병식석검 1, 무경식석촉 2, 유경식석촉 1, 채문토기 2
		5호				일단병식석검 1, 무경식석촉 4, 유경식석촉 2, 채문토기 2
		7호	원형주구, 판석			채문토기 1
		9호	원형주구, 판석(목관)	小群		채문토기 1
		15호	판석			채문토기 2
		16호	판석			채문토기 1, 壺 1
		20호	판석(목관)			채문토기 1, 丸玉 3
5	泗川 梨琴洞	51호	석개토광	單獨	斜面	유경식석검 1, 무경식석촉 2, 이단경식석촉 3, 球玉(천하석제) 1, 적색마연호 1, 구순각목문장경호 1
		45호	할석(목관)			·
		46호	할석(목관)	小群		·
		47호	할석(목관)			球玉 1, 채문토기 2
		48호	?	小群		채문토기 1, 적색마연토기 1
		D- 17	上石, 할석(목관)		平地 (?)	동촉(?)
		A- 10	장방형주구, 할석(목관)			유경식석촉 1, 적색마연호 2
		A- 11	판석, 할석	小群		球玉 2
		A- 12	할석(목관)			
6	固城 頭湖里	1호	판석	小群	구릉 정상부	채문토기 2
		2호				채문토기 2, 飾玉 1
		3호			구릉 사면	(채문토기)
7	晋州 新塘里	판석	?	구릉	무경식석촉 2, 채문토기 1

8	漆谷 深川里		?	單獨(?)	구릉사면	이단병식석검 1, 무경식석촉 12, 적색마연토기(수습불가) 1
9	海平 月谷里	1호	토광(목관)	小群	丘陵 末端部	이단병식석검 1, 무경식석촉 6, 적색마연호 1
		2호	토광			무경식석촉 7, 유경식석촉 3, 적색마연호 1
10	迎日 仁庇洞 16호		上石	小群(?)	丘陵	(上石 岩刻-이단병식석검 2, 무경식석촉 1)
11	慶州 月山里		할석	單獨	丘陵斜面	이단병식석검1, 무경식석촉17, 환옥4
12	鎭安 顔子洞 9호		上石(?), 방형묘역, 할석	單獨	斜面	이단병식석검 1, 무경식석촉 8, 적색마연호 1
13	鎭安 豊岩	14호	上石(?), 묘역, 판석(平積)	小群	丘陵 稜線部	무경식석촉 2
		16호	上石(?), 묘역-低墳丘, 판석(平積)			무경식석촉 1, 이단경식석촉 1, 유혈구유경식석촉 1, 편평편인석부 1, 어망추(?) 1, 토기저부 1
14	鎭安 顔子洞 1호		上石(?),방형 묘역-低墳丘, 반지하식,판석 , 할석	單獨	斜面	이단병식석검 1, 무경식석촉 5
15	鎭安 수좌동 1호		묘역, 할석	단독	丘陵 末端部	이단병식석검 1, 무경식석촉 2
16	大田 比來洞	1호	개석식지석묘, 할석	小群	丘陵斜面	요령식동검 1, 무경식석촉 5, 적색마연토기 1 적색마연토기(교란)
		2호				
		3호		單獨	丘陵 頂上部	적색마연토기 1, 관옥 1(내부교란)
	大田 新岱洞		할석	單獨	丘陵斜面	이단병식석검 1, 무경식석촉 10, 이단경식석촉 3, 적색마연호 1
17	舒川 烏石里		周溝, 할석	單獨	구릉	요령식동검 1, 이단경식석촉 4, 관옥 11
18	天安 云田里		周溝, 할석, 판석	單獨	구릉사면	적색마연대부소호 1
19	丹陽 安東里		판석	單獨(?)	斜面	무경식석촉4, 이단경식석촉8, 貝玉
20	靑原 黃灘里		할석	小群	丘陵 頂上部	401호-이단병식석검 1, 무경식석촉 15, 적색마연호 1
21	堤川 黃石里		개석식, 방형묘역	單獨(?)	沖積地	이단병식석검 1, 무경식석촉 7, 유경식석촉 3
22	春川 泉田里		주구석관묘	群	沖積地	무경식석촉, 유경식석촉
23	平壤 南京 1호		석관묘		단독(?)	유경식석검 1, 석촉, 미송리형토기
24	신평 선암리	1호	석관묘		수습조사	요령식동검 1, 무경촉 1, 이단경촉 3, 관옥 2
		2호	석관묘			무경촉 2, 이단경촉 1, 유경촉 1
25	배천 대아리		석관묘		수습조사	요령식동검 1, 동촉 1, 무경촉 1, 이단경촉 9, 관옥 1
26	봉산 어수구		석관묘		수습조사	이단병식석검 1 석촉 3 지석 1, 관옥 1,
27	은천 약사동		남방식지석묘		수습조사	동촉 1, 이단경촉 4, 합인석부 1
28	북창 대평리					유혈구유경식석검, 이단경촉, 무경촉, 관옥, 미송리형토기

2. 계층사회의 형성

개인 간이 아닌 사회적으로 제도화되거나 인정되는 차별성은 언제부터 비롯되었을까. 더 집약해서 한반도에서 계층사회의 시작은 언제부터일까 하는 문제를 생각할 때, 가장 먼저 떠오르는 대상이 바로 청동기시대 혹은 무문토기시대의 큰 上石이 있는 지석묘가 아닌가 한다. 고고학적 자료로서 계층을 논하는 것은 대단히 어려운 작업이지만, 무문토기사회의 경우 대형 묘역의 설치를 통한 분묘 간 차별성과 위세품의 부장 등과 같은 비교적 가시적인 자료의 혜택을 입고 있는 것만은 분명하다.

루소에 따르면 사회적 불평등은 인간이 공동생활을 하면서부터 시작되었다고 한다.[52] 선사시대의 공동생활은 농경사회가 성립되면서 더 조직화·세분화되고, 이로 인해 사회적 불평등도 점차 제도화되어 갈 수 밖에 없었을 것이다. 따라서 본격적인 농경사회에 들어선 무문토기사회의 계층화는 집단적인 분묘의 축조와 위세품의 부장에서도 알 수 있듯이 구석기·신석기시대와는 차원을 달리 한다.

특히 副葬이라는 행위는 인간의 죽음에 대해서 다른 인간들이 어떻게 인식하고 있었는가를 생각하는데 중요한 단서가 된다.[53] 이러한 행위의 주 목적은 고인에 대한 追慕보다는 수장층에 대한 권위를 주지시키는데 있었고,[54] 공동체 내부뿐만 아니라 외부에 대해서도 상징적인 의미를 표출하고 있었을 것이다. 따라서 계층화 문제를 논하는데 있어 銅劍·石劍과 같은 위세품은 분묘와 함께 검토해야 한다. 그

---

52) Jean-Jacques Rousseau(주경복·고봉만譯), 2003, 『인간 불평등 기원론』, 책세상.
53) 廣瀬和雄, 2000, 「副葬という行爲 －墓制にあらわれた共同性－」, 『季刊考古學』 70, p.14.
54) 高倉洋彰, 1999, 「副葬のイデオロギー」, 『季刊考古學』 67, 雄山閣.

러할 때 가장 큰 기준이 되는 것은 청동기-동검-의 출현일 것이지만, 한반도에서는 그것을 모방한 석검이 먼저 출현했다. 또 이와 거의 같은 시점에 분묘가 축조되기 시작했으므로 여기서는 석검의 출현, 분묘 축조의 시작, 무기류의 부장이라는 세 요소를 전기 계층사회의 지표물로 바라보는 관점[55]에 입각하였다.

1) 지석묘와 계층화 연구

북한에서는 일찍부터 崗上·樓上墓를 통해 기원전 8~7세기경 요동~서북지역 일대를 계층화가 진전된 사회로 다루면서 지배와 피지배, 나아가 노예소유자국가의 존재까지도 언급하였다.[56] 과연 이 시기에 국가의 존재를 인정할 수 있는가에 많은 지적이 있었지만, 고고자료를 통한 초창기의 계층화 연구로서는 주목할 만하다. 남한의 경우 지석묘 조사는 오래전부터 이루어졌지만, 이를 재료로 한 사회적 성격의 규명에는 고대사학계의 복합사회[57]에 관한 연구가 많은 비중을 차지하고 있었다. 고고학계에서도 적극적인 노력이 있어 왔지만, 이하에서 개관해 볼 연구성과에서도 알 수 있듯이 고고학적 자료를 통한 구체적인 연구는 1990년대부터를 연구사적인 획기로 설정할 수 있을 것이다.

먼저 崔鍾圭는 동검묘라는 용어를 사용하기 시작하면서 유력개인

---

55) 裵眞晟, 2006, 「석검 출현의 이데올로기」, 『石軒鄭澄元教授停年退任記念論叢』, 용디자인 ; 2006, 「無文土器社會의 威勢品 副葬과 階層化」, 『계층사회와 지배자의 출현』, 한국고고학 창립 30주년 기념 한국고고학전국대회.

56) 김용간·황기덕, 1967, 「기원전 천년기전반기의 고조선문화」, 『고고민속』 2.

57) 고대사 분야에서 제기되기 시작한 이른바 복합사회, 즉 부족국가, 성읍국가, 군장사회, 족장사회 등과 관련된 연구동향과 문제점에 대해서는 金庚澤 (2004, 「韓國 複合社會 研究의 批判的 檢討와 展望」, 『韓國上古史學報』 44)의 정리가 참고된다.

이나 유력집단을 고고학 자료에 설득력 있게 적용시켜,[58] 무문토기사
회의 계층화를 구체적으로 인식하는 계기를 마련하였다. 이후 李榮文
은 지석묘의 위계와 관련하여 청동기나 다량의 옥이 부장된 묘를 A
급, 석검이나 적색마연토기·한 두 점의 옥이 부장된 묘를 B급, 부장
품이 없는 묘를 C급으로 나누고, A·B급을 집단의 대표자급으로 추정
하였고,[59] 이후 남방식지석묘에서 完形의 요령식동검이 부장된 묘를
통해 有力者의 出現을 상정하였다.[60] 李相吉은 '德川里型'의 구획묘
는 한국식동검문화단계의 유력개인에 근접한 것이라 하였고,[61] 金承
玉은 용담댐수몰지구의 지석묘를 통해 후기에 분묘 간의 위계화가 보
인다고 하면서 유력가족묘에서 유력개인묘로의 전개를 논하였다.[62]
그리고 河仁秀는 주위를 조망하기 유리한 곳에 입지하고 거대한 上石
이 있는 남방식지석묘를 집단 내 소수계층의 묘제로 인식하였으며,[63]
朴宣映은 후기에는 석검을 부장할 수 있는 계층이 확대되었다고도 하
였다.[64] 또 이와는 다른 방향에서의 연구로서 박양진은 무문토기사회
의 계층을 평등사회 내에서의 사회적 불평등으로 바라보면서, 전기~
후기의 사회적 지위는 '획득적 지위'로서 한시적인 것이기 때문에 세
습되거나 사회적 제도로서 정착된 '귀속적 지위'와는 다르다고 그 성

58) 崔鍾圭, 1991, 「무덤에서 본 삼한사회의 構造 및 特徵」, 『韓國古代史論叢』 2.
59) 李榮文, 1993, 『全南地方 支石墓 社會의 硏究』, 韓國敎員大學校 博士學位論
文, p.278.
60) 李榮文, 1998, 「韓國 琵琶形銅劍 文化에 대한 考察-琵琶形銅劍을 中心으로-」,
『韓國考古學報』 38, p.80.
61) 李相吉, 1996, 「청동기시대 무덤에 대한 일시각」, 『碩晤尹容鎭敎授停年退任
紀念論叢』.
62) 金承玉, 2004, 「龍潭댐 無文土器時代 文化의 社會組織과 變遷過程」, 『湖南考
古學報』 19.
63) 河仁秀, 2003, 「南江流域 無文土器時代의 墓制」, 『晋州 南江遺蹟과 古代日
本』, 인제대학교 가야문화연구소, p.190.
64) 朴宣映, 2004, 『南韓 出土 有柄式石劍 硏究』, 慶北大學校 碩士學位論文.

격을 정의하기도 하기도 하였다.[65]

세부적으로는 다양한 의견들을 제시하고 있지만, 어쨌든 후기의 지석묘사회에 유력집단 혹은 유력계층의 존재를 인정하는 것은 대세라고 할 수 있다. 그러한 가운데 근래 武末純一은 송국리단계에 '國'의 설정을 피력하였다.[66] 송국리나 적량동의 동검묘를 비롯하여 최근에는 진동리나 덕천리와 같은 거대한 묘역을 동반하는 초대형급의 무덤이 속속 드러나고 있는 점을 상기할 때 그 가능성을 무시할 수 없을 것 같다.

이와 같이 후기의 지석묘사회를 계층사회로 인식하는 것이 대세인 반면, 전기에 대한 구체적인 논의는 미진하다.[67] 전기에 송국리동검묘나 적량동과 예가 없다보니 이 때는 계층분화가 발달하지 않았거나 평등사회에 가까운 것으로 인식되어 온 측면이 강했던 것 같다. 그렇지만 전기의 무문토기사회는 이전보다 발달되어 가는 농경사회였으며, 다량의 청동기를 집중 부장하는 시기와는 분명히 차별되지만 분묘가 축조되고 부장품으로서 동검을 모방한 위세품인 석검이 부장되고 있어 이미 계층화된 사회로 나아가고 있었을 것이다.

2) 용어 검토

19세기의 고전적인 문화진화론에서는 인류의 모든 문화는 낮은 수

---

65) 박양진, 2001, 「한국 청동기시대 사회적 성격의 재검토」, 『한국 청동기시대 연구의 새로운 성과와 과제』, 충남대학교박물관 학술회의 ; 2002, 「한반도에서의 靑銅器 出現 過程」, 『전환기의 고고학 I』, 학연문화사.

66) 武末純一, 2002, 「遼寧式銅劍墓와 國의 形成」, 『淸溪史學』 16·17合輯 ; 2002, 「日本 北部九州에서의 國의 形成과 展開」, 『嶺南考古學』 30.

67) 최근 武末純一(2005, 『韓國無文土器·原三國時代의 集落構造研究』, 平成14~16年度科學研究費補助金<基盤研究(C)(2)>研究成果報告書)은 취락구조를 분석하여 전기부터 계층분화가 시작되었다고 하였다.

준에서 높은 수준으로 진화·발전해 가며, 최종적으로는 당시의 유럽과 같은 사회에 이를 것이라고 보았다. 이를 비판·계승하면서 사회진화의 다양한 과정을 고려한 20세기 신진화주의의 사회발전단계론은 국가 이전의 사회에 대한 연구를 한층 심화시켰다. '계층사회, 수장제 혹은 추장제사회, 복합사회'와 같은 집단의 지배자 혹은 지배층을 염두에 둔 용어도 여기서부터 본격적으로 사용되기 시작하였다. 최근 신진화론자의 여러 사회발전단계론의 각 단계별 병행관계를 밝히려는 시도가 있고,[68] 이것을 한반도에 적용한 시도[69]도 나오고 있다.[70]

무문토기사회의 계층화에 사용되는 용어로는 威信財 혹은 威勢品, 여기에 기초하여 位階, 階層, 階級, 權威, 權力 등이 있다. 이에 대해 고고학과 사회학에서의 用例도 참고하면서 무문토기사회에 어울릴 수 있는 용어와 개념을 조금이라도 분명히 해 두고자 한다.

위신재 혹은 위세품이란 "사회적 지위를 표현하는데 사용되는 물건"으로 정의되며,[71] 무문토기사회의 경우 동검으로 대표되는 청동기와 함께 有柄式石劍도 포함될 것이다. 위계라고 하면 일반적으로 성층화 된 사회적 불평등으로 인식되는데, 여기서는 계층과 같은 의미로 사용한다.

---

68) Earle, T. 1994, Political Domination and Social Evolution, *CompanionEncyclopedia of Anthropology*(ed. Ingold, T.), Routledge.

69) 李在賢, 2003,『弁·辰韓社會의 考古學的 硏究』, 釜山大學校 博士學位論文.

70) 이러한 이론을 한국의 고고학적 상황에 그대로 적용하는데 대한 문제점은 누차 지적되어 왔지만, 그렇다고 이러한 사회진화의 모델이 고고학적 해석에 직간접적으로 많은 영향을 준 것은 무시할 수 없다. 무문토기시대의 계층화문제를 생각하는데 있어 신진화주의의 사회발전단계론이 큰 역할을 하였던 것은 분명하다.

71) 박양진, 2001,「한국 청동기시대 사회적 성격의 재검토」,『한국 청동기시대 연구의 새로운 성과와 과제』, 충남대학교박물관 학술회의, p.199.

문제는 階級과 階層인데, 표준국어대사전에 따르면 階級은 "사회나 일정한 조직 내에서의 지위, 관직 따위의 단계" 혹은 "일정한 사회에서 신분, 재산, 직업 따위가 비슷한 사람의 집단이나 그 사회적 지위에 관한 것"이며, 階層은 "사회적 지위가 비슷한 사람들의 층"으로 되어 있어,[72] 현대적인 관점에서 두 개념이 뚜렷하게 구분된다고는 할 수 없다. 고고학적으로도 '계급사회(class society)'와 '계층사회(stratified society)'를 구체적으로 구분하지 않고 위계화를 설명하는 용어로 혼용되기도 하면서, 평등사회에 대치되는 개념으로 통용되고 있는 것 같다. 사회학에서의 계층은 "권력, 재산, 사회적 평가, 심리적 만족 등이 불평등하게 배분됨으로써 사회나 사회집단의 지위가 位階制度의 형태로 배열되는 것"이라고 하는데,[73] 이것이 여러 개의 층으로 구성되어 있는 것이 계층화 된 사회의 일반적인 모습일 것이다. 이처럼 계층은 사회의 발달정도와도 밀접하게 관련되는 개념으로 자리매김해 왔지만, 계층에는 유형·무형의 다양한 측면이 종합되어 있기 때문에 고고학적으로 밝혀내기는 쉽지 않다.

지석묘사회에 계급이란 용어가 적용되기도[74] 했지만, 무문토기사회의 위계에 논할 때에는 착취와 피착취의 경제적 관계가 강조되는 마르크스적 색채가 짙은 '계급사회'보다는 사회적 威信에 중점을 두는 '계층사회'로 파악하는 것이 적절하지 않을까 한다. 또 개인 간의 관계보다는 집단 간의 관계를 주 대상으로 하는 고고학의 특성상 '계급'보다는 '계층'이라는 용어가 어울릴 것이다. 따라서 여기서는 '계급'이라는 용어보다는 사회적 위계나 위신을 나타내는 개념으로서 '계층'이라는 용어를 사용하며, 집단 간의 계층성(hierarchy)과 인간 간

---

72) 국립국어원, 1999, 『표준국어대사전』, 두산동아.
73) MELVIN M. TUMIN(金彩潤·張夏眞 共譯), 1977, 『社會階層論』, 三英社.
74) 崔夢龍, 1981, 「全南地方 支石墓社會와 階級의 發生」, 『韓國史研究』 35.

의 계층성(stratification)을 모두 포함하는, 즉 분묘군 간의 불평등뿐만
아니라 개별 분묘 간의 불평등도 포함하는 개념으로서 사용한다.

다음으로 權威와 權力 역시 고고학에서 혼용되는 경우가 많은데
서로 구분해서 이해할 필요가 있다. 사회학에서 權力은 "타인의 반대
에 상관없이 자신의 목적을 실현시키는 능력",[75] 權威는 막스베버의
정의를 인용하여 "특정한 내용을 지닌 하나의 명령에 특정집단의 성
원들이 복종할 수 있는 개연성"[76]으로 설명되고 있다. 그렇지만 고고
학적으로 '타인의 반대'를 밝히기는 어렵기 때문에 위세품의 질과 양,
분묘의 규모나 배치에서 차별성이 월등할 경우 권력 혹은 권위의 소
유자 등으로 혼용하여 표현되는 경우가 많다. 즉 고고학에서 양자를
구분하는 것은 대단히 어렵다고 할 수 있다. 그렇지만 권력은 기본적
으로 개인의 퍼스낼리티에 결부되는 반면, 권위는 사회적 지위나 역
할에 관련된다는 것이 양자의 큰 차이점이라고 할 때, 송국리단계까
지의 계층 간 영향력은 '권력' 보다는 '권위'에 의할 가능성이 높지 않
을까 한다. '권력'이라는 표현은 청동제 의기류와 무기류를 독점한 특
정개인이 대두되는 한국식동검문화기부터 적용하는 것이 더욱 엄격
한 용어 사용일 것이다.

3) 유형의 분류와 분석

전기와 후기의 분묘가 혼재하는 경우 전기의 묘는 극히 일부에 지
나지 않는 것으로 보아 집단 내에서도 한정된 계층에만 축조되었을
가능성이 있다고 하는데,[77] 삼국시대는 물론 매장이 일반화 된 고

---

75) MELVIN M. TUMIN(金彩潤・張夏眞 共譯), 1977, 『社會階層論』, 三英社.
76) Ralf Darendorf(한상진 譯), 1984, 『계급이론과 계층이론』, 文學과 知性社.
77) 李柱憲, 2000, 「大坪里 石棺墓考」, 『慶北大學校考古人類學科20周年紀念論叢』, p.108.

려~조선시대에도 무덤에 묻히지 못하는 계층이 있어 무덤 축조 자체가 권력이나 財富의 방증이기도 했다.[78] 따라서 전기는 물론 후기에도 무덤을 축조할 수 없는 계층이 존재할 것이며, 무덤을 축조한다는 것 자체에 이미 사회적 지위나 계층의 차이가 어느 정도 표현되고 있는 것이다.

여기서는 앞에서 집성한 전기 분묘의 부장품과 배치를 유형화하여 분석해 보자. 매장주체부에서 출토된 부장품 조합은 [표 18]과 같다. 여기서 개별 조합 모두가 계층의 차이를 반영하지는 않기 때문에, 크게 석검이나 동검과 같은 위세품을 부장한 묘와 그렇지 않은 묘로 구분해 볼 수 있다. 석검묘나 동검묘는 대부분 구릉의 정상부나 능선 혹은 주위의 조망에 유리한 구릉 말단부의 경사면에 축조되며, 주구와 같은 특수한 시설을 갖추기도 하여 기타부장묘와 우열의 차이가 드러난다.

이를 좀더 구체적으로 파악하기 위해 전기 분묘의 배치유형과 부장품을 결합하면 [표 17]과 같이 분류된다. I類처럼 단독으로 조성된 묘는 모두 동검묘 혹은 석검묘로서 그 피장자는 집단의 유력자라고 할 수 있다. II類와 같이 두 기가 나란히 조성된 경우 동검묘나 석검묘는 한 기에 한정되며, 석검이 없는 예도 있다. III類처럼 세 기 이상이 小群을 이룬 경우[79] 석검묘는 입지상 우월하거나 周溝와 같은 특수한 시설을 갖추고 있어 역시 다른 묘에 비해 우월하며, 석검묘 주위의 기타부장묘는 그보다 낮은 계층의 묘라고 할 수 있다.

이처럼 전기의 석검묘나 동검묘는 부장품은 물론 배치와 구조에서도 우월성이 표현되는데, 유적별 사례를 구체적으로 살펴보면 계층화의 현상은 더 분명해진다. I · II類의 사례는 집단 내에서도 상위계

---

78) 郭鍾喆, 2001, 「場所의 象徵性 · 境界性과 遺蹟의 性格」, 『古文化』57.
79) 3~4기 정도로 구성된 것이 일반적이다.

층에 한정하여 분묘를 축조한 예로써, 분묘를 축조하여 위세품을 부
장할 수 있는 계층과 그렇지 못한 계층으로의 구분만을 예상을 할 수
있다. 반면 小群을 이루는 Ⅲ類는 기타부장묘나 부장품이 없는 분묘
가 석검묘 주위에 배치된 것이다. 전기에는 집단 내에서도 일부만이
분묘를 축조할 수 있었다고 할 때, 상위에 해당하는 계층 내에서도 격
차가 있었던 것으로 상정할 수 있게 된다. 이 Ⅲ類를 통해 유적 내에
서의 계층차이를 들여다보면 다음과 같다.

먼저 晋州 玉房8地區遺蹟에서는 유아묘로 추정된 20호를 제외하면
두 기가 한 조를 이루는 듯한 세 개의 小群으로 구성된다(도 42). 이
가운데 석검은 세장방형의 周溝로 둘러싸인 묘에서만 출토되어 주구
로서 개별공간을 구획하는 구조와 더불어 주위의 무덤에 비해 우월성
이 인정된다. 원형주구가 있는 7·9호와 그렇지 않은 15·16호는 부
장품의 차이는 없지만, 주구로써 개별공간을 점유하는 데에는 지위의
격차와 같은 구분을 의도했을 가능성도 배제할 수 없다. 따라서 옥방8
지구의 전기 분묘는 '3·5호>7·9호≧15·16호'로서 2층(혹은 3층)의
계층구조로 판단된다.

다음 泗川 梨琴洞遺蹟은 51호 단독묘(Ⅰ類), 48호·D-17호(Ⅱ類),
A-10~12호와 45~47호 小群(Ⅲ類)으로 이루어져 있다(도 43).[80]

---

80) 金賢(2003, 「梨琴洞 支石墓의 配置形態와 築造順序」, 『泗川 梨琴洞 遺蹟』, 慶
南考古學硏究所, p.348.)은 C-4호가 大坪里型石棺墓와 같은 구조이며, F군의
분묘들도 小群을 이룬다고 해서 전기에 포함하였다. 그러나 C-4호의 토기
는 형태를 알기 어렵고 파괴되어 원형을 알 수 없는 구조 자체도 전기의 전
형적인 대평리형석관묘와는 차이가 있는 것 같다. 또 F군의 경우 분묘의 구
조나 출토된 석촉에서 반드시 전기로 단정지을 수만은 없다. 따라서 여기서
는 이금동의 전기 분묘에서 일단 이들을 제외하고 출토 유물에서 전기의 가
능성이 있는 것만을 대상으로 하였음을 밝혀둔다.

[표 17] 전기 분묘와 부장품의 유형

I類	a 烏石里 [銅劍 石鏃 玉]	b 梨琴洞 51 (石劍 石鏃 土器 玉)	c 月山里 (石劍 石鏃 玉)	d (石劍 石鏃 土器) 玉房8-3, 5, 苧浦E-8, 月谷里 1, 顔子洞 9, 新岱洞
II類	a 比來洞 (銅劍 石鏃 土器) ○	b 月谷里 (石劍 石鏃 土器) (石鏃 土器)	c 豊岩 (石鏃) (石鏃)	d 梨琴洞 48, (D-17) (土器)
III類	a 黃灘里 (石劍 石鏃 土器) ○	b 玉房8地區 [(石劍 石鏃) (石劍 石鏃 土器) (土器)] (土器) (土器) (土器)	c 梨琴洞A-10~12 (石鏃 土器) (玉)	d 頭湖里, 梨琴洞45~47 (土器 玉) (土器)

[표 17]에서 石劍과 玉製品이 함께 부장된 것은 이금동 51호 한 예 뿐인 것을 보면, 이 묘의 피장자는 이금동 전기 취락에서 가장 우위에 있었던 인물로 판단된다. D-17호에서 銅鏃 모양의 물질이 확인되었다고 하며, A-10~12호와 45~47호 小群에서는 원형과 장방형의 주구를 갖춘 묘를 중심으로 하고 있는데, 이처럼 석검묘가 없는 II·III류는 우열의 차이를 논하기 어렵다. 물론 이금동의 전기 분묘가 모두 동시기라고는 확신할 수 없지만, 집단 의례의 장소이기도 한 분묘의 특성상 적어도 전기라는 시간대 내에서 선행분묘는 분명히 인지되었을 것이다. 이렇게 보면 이금동의 전기 분묘군은 51호를 최상위로 하

고, 그 아래에 II · III류의 분묘로 이루어지는 2층의 계층구조로 판단
된다.

靑原 黃灘里遺蹟(도 44)에서 석검과 석촉을 부장한 401호묘는 구릉
정상부에 위치하며 규모도 가장 크기 때문에 구릉 사면의 소형묘보다
우월한 위치에 있었던 것으로 판단되어,[81] 2층의 계층구조로 파악된다.

固城 頭湖里遺蹟은 구릉 정상부에 있는 두 기의 분묘에 채문토기
와 玉이 부장되었고, 사면의 묘에는 부장품이 없다.(도 44) 부장품의
有無로 따진다면 2층의 계층구조를 예상할 수 있겠지만, 석검과 같은
위세품 없이 토기나 옥제품만을 부장한 묘와 그렇지 않은 묘 사이에
우열의 의미를 구체화하기가 쉽지 않으며, 이 경우 처음부터 개별 분
묘 간 계층 차이가 미미하였을 가능성도 있다. 물론 구릉의 일부만 조
사되어 原狀을 알 수 없기 때문에 해석은 유동적이지만, 우선은 석검
묘를 포함하지 않는 것으로 보고 주변 다른 집단에 비해 비교적 하위
에 속했던 집단의 분묘군으로 파악해 둔다.

그리고 전기의 늦은 시기가 되면 銅劍墓가 출현한다. 현재 大田 比
來洞 1호묘와 舒川 烏石里의 주구석관묘 두 예뿐으로 모두 호서지역
에 한정된다. 비래동에는 3기의 묘가 확인되었는데, 동검이 부장된 1
호묘가 집단의 정점에 있었던 인물의 묘였을 것이다. 인근의 新垈洞
에서는 석검 · 석촉 · 적색마연토기를 부장한 묘가 확인되었다. 이로
보아 이 일대는 동검묘가 있는 비래동 집단이 석검묘의 신대동 집단
보다 상위에 있었던 것으로 판단된다.(도 45) 烏石里에서 확인된 주구

---

81) 사면에 있는 소형의 분묘가 전기라는 확신은 없지만 후기에 속하는 6호주거
　　지와 인접하고 있다. 대체로 후기에는 분묘구역과 주거구역이 분리되는 경
　　향이 있다는 점을 생각하면 소형 분묘 역시 401호와 같이 전기에 속한다고
　　할 수 있으며, 401호 출토 석검의 형식으로 보아 전기 중에서도 늦은 시기로
　　서 후기에 가까운 시기로 판단된다.

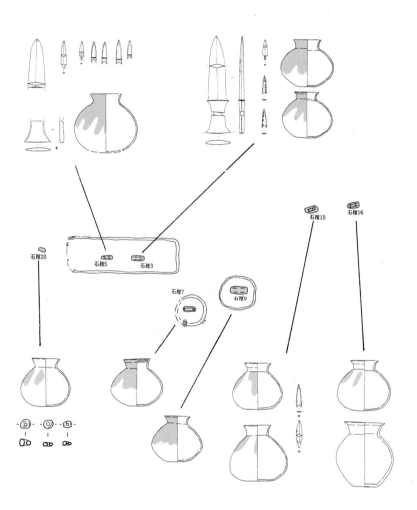

[도 42] 晉州 大坪里 玉房8地區遺蹟의 전기 분묘와 부장품
(토기 1/13, 석기 1/0, 옥 1/3 축소)

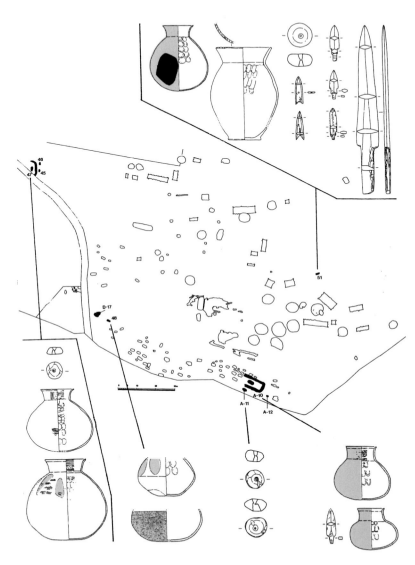

[도 43] 泗川 梨琴洞遺蹟의 전기 분묘와 부장품
(토기 1/10, 석기 1/7, 玉 1/3 축소)

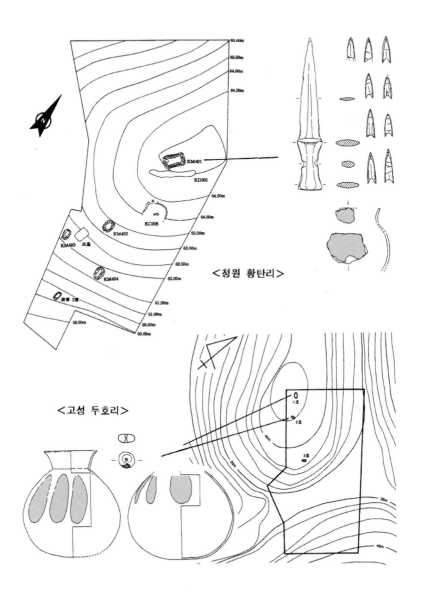

[도 44] 靑原 黃灘里遺蹟과 固城 頭湖里遺蹟의 전기 분묘와 부장품
(토기·석기 1/7, 玉 1/3 축소)

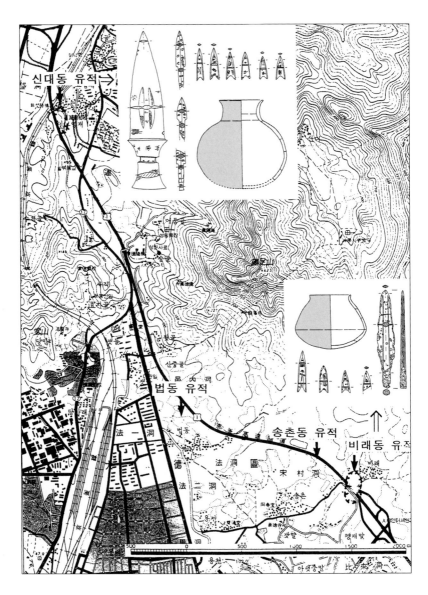

[도 45] 大田 比來洞 銅劍墓와 新岱洞 石劍墓
        (토기·석기·청동기 1/7 축소)

석관묘는 한 기가 단독으로 조영된 Ⅰ류이며, 내부에서는 동검 한 점과 이단경식석촉 4점, 벽옥제 관옥 11점이 출토되어 이 일대를 지배하고 있었던 세력의 묘였음이 분명하다. 아직 자료의 예가 적기는 하지만 호서지역은 남한 무문토기사회에서 동검을 가장 먼저 받아들인 곳으로서 여타 지역에 비해 선진지역이었을 것으로 판단된다. 이 지역은 송국리동검묘를 비롯하여 이후 한국식동검문화의 성립기에는 동경과 청동의기류를 비롯하여 다량의 동검을 소유한 國의 수장급묘가 집중하는 곳인데, 이 지역의 이러한 선진성은 전기부터 그 맥을 잇고 있는 것으로 보인다.

4) 전기 계층화의 실상

위와 같이 전기 분묘의 부장품과 배치 및 구조 등을 통해 계층차를 살펴보았는데, 우선은 분묘를 축조할 수 있는 상위의 계층과 그렇지 못한 하위의 계층이 있었다는 인식에서 출발했다. 상위계층 내에서도 '劍'이라는 위세품이 부장된 묘, 석촉이나 토기·옥 등이 부장된 기타부장묘, 그리고 부장품이 없는 묘로 구분된다. 부장품의 유무만을 기준으로 한다면 기타부장묘와 부장품이 없는 묘 간에도 계층의 격차가 있었다고 할 수 있을지도 모르겠지만, 위세품이 없는 묘 사이의 계층차에 어떤 의미를 부여하기가 사실상 어렵기 때문에 이 묘들의 계층을 세분하는 것은 의미 없는 분류가 될 수 있다.[82] 옥방8지구 등에서는 원형주구를 설치한 묘와 그렇지 않은 묘로서 구분되기도 하지만, 한 예에 불과하며 劍 이외의 부장품이 있는 계층은 상하관계보다는 수평적인 관계였을 가능성이 높았을 것이다. 따라서 분묘 축조와 부

---

82) 기타부장묘 가운데 玉製品의 有無로 구분할 수도 있겠지만, 전기에서 玉製品의 位階性은 약했던 것 같다.

장품을 통해서 상정되는 전기 무문토기사회의 계층은 '劍'이라는 위세품을 부장할 수 있는 계층(1계층), 1계층을 제외한 분묘축조 계층(2계층), 그리고 분묘를 축조할 수 없는 하위의 계층(3계층)으로 크게 구분해 볼 수 있다.

전기의 계층차가 사회적으로 제도화되어 고정된 것이었는지는 알수 없지만, 일부에 한정된 분묘 축조와 그 중에서도 석검묘나 동검묘가 가지는 우월성은 분명히 인정된다. 그렇다면 왜 최상위 계층은 劍이라는 무기류를 위세품으로 하였을까. '劍'은 전쟁이나 전쟁의례에서 一人의 지휘자가 소지한 것인데, 이러한 물품의 출현은 이전 사회에 비해 수장이나 지배자에 의한 취락의 통제력이 더 강화되어야 할필요가 있었다고 앞에서 언급했다. 농경사회의 발달에 따라 취락을 대표할 수 있는 자 혹은 그러한 계층의 필요성이 커졌으며, 그에 따른 사회의 계층화는 보편적인 현상이라고 할 수 있다. 즉 이전보다 발달되고 확대되는 농경사회를 원활히 유지하기 위해서는 계층화된 사회로 나아갈 수밖에 없었는데, 거기에는 전쟁 혹은 전쟁의례가 취락 내의 중요한 행사로서 기능했을 가능성을 예상할 수 있고,[83] 그렇기 때문에 위세품으로서의 '劍'이 최상위 계층의 분묘에 부장되었다고 생각된다.

이러한 劍의 상징성은 분묘군 뿐만 아니라 취락에서도 간취된다. 유병식석검 5점이 출토된 驪州 欣岩里 12호주거지처럼 특정 주거지에 석검이 집중된 예가 있다. 또 金海 漁防洞遺蹟의 주거지는 5群으로 구분되는데(도 46), 석검은 대형주거지가 많은 4群에서만 검출되었다.[84] 이는 최근 武末純一이 취락구조를 통해 전기부터 계층화가 시

---

83) 裵眞晟, 2006, 「석검 출현의 이데올로기」, 『石軒鄭澄元敎授停年退任記念論叢』, 용디자인.

84) 趙賢庭, 2006, 「IV. 정리」, 『金海 漁防洞 無文時代 高地性聚落遺蹟』, 慶南考古

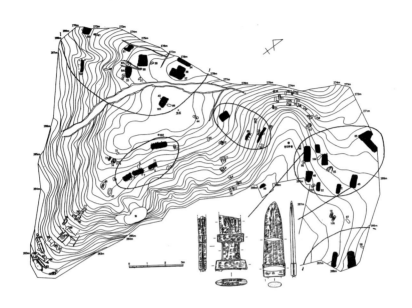

[도 46] 김해 어방동유적의 住居址群과 石劍 (석검 1/8 축소)

작되었을 가능성을 제기한 연구[85]와 함께 고려해 볼 만하다.

　그러면 이러한 상위계층 구성원들의 사회적 성격이나 역할은 어떻게 추론할 수 있을까. 전기의 고고학자료 전반을 감안할 때 석검묘의 피장자는 일반 구성원들에게 일방적으로 지배력을 행사하는 권력자로서의 성격부여는 어렵고, 그보다는 사회적으로 용인된 권위를 인정받은 계층으로서 그 성격을 규정할 수 있을 것이다. 따라서 상위계층의 영향력은 강제력의 행사보다는 농경사회 내부의 생산과 분배를 둘러싼 갈등의 조정에서부터 戰時나 祭儀時에 집단을 대표하는 역할로

學硏究所, p.176.
85) 武末純一, 2005, 『韓國無文土器·原三國時代の集落構造硏究』, 平成14~16年
　　度科學硏究費 補助金<基盤硏究(C)(2)>硏究成果報告書.

214 無文土器文化의 成立과 階層社會

서 규정할 수 있을 것이다.

3. 계층사회의 전개와 國의 성립

1) 요령식동검의 대두

요령식동검은 무문토기시대의 가장 대표적인 위세품으로서 주로 계통과 편년문제를 중심으로 연구되어 왔다.

한반도 요령식동검의 주 대상은 송국리단계의 것이었는데, 최근 庄田愼矢는 대전 비래동지석묘에서 출토된 동검을 세밀하게 관찰하면서 이것이 분할된 것을 재가공한 것이 아니라 원래 소형품이었을 가능성을 지적하였다.[86] 이와 함께 송국리석관묘의 동검보다 늦게 편년되어 왔던[87] 선암리[88]와 대아리[89]의 동검을 예로 들었다. 이 동검들은 검신 하반부까지 鎬가 있거나 측면 돌기가 없는 것으로써 송국리단계의 동검에는 보이지 않는 특징이 있으며, 모두 무경식·이단경식석촉과 공반되었다. 이에 더해 대아리 동검과 유사한 송죽리의 동검도 함께 전기로 편년함으로써 전기와 후기의 동검을 명확히 구분하려 하였다. 앞으로의 출토 상황을 지켜보아야 하겠지만, 이 案은 형식은 물론 공반유물을 보더라도 설득력 있다.

---

86) 庄田愼矢, 2005, 「湖西地域 出土 琵琶形銅劍과 彌生時代 開始年代」, 『湖西考古學』 12 ; 2006, 「比來洞銅劍の位置と彌生曆年代論(下)」, 『古代』 119.

87) 李榮文, 1998, 「韓國 琵琶形銅劍 文化에 대한 考察－琵琶形銅劍을 中心으로－」, 『韓國考古學報』 38.
宮本一夫, 2002, 「韓半島における遼寧式銅劍の展開」, 『韓半島考古學論叢』, すずさわ書店.

88) 정용길, 1983, 「신평군 선암리 돌상자무덤」, 『고고학자료집』 6.

89) 리규태, 1983, 「배천군 대아리 돌상자무덤」, 『고고학자료집』 6, 사회과학원 고고학연구소.

이렇게 [도 47]과 같은 변천을 생각할 때 송국리단계의 동검은 이전보다 규격이 크다는 점이 주목되는데, 이러한 특징은 동검이 지닌 위세품적 성격과도 연결된다. 宮本一夫도 송국리단계의 동검은 처음부터 위세품의 용도로 제작된 것이라고 하면서,[90] 청도 예전동의 동검이 매납유적에서 출토된 점 역시 이러한 사정을 뒷받침한다고 하였다. 이렇게 실용성이 배제된 위세품 전용의 청동기가 남한 각지의 분묘에 부장되는 후기는 이전과는 다른 차원의 사회로 변화되고 있었음을 암시한다.

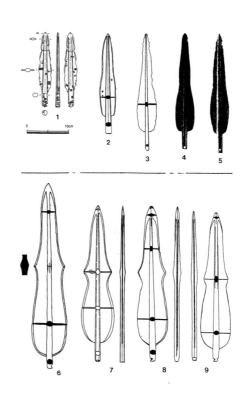

[도 47] 前期와 後期의 遼寧式銅劍 (1/8 축소)
1:비래동, 2:선암리, 3:대아리, 4·5:송죽리
6:전 상주, 7:예전동, 8:송국리, 9:적량동

2) 후기의 부장품 조합과 위세품의 특징

분묘 축조가 급격하게 늘어나는 후기에는 요령식동검의 부장이 본

---

90) 宮本一夫, 2002, 「韓半島における遼寧式銅劍の展開」, 『韓半島考古學論叢』, すずさわ書店.

격화되고, 석검 부장묘도 급증하면서 玉製品의 제작 및 부장도 활발
해졌다. 이에 따라 부장품의 조합양상도 전기에 비해 훨씬 다양해지
면서, 동검이나 석검과 같은 위세품이 다른 유물과 조합되는 경우의
수도 많아지게 된다. [표 18]에서 보면 전기에 10例로 구분되는 부장
품 조합이 후기에는 19例로 거의 2배로 늘어났다. 이러한 조합 하나하
나가 계층차를 반영하지는 않겠지만, 이전에 비해 복잡·다양해진 사
회상을 반영하고 있음은 틀림없다.

이러한 후기의 위세품에는 전기와 구분되는 특징이 몇 가지 있다.

[표 18] 전기~후기의 부장품 조합상 비교[91]

銅劍 銅鑿 石劍 石鏃 玉	銅劍 銅鉈 玉	銅劍 石劍	銅劍 玉	銅劍	銅劍 石鏃 玉	銅劍 石鏃 土器	石劍 石鏃 玉	石劍	石劍 玉	石劍 石鏃 土器 玉	石劍 石鏃 土器	石劍 石鏃 銅鏃	石劍 石鏃 土器	石劍 土器	石鏃 土器 玉	石鏃 玉	石鏃 土器	石鏃	土器 玉	土器	玉
					1	1		1	7			3			4	1	4	8	1		
1	1	3	11	2			2	127	1		12	1	40	8	1	4	9	71	9	32	25
		◉							●							■					

첫째, 앞에서 논한 동검 부장의 본격화와 더불어 遼寧式銅矛라고
하는 新出의 위세품이 등장한다. 이것은 요령지역에서 한반도 남부까
지 광범위한 지역에 분포하지만 그 수량은 10여점에 지나지 않는다.
여천 적량동에서도 다수의 동검묘 가운데 동모를 부장하는 묘는 1기
뿐이다. 그래서 銅矛를 地域共同體의 儀器[92]라고도 했던 것이 아닌가
한다.

둘째, 한 분묘에 복수의 위세품을 부장하는 현상, 특히 '劍'의 복수
부장이 주목된다. 전기의 동검묘나 석검묘에는 예외없이 동검 한 점

---

91) <표 16·20>의 유적에서 검출된 개개 분묘를 대상으로 매장주체부 출토품
　　을 집계한 결과이다.

92) 鄭漢德, 2000, 「表垈遺蹟 －韓半島 中西部地方의 美松里型土器考(3)－」, 鶴山
　　金廷鶴博士 頌壽紀念論叢 『韓國 古代史와 考古學』, p.26.

혹은 석검 한 점씩만 부장되었지만, 후기에는 '석검 두 점', '동검＋석
검', '동검＋청동기', '동검＋석검＋청동기'의 부장 예가 나타난다.[93]
銅矛를 제외하고 위세품의 종류는 같지만, 위세품을 두 점 이상 부장
한 묘가 후기에 보인다는 점은 전기에 비해 상위자의 세력이 더 강화
되었음은 물론, 상위계층 내에서도 격차가 더 커졌음을 의미한다.

셋째, 석검의 상징성도 더 강화된다. 후기의 석검에서 有柄式은 혈
구나 단연결부가 없는 것이 많고 有莖式이 증가하는 등 실용적인 면
도 있지만, 柄部에 비해 劍身部가 지나치게 긴 것, 柄部의 兩端이 강
조된 것, 진라리 출토품과 같은 대형의 석검 등에서 상징적인 면이 엿
보인다(도 48). 또 돌결이 표현된 석검도 대부분 후기에 한정된다. 돌
결은 주로 한쪽 면이 선명하게 표현되는데, 이 면은 착장했을 때 바깥
으로 향할 것이기 때문에 어떤 과시적인 목적이 있었으며, 이 역시 석
검의 위세품적인 성격과도 무관하지 않을 것이다.

3) 동검묘와 석검묘의 위계

(1) 동검묘의 위계

부여 송국리와 여수반도 일대에서 요령식동검이 출토된 유적을 통
해 동검묘(◉)의 수·부장품·배치관계에 따라 [표 19]와 같이 A～D
의 네 유형으로 분류하였다. 이 유형들의 위계는 'A≧B>C>D'로 판단
되며, 세부적으로는 다음과 같다.

단독 조영된 것으로 인식되어 왔던 송국리의 동검묘(1호)는 추가
조사에 의해 돌출된 구릉에 여러 기의 분묘가 있는 것으로 확인되었
다.[94] 다른 묘에서는 석검묘(●)나 기타부장묘(■)도 확인되지 않아

---

93) 여천 적량동처럼 한 분묘군 내에 다수의 청동기 부장묘가 있는 것도 새로운
    현상이다.
94) 金吉植, 1998,「扶餘 松菊里 無文土器時代墓」,『考古學誌』9.

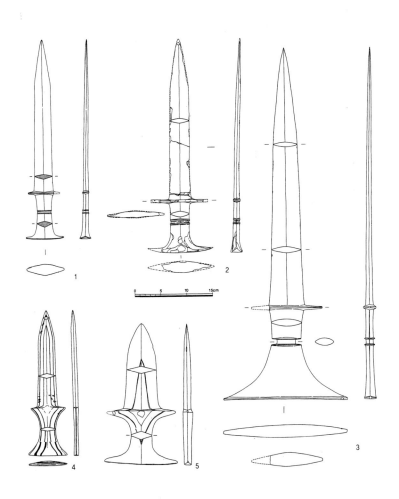

[도 48] 後期의 石劍 (1/7 축소)
1:밀양 가인리, 2·3:청도 진라리, 4:마산 진동리, 5:여천 월내동

특정 묘에 위세품이 집중되는 점에는 변함이 없지만, 도굴된 5호묘는
주위를 조망하기 유리한 곳에 입지하면서 1호묘보다 규모도 커서 동
검묘급의 부장품이 있었을 가능성도 상정된다.[95] 어쨌든 송국리 52지

구의 분묘군(A型)은 한국식동검문화기의 특정개인묘만큼은 아니지만, 청동기를 비롯하여 석검이나 옥 등이 특정 묘에만 집중되어 상위계층 내에서도 頂點에 위치할만한 유력자 혹은 유력집단이라는[96] 인식은 이제는 거의 일반화되었다.

[표 19] 동검묘의 유형

유형	모식도			代表墓
A	(도식) 부여 송국리 (창원 진동리)			銅劍+銅鑿+石劍 +石鏃+玉
B	(도식) 여천 적량동			銅劍+銅矛+玉
C	(도식) 승주 우산리 내우			銅劍+石劍
D	(도식) 고흥 운대리	(도식) 여천 평려동 여수 화장동	(도식) 여천 봉계동	銅劍(+玉)

B型의 적량동유적은 이 일대에서 유일하게 銅矛가 출토되었으며, 석검묘는 한 기 뿐인데 비해 6기의 동검묘가 확인되어 여수반도 일대 에서 가장 강력한 세력을 지녔던 집단이다. 송국리 동검묘처럼 특정 분묘의 돌출성이 두드러지지는 않지만, 銅劍과 銅矛가 부장된 2호묘 는 송국리 동검묘에 뒤지지 않는 유력자의 묘일 것이다.

C型(우산리 내우)은 '두 기의 동검묘>다수의 석검묘>기타 부장묘 >無부장묘(○)'로 구성되는데, 동검묘에는 석검이 함께 부장되기도 한다. 그리고 한 기의 동검묘를 축으로 한 D型의 동검묘에는 玉이 부 장되기도 하지만, 다른 청동기류나 석검은 함께 부장되지 않는다.[97]

95) 武末純一, 2002,「遼寧式銅劍墓와 國의 形成」,『淸溪史學』16・17合輯, p.37.
96) 崔鍾圭, 1991,「무덤에서 본 삼한사회의 構造 및 特徵」,『韓國古代史論叢』2.

[표 20] 후기의 대상유적목록

연번	유 적	참 고 문 헌	유형	연번	유 적	참 고 문 헌	유형
1	大邱 旭水洞	嶺南文化財研究院 2004	c1	42	昇州 牛山里 곡천	李隆助 外 1988	c2
2	大邱 辰泉洞	嶺南文化財研究院 2003	c1	43	昇州 牛山里 내우	宋正炫・李榮文 1988	C
3	大邱 上洞	國立大邱博物館 2000	c2	44	昇州 月山里 사비	孫秉憲・李一容 1988	c2
4	大邱 梅湖洞II	嶺南大學校博物館 1999	a2	45	昇州 柳坪里 유천	李清圭 1988	c1
5	大邱 梅湖洞III		c3				
6	大邱 時至洞	嶺南大學校博物館 1999	a3	46	寶城 泗洙里 대전	李隆助 外 1988	c1
7	大邱 上仁洞	尹容鎭 外 2004	a3	47	寶城 詩川里 살치	崔盛洛 1988	c1
8	尙州 靑里	韓國文化財保護財團 1999	a2	49	高興 석봉리	順天大學校博物館 2003	c2
9	漆谷 福星里	嶺南文化財研究院 2001	c3	50	高興 중산리	順天大學校博物館 2003	(c2)
10	淸道 陳羅里	嶺南文化財研究院 2005	a2	51	高興 掌德	木浦大學校博物館 2003	c3
11	密陽 佳仁里	國立密陽大學校博物館 2002	b	52	高興 雲橋	木浦大學校博物館 2003	c1
12	密陽 南田里	沈奉謹 1984	?	53	高興 雲垈	國立光州博物館 2003	D
13	梁山 所土里	慶南考古學研究所 2005	c2	54	高興 安峙	國立光州博物館 2003	a4
14	馬山 鎭東里	沈奉謹 1980	(A)	55	장흥 상방촌	木浦大學校博物館 2003	c1
15	馬山 新村里 I	國立慶州博物館 1983	c1	56	장흥 오복동	木浦大學校博物館 2003	(c1)
16	咸安 梧谷里	昌原大學校博物館 1995	c1	57	和順 滄浪里	全南大學校博物館 1982	?
17	咸安 東村里	慶南發展研究院 2004	?	58	谷城 蓮花里	國立全州博物館 1997	c1
18	宜寧 石谷里	沈奉謹 1990	c1	59	谷城 玄亭里	國立光州博物館 1997	c1
19	山淸 沙月里	東義大學校博物館 1999	a3	60	谷城 柳亭里	全北大學校博物館 1997	c1
20	陝川 苧浦里E	釜山大學校博物館 1987	c1	61	光州 梅月洞	全南大學校博物館 2002	c1
21	居昌 大也里	東義大學校博物館 1988	a2	62	靈巖 山湖里	木浦大學校博物館 1993	c1
22	居昌 山浦	東義大學校博物館 1987	c1	63	靈光 嶺陽里	國立光州博物館 2002	c1
23	坪村	東義大學校博物館 1987	c1	64	鎭安 慕谷	全北大學校博物館 2001	c1

---

97) 각 분묘군 내에서 보면, C型의 경우 두 기의 동검묘는 모두 좌측에 치우쳐 있고, D型인 고흥 운대리와 여천 봉계동의 경우 동검묘를 축으로 한 그룹과 석검묘를 축으로 한 그룹으로 나누어져 유적 내에서의 계층차도 엿보인다.

24	嶧坪	東義大學校博物館 1987	c1
25	晋州 上村里Ⅱ	大田保健大學博物館 2005	c2
26	晋州 上村里Ⅰ		c1
27	晋州 玉房1地區	慶南考古學硏究所 2002	c1
28	晋州 玉房2地區	慶尙大學校博物館 1999	c3
29	晋州 貴谷洞	福泉博物館 1998	c1
30	晋州 內村里	東亞大學校博物館 2001	?
31	泗川 梨琴洞	慶南考古學硏究所 2003	?
32	巨濟 鵝洲洞	東亞大學校博物館 1998	a3
33	順天 상비	全南文化財硏究院 2003	(c1)
34	麗水 禾長洞 약물고개	木浦大學校博物館 2001	(c1)
35	麗水 禾長洞 禾山	順天大學校博物館 2000	c1
36	麗水 禾長洞	李東熙 2000	D
37	麗川 鳳溪洞	全南大學校博物館 1990	D
38	麗川 平呂洞	全南大學校博物館 1993	D
39	麗川 積良洞	全南大學校博物館 1993	B
40	麗川 月內洞	國立光州博物館 1992	b
41	昇州 牛山里	木浦大學校博物館 1993	c1
65	鎭安 顔子洞	國立全州博物館 2001	(c2)
66	鎭安 구곡C	國立全州博物館 2001	c1
67	鎭安 豊岩	全北大學校博物館 2001	c2
68	鎭安 如意谷C	全北大學校博物館 2001	c1
69	鎭安 如意谷A	全北大學校博物館 2001	a1
70	鎭安 망덕	湖南文化財硏究員院 2002	a1
71	完州 盤橋里	國立全州博物館 1996	c1
72	群山 阿東里	群山大學校博物館 2002	c1
73	大田 大井洞	高麗大學校博物館 2002	c1
74	保寧 寬倉里A	아주대학교박물관 1999	b
75	保寧 冠堂里	韓國文化財保護財團 2002	c2
76	保寧 蘆川里	韓國文化財保護財團 2000	c2
77	舒川 鳳仙里	忠淸南道歷史文化院 2005	c3
78	扶餘 松菊里	金吉植 1998	A
79	扶餘 楮石里	公州大學校博物館 1997	c1
80	堤原 黃石里	金載元·尹武炳 1967	c2

(2) 석검묘의 위계

석검묘(●)와 ■·○墓와의 비율이나 배치관계를 통해 [표 21]과 같이 크게 세 유형으로 분류하였으며, 그 속에서 다시 세분되기도 한다. 각 유형 간의 위계는 아래에 설명하듯이 다수의 석검묘로 구성된 a型이나 석검이 두 점 부장되는 b型이 c型보다는 유력집단일 것이므로, 'a≧b>c'로 판단된다.

[표 21] 석검묘의 유형

		배치도	유적		배치도	유적
a	1	●○○ ○●● ●●(■)	진안 망덕 여의곡A-Ⅰ 여의곡A-Ⅱ	2	●●(●) ○(○)(■)	거창 대야리, 대구매호동Ⅱ 청도 진라리, 상주 청리 산청 사월리, 대구 상인동
	3	(●)● ○ ■● ○ ●●○■	대구 시지동Ⅰ 거제 아주동	4	○○●●○ ○○○●○ ○○○●○ ○○○●○	고흥 안치
b		○❶❷❷○ ○❶❶❶○	밀양 가인리		❶○○ ❶○❶ ○❷○	보령 관창리A	○ ○ ○ ❷ ○ ❶ ❶ ○ ○ ○	여천 월내동
c	1	○ ○ ●■ ○●○■	함안 오곡리,고흥 운교外	2	○ ○ ○ ●○ ○(■) ○(■)	보령 관당리 보령 노천리 外	3	○ ○ ○ (■) ○(■) ○(■)	진주 옥방2, 서천 봉선리外

a型의 경우 a1~a3型은 석검묘의
수가 압도적인 유형이다. a2·a3型은
조사구역이 확대되면 a1型으로 분류
될 여지도 있는 등 다소간의 유동성
은 있겠지만, 석검묘의 수에서 다른
유적에 비해 상위계층의 墓로 볼 수
있다.[98] 특히 4기 가운데 3기가 석검
묘인 여의곡 A-Ⅱ지구는 석검묘의
비율은 물론 상석과 묘역의 규모에서
도 A-Ⅰ지구보다 우월하여 여의곡
유적에서 가장 상위에 랭크되는 분묘
군이다.[99] 그리고 a2型인 청도 진라
리 3호묘에는 길이 66.7cm에 이르고

[사진 11] 청도 진라리 출토 석검

---

98) 한편, 한 예만으로 설정된 a4型은 열을 이루는 듯한 석검묘군이 비석검묘군
　　과 구분되는 유형이다. 비교적 군집성 있게 배치된 것처럼 보이지만, c1型과
　　의 구분이 곤란할 수도 있어 일단 예외적인 유형으로 둔다.
99) 金承玉·李宗哲, 2001,「Ⅴ. 考察」,『如意谷遺蹟』, 全北大學校博物館, p.509.

柄頭部가 과장된 초대형 석검이 부장되었다(도 48의 3, 사진 11). a型의 다른 사례들과는 달리 특정 석검묘의 돌출도가 부각되는데, 이러한 예는 거의 동검묘에 준할만한 유력자의 묘일 것이다.

b型은 한 묘에 석검 두 점이 부장된 묘를 포함하는 유형이다. [표21]에서 2열을 이루는 밀양 가인리의 경우 석검 두 점 부장묘는 같은 열에 있어 아래 열의 분묘군에 비해 우월하고, 관창리 A구역이나 여천 월내동에서도 석검 두 점 부장묘를 포함한 그룹과 그렇지 않은 그룹과의 차별성이 반영된다.

c型은 3~4기 당 1기의 석검묘로 구성되는 가장 일반적인 유형으로서, a·b型보다 하위 계층의 분묘군이다. c1型은 한 기의 석검묘와 3~4기의 비석검묘로 구성되는 단위를 기본으로 하며, 분묘가 많은 경우 정형성 없이 군집하기도 한다. c2型은 두 기의 석검묘를 중심으로 서로 구분되듯이 배치된 것이며, c3型은 다수의 분묘 가운데 석검묘는 한 기뿐인 것으로서 석검묘를 포함하는 그룹과 그렇지 않은 그룹으로 나누어진다.

4) 후기의 지역별 계층구조

이상과 같이 후기의 동검묘와 석검묘의 위계를 살펴보았다. [표20]을 통해 각 유형의 비율을 보면 석검묘에서 상위에 속한 a·b型이 21.2%인데 비해, 하위에 해당하는 c型은 78.8%로서 압도적이다. 그리고 동검묘를 포함하는 유적은 석검묘 a·b型보다 더 적다. 따라서 동검묘를 최상위에 두고 석검묘 c型을 최하위에 두면 質과 量 모두에서 자연스럽게 피라미드상의 구조가 상정되고, 이는 소수의 계층을 축으로 한 사회의 계층화를 의미할 것이다. 이를 다시 지역별로 구분한 것이 [표 22]이다.

호서지역은 송국리를 정점으로 관창리A구역(a)과 다수의 c型 분묘군
으로 이루어진다. 전남 남해안지역은 적량동을 정점으로 화장동·봉계
동·평려동 등의 동검묘(D), 여천 월내동(b), 이어서 우산리를 비롯한
다수의 c型 분묘군으로 이루어진다. 이처럼 이 두 지역은 위세품의 부
장을 통한 분묘군 간의 위계가 비교적 잘 나타나며, 송국리와 적량동은
해당 집단뿐만 아니라 주변을 아우르는 대표성이 인정되어 왔다.

[표 22] 후기의 지역별 계층구조

	호서	전남남해안	경북내륙	영남남해안	금강상류
A, B a1	송국리	적량동	예전동	진동리	여
C, D a2, b	관창리A	봉계동,평려동 월내동	진라리 가인리,매호동	이금동 사월리,대야리	의 곡
c	관당리,노천리, 남산리,저석리外	우산리,월산리 석봉리,중산리外	진천동,욱수동 상동,복성리外	산포,오곡리 신촌리,석곡리外	안자동,구 곡 풍암外

경북 내륙지역의 경우 전기의 송죽리 외에 후기의 동검묘는 정식
조사된 바 없다. 그렇지만 진라리 3호묘를 통해 특정묘의 돌출도가 강
해지고 있으며, 이 지역 출토로 전하는 요령식동검도 몇 예가 알려져
있다. 그 가운데 청동기 埋納 유적인 청도 예전동[100]의 요령식동검은
다른 소장품이나 구입품에 비해 출토지에 대한 신뢰도가 높다. 따라
서 이 지역은 동검의 매납제사를 주도한 유력집단 아래에 석검묘 a·
b型과 그 아래 c型으로 이루어지는 계층구조를 예상할 수 있다.

이에 비해 영남 남해안지역은 사천 이금동처럼 동검묘는 해당 분
묘군 내에서 돌출적이지 못한 반면, 창원 덕천리 1호묘·김해 율하리
·마산 진동리·사천 소곡리 등과 같이 묘의 축조 규모가 유례없이

---

100) 金鍾徹, 1987, 「慶尙北道淸道郡禮田洞出土의 遼寧式銅劍」, 『東アジアの考古と
歷史(上)』, 同朋舍.

[사진 12] 馬山 鎭東里 A群 1號墓

대형화한다. 마산 진동리에서 확인된 이른바 '葺石塚'[101]을 보면 A群
1號墓는 外徑 20.20m에 달하며 주구와 봉토도 확인된 초대형급 무덤
이지만(사진 12) 내부에는 석검과 석촉이 출토될 뿐 동검은 없다. 이
금동에서도 대형의 장방형 묘역을 설치한 A-1호묘에서는 석검이 출
토되는데 비해 동검은 분묘군 가장자리의 소형묘에서 출토되며, 시기
가 조금 내려오지만 창원 덕천리 역시 이와 유사하다. 이처럼 이 지역
은 동검의 부장보다는 거대하고 돌출적인 묘의 규모로서 유력자의 힘
이 과시적으로 표현되고 있다.[102] 이렇게 위계를 표현하는 방식에는

101) 최헌섭·하승철, 2005, 「馬山 鎭洞遺蹟」, 『제48회 전국역사학대회 고고학부
    발표자료집』.
102) 李相吉, 1996, 「청동기시대 무덤에 대한 일시각」, 『碩晤尹容鎭敎授停年退任
    紀念論叢』.
    崔鍾圭, 2004, 「梨琴洞遺跡からみた松菊里文化の一斷面」, 『福岡大學考古學論
    集』.

지역마다 차이가 있을 수 있기 때문에 청동기의 부장만을 기준으로
남한 무문토기사회 전체의 계층화를 판단할 수는 없다. 이러한 지역
적인 특수성을 고려할 때 영남 남해안지역의 경우 덕천리 이전 송국
리단계의 진동리는 송국리나 적량동에 준할만한 거점집단이라 할 수
있다.[103)

  그렇다면 거대한 묘역과 구획시설이 특징인 금강상류역의 여의곡
으로 대표되는 집단 역시 비록 동검묘는 없지만 이 일대의 거점집단
이라 할 만하며, 청동기를 독점하지 못했다 하더라도 송국리단계에는
각 지역의 상위집단이 상호 대등한 위치에서 자신의 권역을 유지하였
던 것으로 판단된다. 즉 용담댐수몰지구는 위세품면에서는 바로 위쪽
에 위치한 송국리를 정점으로 한 세력보다 미약하다고 할 수 있겠지
만, 그렇다고 양자가 일종의 우열관계에 있었던 것은 아니다.

  따라서 송국리단계에는 [표 22]와 같이 크게 다섯 개의 권역으로
구분되고, 각 권역 내에서는 특정의 유력집단 혹은 거점집단을 정점
으로 한 계층구조가 형성되었던 것으로 판단된다. 물론 이러한 판단
에는 각 유적의 共時性이 전제되어야 하겠지만, 현 상황에서 부장품
만으로 후기를 세분하기는 쉽지 않다. 그러나 집단 의례의 장소이기
도 한 분묘의 특성상 후기 내에서 선행분묘는 인지되고 있었을 가능
성이 높다고 할 때, 세부적인 시기 차이가 있다고 해서 전반적인 계층
구조의 파악에 큰 오류를 초래하지는 않을 것이다. 후기 내에서의 시
기별 계층구조의 양상이나 공간적 범위의 한정과 같은 精緻한 연구는
앞으로의 과제이다.

---

103) 동검과 석검이 공반된 진동리동검묘 역시 이에 부합한다.

5) 國의 성립

이러한 토대 위에서 武末純一[104]이 제기한 송국리단계의 '國'을 생각해 보자. 그는 위세품의 부장과 독점, 동검 매납유적의 확인, 남한 자체의 청동기생산 등을 통해 이 시기에 '國'의 성립을 논하였다. 비록 이 견해는 일본 북부구주 彌生社會의 양상에 의거하고 있지만, 위와 같은 송국리단계의 계층구조를 고려할 때 그 가능성을 무시할 수는 없을 것 같다. '國'이란 문헌기록에 나오는 고대의 정치체를 가리키는 것인데, 이것의 形成期를 고고학적 입장에서 적극적으로 검토할 필요가 있고, 그러할 때 위와 같은 지역별 계층구조를 '國'이라는 단위체로서 바라볼 수 있지 않을까 한다.

송국리단계는 전기에 시작된 분묘 축조의 전성기이면서 청동기 생산이 본격화되고 飾玉類도 성행한다. 이와 더불어 특정의 분묘나 분묘군에 위세품이 집중되면서 분묘군 사이 및 내부의 위계화가 현저해진다. 특히 청도 예전동의 예로 보아 청동기 매납유적은 송국리단계부터 확인되는데, 그 성격은 汎 공동체적 차원의 의례로서 취락 규모를 초월한 읍락이나 國 수준에서의 행사라는[105] 점에서도 지역정치체의 존재가 암시된다. 취락에서도 전기의 대형주거지에서 후기의 소형주거지로의 변화는 혈연 중심적인 사회체제가 취락공동체 또는 농경 공동체화는 하는 현상과 관련되는데, 그 이면에는 공동체 전체를 이끌어가는 특정한 개인이나 집단의 등장이 예상된다.[106]

이에 더해 사천 이금동의 초대형 굴립주건물지는 수장급 인물의

104) 武末純一, 2002, 「遼寧式銅劍墓와 國의 形成」, 『淸溪史學』 16·17合輯 ; 2002, 「日本 北部九州에서의 國의 形成과 展開」, 『嶺南考古學』 30.
105) 武末純一, 1990, 「墓の靑銅器, マツリの靑銅器」, 『古文化談叢』 22, p.47. 李相吉, 2000, 「靑銅器 埋納의 性格과 意味」, 『韓國考古學報』 42, p.49.
106) 安在晧, 2006, 『靑銅器時代 聚落硏究』, 釜山大學校 博士學位論文.

주거로서 취락 운영의 구심체적 역할이 상정되고 있다.[107] 환호와 같
은 대규모 토목공사나 대형의 지석묘 축조에는 복수의 취락이 참여하
였을 것인데, 이는 취락 간 계층화가 전제되지 않고서는 불가능하다.
또 부여 송국리, 보령 관창리, 진주 대평리, 대구 동천동과 같은 취락
은 송국리단계의 일반적인 취락 규모보다 월등하기 때문에 일반취락
과 거점취락이라는 용어로 구분하기도 한다.[108] 이러한 거점취락 역
시 [표 22]의 지역별 최상위 분묘군과 마찬가지로 일정 지역에 한 두
유적 정도만 확인된다. 즉 취락과 분묘 모두에서 일정 지역권 내에서
성층구조를 보인다. 또 후기에는 석검의 지역성[109]이 두드러지는데,
석검이라는 위세품에 다양한 지역성이 보이는 점 역시 지역정치체[110]
의 형성과 무관하지 않을 것이다.

　　이와 같은 특징과 [표 22]의 계층구조를 종합적으로 고려할 때, 송
국리단계-후기-의 사회를 단순히 '전기보다 발달된 사회' 정도로만
규정하기에는 그 특징의 격차가 너무 크다. 후기의 고고학자료 전반
에 나타나는 위와 같은 계층성은 이미 사회적으로 정착되고 있었던
것으로 판단되며, 그러한 가운데 특정한 유력집단이 일정 지역에서
대표성을 띠는 양상은 바로 '國'이라고 할 만한 수준의 사회에 들어섰
음을 의미한다.

---

107) 崔鍾圭, 2003, 「梨琴洞 集落의 構造」, 『泗川 梨琴洞 遺蹟』, 慶南考古學研究
　　　所, p.366.
108) 崔鍾圭, 2005, 「所土里遺跡에서 본 松菊里文化의 一斷面」, 『梁山 所土里 松
　　　菊里文化集落』, 慶南考古學研究所.
109) 李榮文, 1997, 「全南地方 出土 磨製石劍에 관한 硏究」, 『韓國上古史學報』 24.
　　　朴宣映, 2004, 『南韓 出土 有柄式石劍 硏究』, 慶北大學校 碩士學位論文.
110) 여기서 '지역정치체'라는 용어는 國과 동격으로 사용하였는데, 취락고고학에
　　　서의 "내부적으로는 어느 정도의 위계적 구조를 보이면서 대외적으로는 한
　　　단위로서의 집합체"(李熙濬, 2000, 「대구 지역 古代 政治體의 형성과 변천」,
　　　『嶺南考古學』 26, p.86.)라는 정의를 참고하였다.

제6장

결 론

지금까지 북한 무문토기의 편년, 남한 조기 무문토기의 성립과 전개, 횡대구획문을 중심으로 한 전기의 외래계토기와 요동반도와의 관계, 이를 토대로 해서 요동반도를 포함한 남북한 무문토기 편년의 병행관계를 살펴보았고, 그러한 상황과 배경에서 전개된 남한 무문토기 사회의 성격을 검토하였다. 이하 각 장의 내용을 요약하고 앞으로의 전망을 덧붙이면서 마무리하고자 한다.

제2장에서 북한의 지역별 무문토기를 검토한 결과, 문양·기형·기종구성에서 지역성이 뚜렷하며,[1] 한편으로는 타 지역의 요소가 융합된 토기문화도 존재하는 등 지역 간 교류의 상황도 엿볼 수 있었다. 압록강상류역은 압록강하류역과 두만강유역의 영향이 모두 보이며, 청천강유역은 압록강유역과 함께 서북지역이라는 지역권으로 묶이면서 그 속에서 작은 지역성을 보이고 있었다. 압록강유역이나 두만강유역의 무문토기문화가 남한에도 적극적으로 영향을 끼쳤던 반면, 대동강유역의 팽이형토기문화는 타 지역과의 관계가 활발하지 못했다. 팽이형토기와 유단석부가 형식변화하면서도 후기까지 꾸준히 이어져 온 데에는 이러한 독립성 혹은 지역적 한정성이 그만큼 강했기 때문

---

1) 서북지역은 요령지역과 더불어 다양한 壺가 발달하는 반면, 동북지역은 深鉢이 발달한다.

일 것이다. 이러한 북한 무문토기의 지역성은 석기에도 어느 정도 반영되어 있음을 알 수 있었다.

그리고 북한의 지역별 편년과 함께 병행관계도 제시하였지만, 자료의 여건상 본고의 案이 북한 무문토기에 대한 精緻한 편년관이라고 자신하기는 어렵다. 또 큰 틀에서의 편년은 이미 先學들에 의해 뼈대가 세워져 있는 상황임은 두말 할 것도 없다. 다만 여기서는 검토가 부족했던 부분을 위주로 하여 편년망을 조금이라도 더 짜나가는데 주력함으로써, 앞으로 더 활발히 진행되어야 할 남한의 지역별 편년과의 치밀한 비교·검토에 대비하고자 하였다.

제3장에서는 남한 조기 무문토기문화의 계통과 그 意義를 다루었다. 그 결과 남한 무문토기의 성립에는 요동~서북지역의 농경문화가 큰 영향력을 발휘하였음을 보았다. 그런데 남한 조기의 양상은 일률적이지 않고 지역성을 보인다. 구체적으로 호서지역을 포함한 중서부지역은 요동~서북지역의 영향이 가장 직접적으로 반영되는데 비해, 영남지역에서는 동북지역과 재지의 즐문토기 전통도 한편에서 계승되고 있었다. 이러한 조기의 지역성은 이후의 지역적인 전개과정에 하나의 토대가 된다. 그리고 농경은 신석기시대부터 시작되었지만, 새로운 농경기술을 수반한 전환기의 토기문화가 확산되면서 남한 사회는 농경사회의 서막을 열게 되었다.

제4장에서는 최근 자료가 증가하는 횡대구획문토기를 통해 요동반도와 중서부지역 편년의 병행관계를 살펴보고, 나아가 요동반도~북한~남한의 병행관계까지 설정하여 보았다. 호서지역을 포함한 중서부지역은 外反口緣(臺附)甕으로 대표되는 외래계토기의 특징이 가장 잘 표출되면서 밀집된 분포를 보이는 곳이다. 이는 남한 내에서도 중서부지역이 전기에 요동반도계 토기를 수용한 주체였음을 의미한다.

이 지역은 현재 남한 내에서 요령식동검이 가장 먼저 출현하는 곳인데, 그러한 배경에는 바로 외래계토기의 수용 주체라는 측면이 강하게 작용하였다.

제5장에서는 석검의 출현·분묘 축조의 시작·무기의 부장이라는 세 요소를 전기 무문토기사회의 특징적인 현상으로 파악하면서, 이를 통해 계층사회의 형성과 전개를 검토하였다. 무문토기사회는 이미 조기부터 농경사회로 진입하였으며, 본격적인 발달의 과정에 들어선 전기에는 정형화된 분묘가 축조되기 시작하고 석검이라는 개인용 무기도 등장한다. 지석묘 축조의 전성기를 맞이하는 후기에는 동검의 부장도 본격화되고, 지역에 따라서는 진동리나 덕천리와 같은 초대형급의 분묘가 축조된다. 이러한 과정에서 드러나는 首長墓, 즉 '복수의 취락을 아우를 수 있는 정점에 위치한 최상위의 분묘'가 형성되는 사회를 '國'으로 규정하였다. '國'이라는 것이 과연 實體가 있는 것인가. 송국리단계에 이처럼 광역의 지배권을 장악할 수 있는 세력이 존재할까. 한국식동검문화기나 중국동북지방의 예에 비견될만한 다량의 청동기부장묘가 없는 상황에서 '國'을 설정할 수 있는가 등등 많은 의문이 뒤따르겠지만 송국리단계는 적극적으로 평가받을 만하다. 앞으로 개별 지역단위의 精緻한 연구로서 여러 의문들을 해소해 나가야 할 것이다.

이 글은 남북한을 아우를 수 있는 편년체계의 수립이라는 목표를 위해 우선 북한 무문토기에 대한 이해도부터 높여보자는 의도에서 시작하였으며, 이와 더불어 외래계토기와 남한 전기무문토기를 함께 살펴봄으로써 요동반도도 일부 포함하여 무문토기시대 조기~전기를 대상으로 한반도 전체의 편년망을 그려보고자 하였다. 이렇게 구축된 편년망 속에서 요동~북한~남한을 유기적으로 바라본다면, 분묘 축

조와 위세품 부장이 시작되는 전기 무문토기사회의 한 단면에 다가설
수 있을 것으로 생각하였다. 그렇지만 정작 남한의 지역별 편년과 그
것을 종합한 남한 전기 무문토기의 편년망 수립이라고 하는 큰 숙제
는 구체적으로 시도하지 못했다. 또 북한지역의 사회 성격에 대한 검
토가 누락되어 남한 사회와의 비교·검토가 없었던 점도 이 글의 큰
약점임을 自認한다. 동시에 지금부터의 목표도 분명해졌다.

　끝으로 북한 무문토기문화에 대한 지속적인 관심을 통해 한반도
전체를 대상으로 한 무문토기시대의 편년, 지역성, 교류관계, 문화적
계통 등의 연구가 꾸준히 이어지기를 기대한다. 여기에는 당시 한반
도와 밀접한 관계에 있었던 요동지역도 포함해야 하고, 그러할 때 한
반도 무문토기문화를 동북아시아적인 폭넓은 시각에서 바라볼 수 있
을 것이다. 동북아시아를 대상으로 한 연구를 개관해 볼 때, 주로 요
령성을 중심으로 한 중국동북지방에서 연해주 남부, 그리고 북한의
압록강·두만강·대동강유역까지가 주 대상이었다. 그러한 반면 남
한은 동시대의 동북아시아를 대상으로 한 연구에서 다소 소외되어 온
느낌을 지울 수 없다. 1990년대 이래 폭증하는 자료량에 비추어 볼 때
납득이 가지 않는 부분이다. 이를 타개하기 위해서는 남한의 연구자
들이 중국동북지방과 북한의 고고학 자료를 활발하게 구사하면서 동
북아시아고고학에 적극 가담해야 한다. 그러한 연구성과가 축적되어
야만 우리도 동북아시아고고학에서 중심적인 역할을 할 수 있을 것이
며, 통일 후의 북한고고학 연구에도 一助할 수 있을 것이다.

■ 참고문헌 ■

1. 남한 보고서 및 도록

江陵大學校博物館, 1996,『江陵 坊內里 住居址』.

_____, 2000,『束草 朝陽洞 住居址』.

_____, 2002,『襄陽 浦月里 住居址』.

_____, 2002,『江陵 校洞 住居址』.

江原文化財研究所, 2005,『정선 아우라지 유적』, 정선 아우라지 관광단지 시굴조
           사 약보고서.

_____, 2006,『고속국도 제60호선 춘천~동홍천간 건설공사구간 내
           외삼포리 유적 지도위원회의 자료』.

_____, 2006,『鐵原 瓦水里 遺蹟』.

京畿道博物館, 2002,『漣川 三巨里遺蹟』.

慶南考古學研究所, 2000,『固城頭湖里遺蹟』.

_____, 2002『晋州 大坪 玉房 1・9地區 無文時代 集落』.

_____, 2003,『泗川 梨琴洞 遺蹟』.

_____, 2005,『梁山 所土里 松菊里文化集落』.

_____, 2006,『金海 漁防洞 無文時代 高地性聚落遺蹟』.

慶南大學校博物館・密陽大學校博物館, 1999,『蔚山 無去洞 玉峴遺蹟』, 發掘調
           査 現場說明會資料.

慶南發展研究院 歷史文化센터, 2004,『咸安 郡北 東村里 支石墓 發掘調査』.

慶北大學校博物館, 2000,『慶州 隍城洞 遺蹟Ⅲ』.

慶尙大學校博物館, 1999,『晋州 大坪里 玉房 2地區 先史遺蹟』.

_____, 2001,『晋州 大坪里 玉房 3地區 先史遺蹟』.

慶尙北道文化財研究院, 2004,『漆谷 深川里遺蹟 發掘調査報告書』.

_____, 2004,『海平 月谷里遺蹟』.

_____, 2006,『慶州 甲山里遺蹟』.

_____, 2006,『浦項 仁德洞 遺蹟』.

啓明大學校行素博物館, 2006,『金泉校洞遺蹟Ⅰ』.

234　無文土器文化의 成立과 階層社會

高麗大學校 埋藏文化財研究所, 2001,「黃灘里遺蹟」,『경부고속철도 대전·충청권 문화유적발굴조사보고서(Ⅰ)』.
　　　　　　　　　　　　　　　, 2002,『大井洞遺蹟』.
公州大學校博物館, 1997,『汾江·楮石里 古墳群』.
　　　　　　　　, 1998,『白石洞遺蹟』.
國立慶州文化財研究所, 2003,『慶州月山里遺蹟』.
국립경주박물관, 1985,「월성군·영일군지표조사보고」,『국립박물관 고적조사보고』제17책, 국립중앙박물관.
國立光州博物館, 1992,『여천 월내동 고인돌』.
　　　　　　　, 1994,「麗川郡島嶼 地表調査 報告」,『突山世救地遺蹟』.
　　　　　　　, 1997,「谷城 玄亭里·蓮盤里 遺蹟」,『文化遺蹟發掘調査報告書』.
　　　　　　　, 2002,『靈光 嶺陽里 支石墓』.
　　　　　　　, 2003,『高興 雲垈·安峙 支石墓』.
국립김해박물관, 2005,『전환기의 선사토기』.
國立大邱博物館, 2000,『大邱 上洞支石墓 發掘調査 報告書』.
國立博物館, 1970,『矢島貝塚』.
國立全州博物館, 1996,『完州 盤橋里 遺蹟』.
　　　　　　　, 1997,『谷城 蓮花里 支石墓』.
　　　　　　　, 2001,「수좌동 遺蹟」,『鎮安 龍潭댐 水沒地區內 文化遺蹟 發掘調査 報告書Ⅲ』.
　　　　　　　, 2001,『顔子洞遺蹟』, 鎮安 龍潭댐 水沒地區內 文化遺蹟 發掘調査 報告書Ⅲ.
　　　　　　　, 2001,『구곡마을遺蹟』, 鎮安 龍潭댐 水沒地區內 文化遺蹟 發掘調査 報告書Ⅲ.
國立中央博物館, 1983,「新村里 墳墓群」,『中島Ⅳ』.
國立淸州博物館, 1993,『淸原 雙淸里 住居址』.
群山大學校博物館, 2002,『群山 阿東里』.
단국대학교중앙박물관, 1993,『사천 구평리 유적』.
大田保健大學博物館, 2005,『晉州 上村里 9～13號 支石墓 및 先史遺蹟』.
東亞大學校博物館, 1998,『巨濟鵝洲洞遺蹟』.

_____, 2001,『晋州內村里遺蹟』.

東義大學校博物館, 1987,『居昌·陜川 큰돌무덤』.

_____, 1988·1989,『大也里住居地』Ⅰ·Ⅱ.

_____, 1999,『山淸沙月里遺蹟』.

木浦大學校博物館, 1993,『승주 우산리 고인돌』.

_____, 1993,『靈巖 山湖里·麗川 上巖洞 고인돌』.

_____, 2001,『여수 화장동 약물고개·대방리 지석묘』.

_____, 2003,『高興 掌德·雲橋 支石墓』.

_____, 2003,『장흥 상방촌·오복동 지석묘』.

密陽大學校博物館·慶南考古學研究所, 2002,『密陽佳仁里遺蹟』.

釜山廣域市立博物館 福泉分館, 1998,『晋州貴谷洞 대촌遺蹟』.

釜山大學校博物館, 1980,『金谷洞栗里貝塚』.

_____, 1981,『金海 水佳里貝塚Ⅰ』.

_____, 1987,『陜川苧浦里E地區遺蹟』.

_____, 1994,『淸道 梧津里岩陰 遺蹟』.

_____, 1995,『蔚山檢丹里마을遺蹟』.

서울大學校博物館, 1973,「欣岩里住居址1」,『考古人類學叢刊』第四册.

_____, 1974,「欣岩里住居址2」,『考古人類學叢刊』第五册.

_____, 1975,「欣岩里住居址3」,『考古人類學叢刊』第七册.

_____, 1978,「欣岩里住居址4」,『考古人類學叢刊』第八册.

_____, 1994,『渼沙里Ⅳ』, 京畿道.

_____, 2004·2005,『흔암리 유적 출토 석기 보고서』.

順天大學校博物館, 2000,『麗水 禾長洞 禾山·月下洞 支石墓』.

_____, 2003,『고흥 석봉리와 중산리 지석묘』.

亞洲大學校博物館, 1999,『寬倉里遺蹟』.

蔚山文化財研究院, 2003,『蔚山 新亭洞 遺蹟』.

_____, 2006,『蔚山屈火里長劍遺蹟Ⅱ』.

_____, 2006,『蔚山梅谷洞新基遺蹟Ⅰ』.

蔚山發展研究院 文化財센터, 2004,『蔚州 九秀里 遺蹟』.

嶺南大學校博物館, 1999,『時至의 文化遺蹟Ⅰ －調査概況, 支石墓 外－』.

嶺南文化財研究院, 2001,『漆谷 福星里支石墓群』.

_____, 2002, 『大邱西邊洞聚落遺蹟 I 』.

_____, 2002, 『大邱 東川洞聚落遺蹟』 본문1.

_____, 2003, 『大邱 辰泉洞遺蹟』.

_____, 2004, 『大邱 旭水洞134番地遺蹟』.

_____, 2005, 『淸道 陣羅里遺蹟』.

_____, 2006, 『慶州 月山里 山137－1番地遺蹟』.

이건무・최종규・박방룡・김상면, 1985, 「월성군・영일군 지표조사보고」, 『국립
　　　　　박물관 고적조사보고』 제17책, 國立中央博物館.

李亨求, 2001, 『晉州 大坪里 玉房5地區 先史遺蹟』.

全南大學校博物館, 1982, 『同福댐 水沒地區 支石墓發掘調査報告書』.

_____, 1990, 『麗川 鳳溪洞 支石墓』.

_____, 1993, 『麗川 平呂洞 산본 支石墓』.

_____, 1993, 『麗川 積良洞 상적 支石墓』.

_____, 2002, 『光州 梅月洞 동산 支石墓群』.

全南文化財研究院, 2003, 『순천 조례・상비지석묘』.

全北大學校博物館, 1997, 「谷城 柳亭里 유평遺蹟」, 『文化遺蹟發掘調査報告書』.

_____, 2001, 『鎭安 龍潭댐 水沒地區內 文化遺蹟 發掘調査 報告書
　　　　　 X 豊岩遺蹟』.

_____, 2001, 『如意谷遺蹟』, 鎭安 龍潭댐 水沒地區內 文化遺蹟 發
　　　　　 掘調査 報告書Ⅷ.

_____, 2001, 「顔子洞遺蹟」, 『鎭安 龍潭댐 水沒地區內 文化遺蹟 發
　　　　　 掘調査 報告書Ⅱ』.

_____, 2001, 『慕谷遺蹟』, 鎭安 龍潭댐 水沒地區內 文化遺蹟 發掘
　　　　　 調査 報告書Ⅱ.

中央文化財研究院, 2001, 『鎭川 思陽里遺蹟』.

_____, 2002, 『大田 官坪洞遺蹟』.

_____, 2004, 『陰城 下唐里遺蹟』.

_____, 2005, 『淸原 大栗里・馬山里・楓井里遺蹟』.

昌原大學校博物館, 1995, 『咸安 梧谷里遺蹟』.

忠南大學校博物館, 1995, 『屯山』.

_____, 2001, 『駕島貝塚』.

_____, 2002,『龍山洞』.

忠北大學校博物館, 2004,『淸州 鳳鳴洞遺蹟(Ⅲ)』.

忠北大學校 先史文化硏究所, 2001,『忠州 早洞里 先史遺蹟(Ⅰ)』.

_____, 2002,『忠州 早洞里 先史遺蹟(Ⅱ)』.

충청남도역사문화원, 2005,『牙山 豊基洞 遺蹟』.

_____, 2005,『舒川 鳳仙里 遺蹟』.

忠淸埋藏文化財硏究院, 2000,『公州貴山里遺蹟』.

忠淸文化財硏究院, 2004,「天安 云田里 遺蹟」.

_____, 2006,『규암 우회도로·서천~서천IC 도로건설공사 구간 2공
    구 내 문화유적 발굴조사 현장설명회 자료』.

韓國文化財保護財團, 1999,「淸原 松垈里遺蹟」,『淸原 梧倉遺蹟(Ⅰ)』.

_____, 1999,『尙州 靑里遺蹟(Ⅹ)』.

_____, 2000,『保寧 冠堂里遺蹟』.

_____, 2000,『西海岸高速道路(藍浦~熊川)建設區間內 文化遺蹟
    發掘調査報告書』.

_____, 2002,『포항 철강공단-냉천간 도로공사구간유적 발굴조사
    지도위원회자료』.

_____, 2005,『慶山 玉谷洞 遺蹟Ⅰ』.

한림대학교박물관, 2003,『춘천 신매대교부지 문화유적 발굴조사 보고서』.

한신대학교박물관, 2006,『華城 泉川里 靑銅器時代 聚落』.

湖南文化財硏究院, 2002,『망덕유적』.

_____, 2003,『갈머리 유적』.

_____, 2005,『扶安 格下貝塚』.

_____, 2005,『淳昌 院村·官坪遺蹟』.

2. 남한 논문 및 단행본

강인욱, 2005,「한반도 동북한지역 청동기문화의 지역성과 편년」,『江原地域의
    靑銅器文化』, 강원고고학회 2005년 추계 학술대회.

高旻廷, 2003,『南江流域 無文土器文化의 變遷』, 慶北大學校 碩士學位論文.

郭鍾喆·原宏志·宇田律徹朗·柳澤一男, 1995, 「新石器時代 土器胎土에서 검출된 벼의plant-opal」, 『韓國考古學報』 32.

郭鍾喆, 2001, 「場所의 象徵性·境界性과 遺蹟의 性格」, 『古文化』 第57輯.

국립국어원, 1999, 『표준국어대사전』, 두산동아.

국사편찬위원회, 1997, 『한국사 3』 청동기문화와 철기문화.

金庚澤, 2004, 「韓國 複合社會 研究의 批判的 檢討와 展望」, 『韓國上古史學報』 第44號.

金邱軍, 1996, 「韓國式石劍의 研究(1) -祖型問題를 중심으로-」, 『湖巖美術館 研究論文集』 1.

김권구, 2005, 『청동기시대 영남지역의 농경사회』, 학연문화사.

김권중, 2005, 「嶺西地域 靑銅器時代 住居址의 編年 및 性格」, 『江原地域의 靑銅器文化』, 강원고고학회 2005년 추계 학술대회.

金吉植, 1998, 「扶餘 松菊里 無文土器時代墓」, 『考古學誌』 第9輯.

金美京, 2006, 「美松里型 土器의 변천과 성격에 대하여」, 『韓國考古學報』 60.

金炳燮, 2002, 「密陽 살내遺蹟 發掘調查 成果」, 『韓日 初期農耕 比較研究』, 大板市學藝員等共同研究 韓半島綜合學術調查團.

金仙宇, 1994, 「한국 마제석검의 연구 현황」, 『韓國上古史學報』 第16號.

金承玉·李宗哲, 2001, 「Ⅴ. 考察」, 『如意谷遺蹟』, 全北大學校博物館.

金承玉, 2004, 「龍潭댐 無文土器時代 文化의 社會組織과 變遷過程」, 『湖南考古學報』 19.

金良善, 1962, 「再考를 要하는 磨製石劍의 形式分類와 祖形考定의 問題」, 『古文化』 第1輯.

金元龍, 1967, 「丹陽 安東里 石壙墓報文」, 『震檀學報』 31.

_____, 1968, 「韓國無文土器 地域分類試論」, 『考古學』 1, 韓國考古學會.

_____, 1971, 「韓國磨製石劍起源에 관한 一考察」, 『白山學報』 10.

_____, 1972·1977·1986, 『韓國考古學槪說』, 一志社.

김일규·현덕만, 2006, 「가평 대성리유적」, 『계층 사회와 지배자의 출현』, 한국고고학회창립 30주년 기념 한국고고학전국대회.

金壯錫, 2001, 「흔암리 유형 재고: 기원과 연대」, 『嶺南考古學』 28.

_____, 2002, 「남한지역 후기신석기-전기청동기 전환」, 『韓國考古學報』 48.

김재윤, 2004, 「韓半島 刻目突帶文土器의 編年과 系譜」, 『韓國上古史學報』 第

46號.

金載元・尹武炳, 1967,『韓國支石墓研究』.

金貞培, 1973,『韓國民族文化의 起源』, 高麗大學校 出版部.

金廷鶴, 1967,「韓國無文土器의 研究」,『白山學報』3.

_____, 1972,『韓國の考古學』, 河出書房新社.

_____, 1985,「文獻 및 考古學的考察」,『韓國史論』14, 국사편찬위원회.

金鍾徹, 1987,「慶尙北道淸道郡禮田洞出土의 遼寧式銅劍」,『東アジアの考古と 歷史(上)』, 同朋舍.

김한식, 2006,「경기지역 역삼동유형의 정립 과정」,『서울・경기지역 청동기문화 의 유형과 변천』, 제4회 서울경기고고학회 학술대회.

金 賢, 2003,「泗川 梨琴洞 無文時代 木棺에 대한 檢討」,『泗川 梨琴洞 遺蹟』, 慶南考古學研究所.

_____, 2003,「梨琴洞 支石墓의 配置形態와 築造順序」,『泗川 梨琴洞 遺蹟』, 慶南考古學研究所.

金賢植, 2003,「黃土田遺蹟 無文土器時代 聚落에 대하여」,『蔚山 新峴洞 黃土 田遺蹟』, 蔚山文化財研究院.

盧爀眞, 1981,「有溝石斧에 대한 一考察」,『歷史學報』89.

_____, 1987,「'時代區分'에 대한 一見解」,『三佛金元龍敎授停年退任紀念論叢 Ⅰ』.

_____, 2001,「粘土帶土器文化의 社會性格에 대한 一考察」,『韓國考古學報』 45.

朴宣暎, 2004,『南韓 出土 有柄式石劍 研究』, 慶北大學校 碩士學位論文.

朴淳發, 1993,「한강유역의 청동기・초기 철기문화」,『한강유역사』, 민음사.

_____, 1997,「漢江流域의 基層文化와 百濟의 成長過程」,『韓國考古學報』36.

_____, 1999,「欣岩里類型 形成過程 再檢討」,『호서지방의 선사문화』, 제1회 호서고고학회 학술대회 발표요지.

박양진, 2001,「한국 청동기시대 사회적 성격의 재검토」,『한국 청동기시대 연구 의 새로운 성과와 과제』, 충남대학교박물관 학술회의.

_____, 2002,「한반도에서의 靑銅器 出現 過程」,『전환기의 고고학Ⅰ』, 학연문 화사.

朴榮九, 2000,『嶺東地域 靑銅器時代 住居址 研究』, 檀國大學校 碩士學位論文.

裵眞晟, 2000,『韓半島 柱狀片刃石斧의 研究』, 釜山大學校 碩士學位論文.

_____, 2001,「柱狀片刃石斧의 變化와 劃期 －有溝石斧의 發生과 無文土器時代 中期 社會의 性格－」,『韓國考古學報』44.

_____, 2003,「無文土器의 成立과 系統」,『嶺南考古學』32.

_____, 2005,「檢丹里類型의 成立」,『韓國上古史學報』第48號.

_____, 2005,「無文土器時代 石器의 地域色과 組成變化」,『사람과 돌』, 국립대구박물관.

_____, 2006,「東北形石刀について」,『七隈史學』第7号, 福岡大學人文學部歷史學科.

_____, 2006,「석검 출현의 이데올로기」,『石軒鄭澄元教授停年退任記念論叢』, 용디자인.

_____, 2006,「無文土器社會의 威勢品 副葬과 階層化」,『계층사회와 지배자의 출현』, 한국고고학 창립 30주년 기념 한국고고학전국대회.

_____, 2006,「北韓 無文土器의 編年」,『轉換期의 先史土器 資料集』, 국립김해박물관.

_____, 2007,「東北型石刀에 대한 小考 －東海文化圈의 設定을 겸하여－」,『嶺南考古學』40.

白弘基, 1980,「江原道 東海岸의 櫛文土器文化」,『歷史學報』第八十七輯.

孫秉憲·李一容, 1988,「月山里 사비 支石墓」,『住岩댐水沒地域 文化遺蹟發掘調査報告書(Ⅱ)』.

孫晙鎬, 2001,『韓半島 出土 半月形石刀의 諸分析』, 高麗大學校 碩士學位論文.

_____, 2003,「磨製石器 分析을 통한 寬倉里遺蹟 B區域의 性格 檢討」,『韓國考古學報』51.

_____, 2005,「磨製石器 使用痕分析의 現況과 問題點」,『湖南考古學報』21.

_____, 2006,『韓半島 靑銅器時代 磨製石器 研究』, 高麗大學校 博士學位論文.

_____·조진형, 2006,「고배율 현미경을 이용한 반월형석도의 사용흔 분석」,『야외고고학』창간호, 한국문화재조사연구기관협회.

宋滿榮, 2001,「南韓地方 農耕文化形成期 聚落의 構造와 變化」,『한국 농경문화의 형성』, 제25회 한국고고학전국대회 발표요지.

宋正炫·李榮文, 1988,「牛山里 내우 支石墓」,『住岩댐水沒地域 文化遺蹟發掘調査報告書 (Ⅱ)』.

宋華燮, 1994,「先史時代 岩刻畵에 나타난 石劍·石鏃의 樣式과 象徵」,『韓國考古學報』31.

성정용, 1997,「大田 新岱洞·比來洞 靑銅器時代遺蹟」,『호남고고학의 제문제』, 제21회 한국고고학전국대회 발표요지

申敬澈, 1995,「三韓·三國時代의 東萊」,『東萊區誌』.

신숙정, 2001,「한국 신석기-청동기시대 전환과정에 대한 일 시론」,『전환기의 고고학Ⅰ』, 한국상고사학회.

沈奉謹, 1980,「慶南地方出土 靑銅遺物의 新例」,『釜山史學』4.

_____, 1984,「密陽 南田里와 義昌 平城里遺蹟 出土遺物」,『尹武炳博士回甲紀念論叢』.

_____, 1989,「日本 彌生文化 初期의 磨製石劍에 대한 硏究」,『嶺南考古學』6.

_____, 1990,「宜寧石谷里 支石墓群」,『考古歷史學志』5·6.

_____, 1999,「晉州上村里出土 無文土器 新例」,『文物硏究』제3호.

심재연, 2002,「동면·신북간도로 확·포장공사 구간내 천전리유적」,『해양교류의 고고학』, 제26회 한국고고학전국대회 발표요지.

沈載淵·金權中·李枝賢, 2004,「春川 泉田里 遺蹟」,『통일신라시대고고학』, 제 28회 한국고고학전국대회 발표요지.

안승모·이영덕, 2004,「龍潭댐 水沒地區의 新石器文化 -鎭安 갈머리遺蹟을 中心으로-」,『湖南考古學報』19.

安在晧, 1991,『南韓 前期無文土器의 編年』, 慶北大學校 碩士學位論文.

_____, 1996,「無文土器時代 聚落의 變遷」,『碩晤尹容鎭敎授停年退任紀念論叢』.

_____, 2000,「韓國 農耕社會의 成立」,『韓國考古學報』43.

_____, 2001,「無文土器時代의 對外交流」,『港都釜山』17.

_____, 2002,「赤色磨硏土器의 出現과 松菊里式土器」,『韓國 農耕文化의 形成』, 學硏文化社.

_____, 2004,「中西部地域 無文土器時代 中期聚落의 一樣相」,『韓國上古史學報』43.

_____, 2004,「韓國無文土器の炭素14年代」,『彌生時代の實年代』, 學生社.

_____, 2006,『靑銅器時代 聚落硏究』, 釜山大學校 博士學位論文.

_____·千羨幸, 2004,「前期無文土器の文樣編年と地域相」,『福岡大學考古學

　　　　論集 －小田富士雄先生退職記念－』.

禹枝南, 2000, 「彩文土器의 연구 현황」, 『固城 頭湖里遺蹟』, 慶南考古學研究所.

尹德香, 1977, 『韓半島 磨製石劍의 一考察』, 서울大學校 碩士學位論文.

＿＿＿, 1983, 「石器」, 『韓國史論』13, 國史編纂委員會.

＿＿＿, 1997, 「석기」, 『한국사』3, 국사편찬위원회.

尹武炳, 1975, 「無文土器 型式分類 試攷」, 『震檀學報』 第39號.

尹容鎭・金瑩和・朴宣映, 2004, 「大邱 上仁洞 支石墓」, 『博物館年報』, 慶北大
　　　　學校博物館.

李健茂, 1986, 「彩文土器考」, 『嶺南考古學』2.

＿＿＿, 1991, 「裝身具」, 『日韓交渉の考古學』－彌生時代篇－, 六興出版.

＿＿＿, 1994, 「遼寧式銅矛에 대하여」, 『李基白先生古稀紀念 韓國史學論叢(上)』,
　　　　一潮閣.

＿＿＿, 1994, 「韓國式 銅劍文化의 性格 －成立背景에 대하여－」, 『東아시아의
　　　　靑銅器文化』, 文化財管理局 文化財研究所.

李蘭暎, 1964, 「江陵市 浦南洞 出土 先史時代 遺物」, 『歷史學報』24.

＿＿＿, 1965, 「「江陵市浦南洞出土先史時代遺物」追補」, 『歷史學報』28.

李東注, 1991, 「韓國 南部內陸地域의 新石器時代 有紋土器研究」, 『韓國上古史
　　　　學報』7.

李東熙, 2000, 「麗水 禾長洞 支石墓」, 『鶴山金廷鶴博士 頌壽紀念論叢 韓國 古
　　　　代史와 考古學』.

李白圭, 1974, 「京畿道 出土 無文土器・磨製石器」, 『考古學』 第3輯.

＿＿＿, 1991, 「農耕具と植物遺體」, 『日韓交渉の考古學』－彌生時代篇－, 六興
　　　　出版.

＿＿＿, 1991, 「石製武器－韓國」, 『日韓交渉の考古學』－彌生時代篇－, 六興出版.

李相均, 2000, 「韓半島 新石器人의 墓制와 死後世界觀」, 『古文化』 第56輯.

李相吉, 1996, 「청동기시대 무덤에 대한 일시각」, 『碩晤尹容鎭教授停年退任紀念
　　　　論叢』.

＿＿＿, 1998, 「無文土器時代의 生活儀禮」, 『環濠聚落と農耕社會の形成』, 九州
　　　　考古學會・嶺南考古學會 第3回合同考古學大會.

＿＿＿, 1999, 「晉州 大坪 漁隱1地區 發掘調査 概要」, 『남강선사문화세미나요
　　　　지』.

_____, 2000, 「靑銅器 埋納의 性格과 意味」, 『韓國考古學報』 42.

_____, 2000, 「農耕儀禮」, 『韓國 古代 稻作文化』, 국립중앙박물관 학술심포지움.

_____, 2006, 「朝鮮半島の玉作 －管玉製作技法を中心に－」, 『季刊考古學』 第 94号, 雄山閣.

_____ · 김미영, 2003, 「密陽 琴川里遺蹟」, 『고구려고고학의 제문제』, 제27회 한 국고고학전국대회 발표요지.

李鮮馥, 1991, 「신석기 · 청동기시대 주민교체설에 대한 비판적 검토」, 『韓國古代 史論叢』 a1.

李盛周, 1996, 「靑銅器時代 東아시아 世界體系와 韓半島의 文化變動」, 『韓國上 古史學報』 23.

李秀鴻 · 崔承希, 2003, 「4. 별도끼」, 『蔚山 新亭洞 遺蹟』.

李秀鴻, 2005, 「檢丹里式土器의 時空間的 位置와 性格에 대한 一考察」, 『嶺南 考古學』 36.

李永德, 2000, 「노래섬 '가'地區貝塚 櫛文土器 考察」, 『韓國新石器研究會 學術 發表會 論文集2000－1』.

李榮文, 1993, 『全南地方 支石墓 社會의 研究』, 韓國敎員大學校 博士學位論文.

_____, 1997, 「全南地方 出土 磨製石劍에 관한 研究」, 『韓國上古史學報』 24.

_____, 1998, 「韓國 琵琶形銅劍 文化에 대한 考察－琵琶形銅劍을 中心으로－」, 『韓國考古學報』 38.

李隆助 外, 1988, 「牛山里 곡천 고인돌」, 『住岩댐水沒地域 文化遺蹟發掘調査報 告書(Ⅱ)』.

李隆助 外, 1988, 「泗洙里 대전고인돌」, 『住岩댐水沒地域 文化遺蹟發掘調査報 告書(Ⅳ)』.

이융조 · 신숙정, 1988, 「중원지방의 빗살무늬토기 －금정리유적의 빗살무늬토기 를 중심으로－」, 『孫寶基博士停年紀念 考古人類學論叢』.

李在賢, 2003, 『弁 · 辰韓社會의 考古學的 研究』, 釜山大學校 博士學位論文.

李柱憲, 2000, 「大坪里 石棺墓考」, 『慶北大學校考古人類學科20周年紀念論叢』.

李淸圭, 1988, 「南韓地方 無文土器文化의 展開와 孔列土器文化의 位置」, 『韓國 上古史學報』 創刊號.

_____, 1988, 「柳坪里 유천고인돌」, 『住岩댐水沒地域 文化遺蹟發掘調査報告書 (Ⅳ)』.

李賢淑, 1998, 「天安白石洞遺蹟 出土 臺附鉢에 대한 檢討」, 『先史와 古代』11.

李亨源, 2002, 『韓國 青銅器時代 前期 中部地域 無文土器 編年 研究』, 忠南大
學校 碩士學位論文.

_____, 2006, 「Ⅴ. 고찰 − 1. 청동기시대」, 『華城 泉川里 青銅器時代 聚落』,
한신대학교박물관.

_____, 2006, 「弓洞 青銅器時代 聚落의 編年 및 性格」, 『弓洞』, 忠南大學校博
物館.

李熙濬, 2000, 「대구 지역 古代 政治體의 형성과 변천」, 『嶺南考古學』26.

林炳泰, 1969, 「漢江流域의 無文土器時代」, 『李弘稙博士 回甲紀念 韓國史論
叢』.

_____, 1986, 「韓國 無文土器의 研究」, 『韓國史學』7.

林尙澤, 1999, 「서해중부지역 빗살무늬토기 편년연구」, 『韓國考古學報』40.

_____, 2001, 「3) 鴐島 A貝塚의 編年적 位置, (1) 新石器時代」, 『鴐島貝塚』,
忠南大學校博物館.

_____·양시은, 2002, 「인천 용유도 신석기유적 발굴조사 개보」, 『해양 교류의
고고학』, 제26회 한국고고학전국대회 발표요지.

任鶴鐘, 2003, 「南海岸 新石器時代의 埋葬遺構」, 『先史와 古代』18.

全榮來, 1976, 「完州上林里出土 中國式銅劍에 關하여」, 『全北遺蹟調査報告』6.

_____, 1982, 「韓國磨製石劍·石鏃編年에 關한 研究」, 『馬韓·百濟文化』6.

鄭澄元, 1982, 「南海岸地方의 櫛文土器 研究(1) −釜山·慶南地方 晚期櫛文土
器의 檢討−」, 『釜大史學』第6輯.

鄭漢德, 1966, 「朝鮮西北地方巨石文化期におけるコマ形土器とその文化につい
て」, 『考古學雜誌』52−2.

_____, 1994, 「嶺南地方 新石器時代 末期의 二重口緣土器에 대하여」, 『The
Second Pacific Basin International Conference on Korean Studies』, 東北
亞細亞考古學研究會.

_____, 1996, 「美松里型土器形成期に於ける若干の問題」, 『東北アジアの考古
學 第二』〔槿域〕, 깊은샘.

_____, 1999, 「欣岩里類型 形成過程 再檢討에 대한 토론」, 『호서지방의 선사문
화』, 제1회 호서고고학회 학술대회 발표요지.

_____, 2000, 「表垈遺蹟 −韓半島 中西部地方의 美松里型土器考(3)−」, 鶴山

金廷鶴博士 頌壽紀念論叢『韓國 古代史와 考古學』.

조영제, 1998,「泗川 本村里 遺蹟」,『南江댐 水沒地區의 發掘成果』, 第7回 嶺南 考古學會學術發表會.

趙顯福, 1993,『嶺南內陸地方 櫛文土器에 대한 一考察』, 東義大學校 碩士學位 論文.

趙賢庭, 2006,「Ⅳ. 정리」,『金海 漁防洞 無文時代 高地性聚落遺蹟』, 慶南考古 學研究所.

崔夢龍, 1981,「全南地方 支石墓社會와 階級의 發生」,『韓國史研究』35.

崔盛洛, 1988,「詩川里 살치 '나'群 고인돌」,『住岩댐水沒地域 文化遺蹟發掘調 査報告書 (Ⅳ)』.

崔鍾圭, 1977,『幾何文土器의 編年表作成을 爲한 一小考』, 釜山大學校 碩士學 位論文.

_____, 1991,「무덤에서 본 삼한사회의 構造 및 特徵」,『韓國古代史論叢』2.

_____, 2000,「두호리 출토 天河石製 球玉에서」,『固城 頭湖里 遺蹟』, 慶南考 古學研究所.

_____, 2003,「梨琴洞 集落의 構造」,『泗川 梨琴洞 遺蹟』, 慶南考古學研究所.

_____, 2004,「梨琴洞遺跡からみた松菊里文化の一斷面」,『福岡大學考古學論 集』.

_____, 2005,「所土里遺跡에서 본 松菊里文化의 一斷面」,『梁山 所土里 松菊 里文化集落』, 慶南考古學研究所.

최헌섭·하승철, 2005,「馬山 鎭洞遺蹟」,『제48회 전국역사학대회 고고학부 발표 자료집』.

千羨幸, 2003,『無文土器時代 前期文化의 地域性研究 －中西部地方을 中心으 로－』, 釜山大學校 碩士學位論文.

_____, 2005,「한반도 돌대문토기의 형성과 전개」,『韓國考古學報』57.

河仁秀, 1989,「嶺南地方 丹塗磨研土器에 대한 新考察」, 釜山大學校 碩士學位 論文.

_____, 1995,「彩文土器의 編年 檢討」,『博物館研究論集』4, 釜山光域市立博 物館.

_____, 2003,「南江流域 無文土器時代의 墓制」,『晋州 南江遺蹟과 古代日本』, 인제대학교가야문화연구소.

_____, 2006,『嶺南海岸地域의 新石器文化 硏究』, 釜山大學校 博士學位論文.

_____, 2006,「末期 櫛文土器의 成立과 展開」,『韓國新石器硏究』第12號.

한국고고학회, 2007,『한국 고고학 강의』, 사회평론.

韓永熙, 1983,「角形土器考」,『韓國考古學報』14 · 15輯.

_____, 1984,「서산대로리 움집터유적」,『中島Ⅴ』, 국립중앙박물관.

_____, 1987,「晋陽 新塘 · 德梧里의 先史遺物」,『三佛金元龍敎授停年退任紀念論叢』I, 一誌社.

_____, 1994,「中 · 西部地方의 櫛目文土器」,『The Second Pacific Basin InternationalConference on Korean Studies』, 東北亞細亞考古學硏究會.

_____, 1996,「新石器時代 中 · 西部地方 土器文化의 再認識」,『韓國의 農耕文化』제5집.

한창균 · 장명수, 1989,「旌善郡德淸里 所谷 先史遺蹟」,『제13회 한국고고학전국대회 발표요지』.

許義行, 2004,「Ⅳ. 考察」,『天安 云田里 遺蹟』, 忠淸文化財硏究院.

黃昌漢, 2004,「無文土器時代 磨製石鏃의 製作技法 硏究」,『湖南考古學報』20.

3. 북한 유적보고 · 논문 · 단행본

강주만, 1979,「신암리원시유적 제4지점에 대하여」,『력사과학』2.

강중광, 1974,「룡연리유적 발굴보고」,『고고학자료집』4, 사회과학출판사.

_____, 1975,「우리나라 신석기시대 번개무늬그릇유적의 연대에 대하여」,『고고민속론문집』제6집.

_____, 1979,「신암리원시유적 제4지점에 대하여」,『력사과학』2.

고고학 연구실, 1957,「청진 농포리 원시 유적 발굴」,『문화유산』4.

고고학 및 민속학 연구소, 1960,「회령 오동 원시 유적 발굴 보고」,『유적 발굴 보고』제7집, 과학원 출판사.

김광혁, 2005,「금야유적에 대한 간단한 고찰」,『조선고고연구』4.

김동일 · 서국태 · 지화산 · 김종혁, 2002,「표대유적 제1지점 팽이그릇 집자리 발굴보고」,『마산리, 반궁리, 표대 유적발굴보고』.

김영우, 1964,「세죽리 유적 발굴 중간 보고(2)」,『고고민속』4호.

김용간, 1959, 「강계시 공귀리 원시 유적 발굴 보고」, 『유적발굴보고』 제6집.

_____, 1961, 「미송리 동굴 유적 발굴 중간 보고(1)」, 『문화유산』 1.

_____, 1961, 「미송리 동굴 유적 발굴 중간 보고(Ⅱ)」, 『문화유산』 2.

_____, 1963, 「미송리 동굴 유적 발굴 보고」. 『고고학자료집』 제3집, 과학원출판
사.

_____, 1964, 「우리 나라 청동기시대의 년대론과 관련한 몇 가지 문제」, 『고고민
속』 2.

_____, 1966, 「서북 조선 빗살 무늬 그릇 유적의 연대를 론함」, 『고고민속』 1.

_____ · 리순진, 1966, 「1965년도 신암리유적발굴보고」, 『고고민속』 1966-3.

_____ · 서국태, 1972, 「서포항 원시 유적 발굴 보고」, 『고고민속론문집』 4, 사회
과학출판사.

_____ · 석광준, 1984, 『남경 유적에 관한 연구』, 과학백과사전출판사.

_____ · 안영준, 1986, 「함경남도, 량강도 일대에서 새로 알려진 청동기시대유물
에 대한 고찰」, 『조선고고연구』 1.

김종혁, 1961, 「중강군 장성리 유적 조사 보고」, 『문화유산』 1961-6.

도유호, 1960, 『조선원시고고학』.

_____ · 정백운, 1956, 「라진 초도 원시 유적 발굴 보고」, 『유적발굴보고』 제1집.

라명관, 1988, 「약사동 고인돌발굴보고」, 『조선고고연구』 2, 사회과학원 고고학연
구소.

리경철, 1996, 「석정리집자리유적에 대하여」, 『조선고고연구』 4,

리규태, 1983, 「배천군 대아리 돌상자무덤」, 『고고학자료집』 6, 사회과학원 고고
학연구소.

리기련, 1980, 「석탄리유적발굴보고」, 『유적발굴보고』 제12집.

리병선, 1962, 「평안북도 룡천군, 염주군 일대의 유적 답사 보고」, 『문화유산』 1.

_____, 1963, 「압록강 류역 빗살무늬 그릇 유적의 특성에 관한 약간의 고찰」,
『고고민속』 1.

_____, 1965, 「압록강류역 빗살무늬그릇 유적들의 계승성에 대한 약간의 고찰」,
『고고민속』 2.

리순진, 1965, 「신암리 유적 발굴 중간 보고」, 『고고민속』 1965-3.

리영열, 1959, 「봉산군 어수구 석상분(石箱墳)」, 『문화유산』 1.

리장섭, 1958, 「원산시 중평리 원시 유적」, 『문화유산』 6.

박 철, 2003, 「표대유적 제2지점에서 발굴된 집자리와 유물」, 『조선고고연구』 1.

사회과학원 고고학연구소, 1969, 「기원전 천년기 전반기의 고조선 문화」, 『고고민속론문집』 1.

_____, 1977, 『조선고고학개요』, 과학 · 백과사전출판사.

사회과학출판사, 1984, 『조선의 청동기시대』.

서국태, 1964, 「신흥동 팽이그릇 집자리」, 『고고민속』 3.

_____, 1965, 「영흥읍 유적에 관한 보고」, 『고고민속』 2.

_____, 1986, 『조선의 신석기 시대』, 사회과학출판사.

_____, 1996, 「팽이그릇문화의 편년에 대하여」, 『조선고고연구』 2.

_____ · 지화산, 2002, 『남양리유적발굴보고』.

석광준 · 차달만, 1997, 「구룡강유적에 대하여」, 『조선고고연구』 4호.

_____ · 김종현 · 김재용, 2002, 「고연리유적발굴보고」, 『강안리, 고연리, 구룡강 유적발굴보고』.

_____ · 김재용, 2002, 「구룡강유적발굴보고」, 『강안리, 고연리, 구룡강 유적발굴 보고』.

신의주역사박물관, 1967, 「1966년도 신암리유적발굴간략보고」, 『고고민속』 1967-2.

안영준, 1966, 「북청군 중리 유적」, 『고고민속』 2.

전수복, 1961, 「함경북도 김책군 덕인리 ≪고인돌≫정리 간략 보고」, 『문화유산』 3.

정용길, 1983, 「신평군 선암리 돌상자무덤」, 『고고학자료집』 제6집.

정찬영, 1961, 「자강도 시중군 심귀리 원시 유적 발굴 중간 보고」, 『문화유산』 2.

_____, 1974, 「북창군 대평리유적 발굴보고」, 『고고학자료집』 4, 사회과학원 고고학연구소.

_____, 1983, 「심귀리집자리」, 『유적발굴보고』 제13집.

_____, 1983, 「토성리유적」, 『유적발굴보고』 제13집.

조중공동고고학발굴대, 1966, 「쌍타자」, 『중국 동북 지방의 유적 발굴 보고 1963~1965』, 사회과학출판사.

차달만, 1992, 「당산조개무지유적 발굴보고」, 『조선고고연구』 4호.

_____, 1993, 「당산유적 웃문화층, 질그릇갖춤새의 특징에 대하여」, 『조선고고연구』 4호.

_____, 1993, 「청천강류역 청동기시대 유적들의 년대」, 『조선고고연구』 2.

황기덕, 1957, 「함경북도지방 석기시대의 유적과 유물(Ⅰ)」, 『문화유산』 1.

_____, 1958, 「조선 서북 지방 원시 토기의 연구」, 『문화유산』 4.

_____, 1962, 「두만강유역의 청동기시대문화(Ⅰ)」, 『문화유산』 5.

_____, 1962, 「두만강유역의 청동기시대문화(Ⅱ)」, 『문화유산』 6.

_____, 1962, 「두만강 류역의 신석기시대 문화」, 『문화유산』 1.

_____, 1966, 「서부지방 팽이그릇유적의 연대에 대하여」, 『고고민속』 4.

_____, 1970, 「두만강류역의 청동기시대문화」, 『고고민속론문집』 2, 사회과학출판사.

_____, 1975, 「무산 범의 구석 유적 발굴 보고」, 『고고민속론문집』 6.

4. 일본 논문 및 단행본

甲元眞之, 1999, 「日韓における墓制の異同」, 『季刊考古學』 67, 雄山閣.

高倉洋彰, 1999, 「副葬のイデオロギ-」, 『季刊考古學』 67, 雄山閣.

古澤義久, 2006, 「韓半島新石器時代後・晩期二重口緣土器の生成と展開」, 『日韓新時代の考古學』, 九州考古學會・嶺南考古學會 第7回 合同考古學大會.

廣瀬雄一, 1989, 「韓國南部地方櫛目文後期の變遷」, 『九州考古學』 64.

廣瀬和雄, 2000, 「副葬という行爲 －墓制にあらわれた共同性－」, 『季刊考古學』 第70号.

臼杵 勳, 2004, 『鐵器時代の東北アジア』, 同成社.

宮里 修, 2004, 「戰前の朝鮮における石器時代の調査研究について」, 『朝鮮史研究會論文集』 第四十二集.

宮本一夫, 1985, 「中國東北地方における先史土器の編年と地域性」, 『史林』 68-2.

_____, 1986, 「朝鮮有文土器の編年と地域性」, 『朝鮮學報』 121.

_____, 1991, 「遼東半島周代併行土器の變遷 －上馬石貝塚A・BⅡ區を中心に－」, 『考古學雜誌』 第76卷 第4号.

_____, 2002, 「韓半島における遼寧式銅劍の展開」, 『韓半島考古學論叢』, すずさわ書店.

_____, 2004, 「北部九州と朝鮮半島南海岸地域の先史時代交流再考」, 『福岡

　　　　　大學考古學論集 －小田富士雄先生退職記念－』.

_____, 2004,「中國大陸からの視點」,『季刊考古學』88－彌生時代の始まり
　　　　　－, 雄山閣.

近藤喬一, 2000,「東アジアの銅劍文化と向津具の銅劍」,『山口縣史』資料編 考
　　　　　古 1.

金關丈夫・三宅宗悅・水野淸一, 1942,『羊頭窪』, 東方考古學叢刊 乙種第三册.

大貫靜夫, 1992,「豆滿江流域を中心とする日本海沿岸の極東平底土器」,『先史
　　　　　考古學論集』2.

_____, 1996,「欣岩里類型土器の系譜論をめぐって」,『東北アジアの考古學』
　　　　　[槿域].

大島隆之, 2003,「韓國 無文土器時代磨製石器の時期差と地域差」,『古文化談
　　　　　叢』50上, 九州古文化硏究會.

大林太良, 1984,「原始戰爭の諸形態」,『日本古代文化の探求 戰』, 社會思想社.

_____, 1994,「爭いと戰い」,『稻と鐵』日本民俗文化大系 3, 小學館.

藤口健二, 1982,「朝鮮・コマ形土器の再檢討」,『森貞次郎博士古稀記念古文化
　　　　　論集』.

_____, 1986,「朝鮮無文土器と彌生土器」,『彌生文化の硏究』3, 雄山閣.

藤尾愼一郎, 2002,「朝鮮半島の突帶文土器」,『韓半島考古學論叢』, すずさわ書店.

藤田亮策, 1924,「朝鮮古蹟及遺物」,『朝鮮史講座 特別講義』, 朝鮮史學會.

_____, 1942,「朝鮮の石器時代」,『東洋史講座』第十八卷, 雄山閣.

武末純一, 1990,「墓の靑銅器, マツリの靑銅器」,『古文化談叢』22.

_____, 2002,「遼寧式銅劍墓와 國의 形成」,『淸溪史學』16・17合輯.

_____, 2002,「日本 北部九州에서의 國의 形成과 展開」,『嶺南考古學』30.

_____, 2005,『韓國無文土器・原三國時代の集落構造硏究』, 平成14～16年度
　　　　　科學硏究費 補助金<基盤硏究(C)(2)>硏究成果報告書.

榧本杜人, 1934・1935・1940,「北朝鮮の土器・石器」,『考古學』5-5・6-5・11-11

濱田耕作, 1929,『貔子窩 －南滿州碧流河畔の先史時代遺跡－』, 東方考古學叢
　　　　　刊 甲種第一册.

三上次男, 1951,「穢人とその民族的性格について」,『朝鮮學報』二.

_____, 1952,「東北アジアに於ける有文土器社會と濊人」,『朝鮮學報』三.

西谷 正, 1975,「會寧五洞の土器をめぐる問題」,『史淵』第百十二輯, 九州大學

文學部.

_____, 1978, 「美松里洞窟出土の無文土器」, 『史淵』 115.

_____, 1982, 「咸鏡南道の無文土器」, 『史淵』 119, 九州大學文學部.

_____, 1982, 「朝鮮考古學の時代區分について」, 『小林行雄博士古稀紀念論文集』.

_____, 1990, 「美松里型土器とその文化について －中國・東北考古學にふれて－」, 『史淵』 217, 九州大學文學部.

水野淸一, 1959, 「戰爭」, 『図解考古學辭典』, 創元社刊.

小林達雄, 1994, 「繩文土器の生態」, 『繩文文化の研究』 5 繩文土器Ⅲ.

小原 哲, 1987, 「朝鮮櫛目文土器の變遷」, 『東アジアの考古と歷史』(上).

小川靜夫, 1982, 「極東先史土器の一考察 －遼東半島を中心として－」, 『東京大學文學部考古學研究室研究紀要』 1.

松木武彦, 2001, 『人はなぜ戰うのか －考古學からみた戰爭－』, 講談社.

栗本英世, 1999, 『未開の戰爭, 現代の戰爭』, 岩波書店.

有光敎一, 1959, 「朝鮮磨製石劍の研究」, 『京都大學文學部考古學叢書』 2.

_____, 1962, 「朝鮮櫛目文土器の研究」, 『京都大學文學部考古學叢書』 第三册.

佐原 眞, 1996, 「戰いの歷史を考える」, 『倭國亂る』, 國立歷史民俗博物館.

_____, 1999, 「日本・世界の戰爭の起源」, 『戰いの進化と國家の生成』 －人類にとって戰いとは1－, 國立歷史民俗博物館 監修, 東洋書林.

庄田愼矢, 2004, 「韓國嶺南地方南西部の無文土器時代編年」, 『古文化談叢』 第50集下.

_____, 2004, 「比來洞銅劍の位置と彌生曆年代論(上)」, 『古代』 第117号.

_____, 2005, 「湖西地域 出土 琵琶形銅劍과 彌生時代 開始年代」, 『湖西考古學』 第12輯.

_____, 2006, 「管玉의 製作과 規格에 대한 小考 －麻田里 및 寬倉里遺蹟 出土 資料를 中心으로－」, 『湖西考古學』 第14輯.

_____, 2006, 「比來洞銅劍の位置と彌生曆年代論(下)」, 『古代』 第119号.

田中良之, 1999, 「南江地域出土人骨について」, 『남강선사문화세미나요지』.

田中聰一, 2001, 『韓國 中・南部地方 新石器時代 土器文化 研究』, 東亞大學校博士學位論文.

田中 琢, 1999,「戰爭と考古學」,『考古學研究』42-3, 考古學研究會.

田村晃一, 1963,「朝鮮半島の角形土器とその石器」,『考古學研究』38.

＿＿＿＿, 1988,「朝鮮半島出土の磨製石劍について」,『Museum』452.

鳥居龍藏, 1917,「平安南道,黃海道古蹟調查報告」,『大正五年度古蹟調查報告』, 朝鮮總督府.

中村大介, 2003,「石劍と遼寧式銅劍の關係にみる竝行關係」,『第15回東アジア古代史・考古學研究會交流會豫稿集』.

＿＿＿＿, 2005,「無文土器時代前期における石鏃の變遷」,『待兼山考古學論叢』-都出比呂志先生退任記念-.

千葉基次, 1996,「遼東靑銅器時代開始期 -塞外靑銅器文化綜考Ⅰ-」,『東北アジアの考古學』第二 [槿域], 깊은샘.

村上恭通, 2003,「ロシア沿海地方における特異な磨製石器について(覺え書き)」,『貝塚』59,物質文化研究會.

下條信行, 2000,「遼東形伐採石斧の展開」,『東夷世界の考古學』, 靑木書店.

＿＿＿＿, 2002,「北東アジアにおける伐採石斧の展開」,『韓半島考古學論叢』.

＿＿＿＿, 2002,「片刃石斧の型式關係からみた初期稻作期の韓日關係の展開について」, 悠山姜仁求教授停年紀念『東北亞古文化論叢』.

橫山將三郎, 1940,「朝鮮の史前土器研究」,『人類學・先史學講座』第八卷, 雄山閣.

後藤 直, 1971,「西朝鮮の「無文土器」について」,『考古學研究』17-4

＿＿＿＿, 2000,「朝鮮靑銅器時代」,『季刊考古學』第70号, 雄山閣.

5. 중국 유적보고・논문・단행본

匡 瑜, 1964,「吉林蛟河縣石棺墓淸里」,『考古』2.

吉林大學考古學系・遼寧省文物考古研究所・旅順博物館・金州博物館, 1992,「金州大溝頭靑銅器時代遺址試掘簡報」,『遼海文物學刊』1.

丹東市文化局文物普查隊, 1984,「丹東市東溝縣新石器時代遺址調查和試掘」,『考古』1.

大連市文物考古研究所, 2000,『大嘴子 -靑銅時代遺址 1987年發掘報告-』, 大

連出版社.

陶剛・安路・賈偉明, 1990, 「黑龍江省寧安縣石灰場遺址」, 『北方文物』 2.

佟達・張正岩, 1989, 「遼寧撫順大伙房水庫石棺墓」, 『考古』 2.

旅順博物館・遼寧省博物館, 1983, 「大連於家村砣頭積石墓地」, 『文物』 9.

宋玉彬, 2002, 「豆滿江流域靑銅時代的幾介問題」, 『北方文物』 4.

新民縣文化館・瀋陽市文物管理弁公室, 1983, 「新民高台山新石器時代遺址1976
　　年度發掘簡報」, 『文物資料叢刊』 7.

瀋陽市文物管理弁公室, 1978, 「瀋陽新樂遺址試掘報告」, 『考古學報』 4.

＿＿＿＿, 1981, 「新民高台子新石器時代遺址和墓葬」, 『遼寧文物』 2.

＿＿＿＿, 1982, 「瀋陽新民縣高台山遺址」, 『考古』 2.

＿＿＿＿, 1986, 「新民東高台山第二次發掘」, 『遼海文物學刊』 創刊號.

遼寧省文物考古研究所 外, 1985, 「遼寧本溪縣廟後山洞穴墓地發掘簡報」, 『考古』 6.

＿＿＿＿＿＿＿＿＿＿＿＿ 外, 1994, 『馬城子 －太子河上游洞穴遺存－』, 文物出版社.

遼寧省博物館・旅順博物館・長海縣文化館, 1981, 「長海縣廣鹿島大長山島貝丘
　　遺址」, 『考古學報』 1.

遼寧省博物館, 1986, 『廟后山』, 文物出版社.

遼陽市文物管理所, 1977, 「遼陽二道河子石棺墓」, 『考古』 5.

王　巍, 1993, 「夏商周時期遼東半島和朝鮮半島西北部的考古學文化序列及其相
　　互關係」, 『中國考古學論叢』, 科學出版社.

＿＿＿＿, 1993, 「商周時期遼東半島与朝鮮大同江流域考古學文化的相互關係」, 『靑
　　果集』, 吉林大學出版社.

張太湘・朱國忱・楊虎, 1981, 「黑龍江寧安縣鶯歌嶺遺址」, 『考古』 6.

陳光, 1989, 「羊頭窪類型研究」, 『考古學文化論集』 2, 文物出版社.

許明綱・劉俊勇, 1981, 「旅順於家村遺址發掘簡報」, 『考古學集刊』 1.

＿＿＿＿・許玉林, 1983, 「遼寧新金縣雙房石蓋石棺墓」, 『考古』 4.

許玉林, 1990, 「遼寧東溝縣石佛山新石器時代晚期遺址發掘簡報」, 『考古』 8.

＿＿＿＿・金石柱, 1986, 「遼寧丹東地區鴨綠江右岸及其支流的新石器時代遺存」,
　　『考古』 10.

＿＿＿＿・許明綱, 1983, 「新金雙房石棚和石蓋石棺墓」, 『文物資料叢刊』 7.

＿＿＿＿・崔玉寬, 1990, 「鳳城東山大石蓋墓發掘簡報」, 『遼海文物學刊』 2.

華玉冰・陳國慶, 1996, 「大嘴子上層文化遺存的分期及相關問題」, 『考古』 2.

黑龍江省博物館考古部 外, 1983,「寧安東康遺址第二次發掘l記」,『黑龍江文物叢刊』3.

6. 서양 문헌 및 번역서

데.엘.브로댠스키(鄭燁培 譯), 1996,『沿海州의 考古學』, 學硏文化社.

Earle, T. 1994, Political Domination and Social Evolution, Companion Encyclopedia ofAnthropology(ed. Ingold, T.), Routledge.

Elman R. Service(申瀅植 譯), 1986,『원시시대의 사회조직』, 三知院.

Jean-Jacques Rousseau(주경복・고봉만譯), 2003,『인간 불평등 기원론』, 책세상.

John Keegan(유병진 옮김), 1996,『세계전쟁사』, 까치.

Karl von Clausewitz(李鍾學 譯), 1974,『戰爭論』, 一潮閣.

L.L. Sample, 1974, Tongsamdong : A Contribution to Korea Neolithic Culture History, Arctic Anthropology Ⅳ-2.

MELVIN M. TUMIN(金彩潤・張夏眞 共譯), 1977,『社會階層論』, 三英社.

Ralf Darendorf(한상진 譯), 1984,『계급이론과 계층이론』, 文學과 知性社.

V.G. Childe(近藤義郎 譯), 1981,『考古學の方法』(PIECING TOGETHER THE PAST), 河出書房新社.

※〔표 16〕의 참고문헌

1. 沈奉謹, 1984,「密陽 南田里와 義昌 平城里遺蹟 出土遺物」,『尹武炳博士回甲紀念論叢』.

2. 有光敎一, 1959,「朝鮮磨製石劍の硏究」,『京都大學文學部考古學叢書』2.

3. 釜山大學校博物館, 1987,『陜川苧浦里E地區遺蹟』.

4. 李柱憲, 2000,「大坪里 石棺墓考」,『慶北大學校考古人類學科20周年紀念論叢』.

5. 慶南考古學硏究所, 2003,『泗川 梨琴洞 遺蹟』.

6. 慶南考古學硏究所, 2000,『固城頭湖里遺蹟』.

7. 韓永熙, 1987,「晋陽 新塘・德梧里의 先史遺物」,『三佛金元龍敎授停年退任紀念論叢Ⅰ』, 一志社.

8. 慶尙北道文化財硏究院, 2004,『漆谷 深川里遺蹟 發掘調査報告書』.

9. 慶尙北道文化財硏究院, 2004,『海平 月谷里遺蹟』.

10. 이건무・최종규・박방룡・김상면, 1985,「월성군・영일군 지표조사보고」,『국립박물관 고적조사보고』제17책, 國立中央博物館.

11. 嶺南文化財硏究院, 2006,『慶州 月山里 山137-1番地遺蹟』.

12. 國立全州博物館, 2001,「수좌동 遺蹟」,『鎭安 龍潭댐 水沒地區內 文化遺蹟發掘調査 報告書Ⅲ』.

13. 全北大學校博物館, 2001,『鎭安 龍潭댐 水沒地區內 文化遺蹟 發掘調査 報告書Ⅹ 豊岩遺蹟』.

14. 全北大學校博物館, 2001,「顔子洞遺蹟」,『鎭安 龍潭댐 水沒地區內 文化遺蹟 發掘調査 報告書Ⅱ』.

15. 國立全州博物館, 2001,「수좌동 遺蹟」,『鎭安 龍潭댐 水沒地區內 文化遺蹟發掘調査 報告書Ⅲ』.

16. 성정용, 1997,「大田 新岱洞・比來洞 靑銅器時代遺蹟」,『호남고고학의 제문제』, 제21회 한국고고학전국대회 발표요지.

17. 충청문화재연구원, 2006, 규암 우회도로・서천~서천IC 도로건설공사 구간 2공구 내 문화유적 발굴조사 현장설명회 자료.

18. 忠淸文化財硏究院, 2004,「天安 云田里 遺蹟」.

19. 金元龍, 1967,「丹陽 安東里 石壙墓報文」,『震檀學報』31.

20. 高麗大學校 埋藏文化財硏究所, 2001, 「黃灘里遺蹟」, 『경부고속철도 대전·충청권 문화유적발굴조사보고서(Ⅰ)』.
21. 金載元·尹武炳, 1967, 『韓國支石墓硏究』.
22. 심재연, 2002, 「동면·신북간도로 확·포장공사 구간내 천전리유적」, 『해양교류의 고고학』, 제26회 한국고고학전국대회 발표요지.
23. 김용간·석광준, 1984, 『남경 유적에 관한 연구』, 과학백과사전출판사.
24. 정용길, 1983, 「신평군 선암리 돌상자무덤」, 『고고학자료집』 제6집.
25. 리규태, 1983, 「배천군 대아리 돌상자무덤」, 『고고학자료집』 제6집.
26. 리영열, 1959, 「봉산군 어수구 석상분(石箱墳)」, 『문화유산』 1.
27. 라명관, 1988, 「약사동 고인돌발굴보고」, 『조선고고연구』 2, 사회과학원 고고학연구소.

■ 찾아보기 ■

■ 저자소개

배진성   裵眞晟

1972년 부산 출생
1998년 부산대학교 고고학과 졸업
2000년 부산대학교 사학과 대학원 문학석사
2007년 부산대학교 고고학과 대학원 문학박사
2002년~현재 국립김해박물관 학예연구사

주요 논문
2001, 「柱狀片刃石斧의 變化와 劃期」, 『韓國考古學報』 44, 韓國考古學會.
2003, 「無文土器의 成立과 系統」, 『嶺南考古學』 32, 嶺南考古學會.
2005, 「檢丹里類型의 成立」, 『韓國上古史學報』 第48號, 韓國上古史學會.
2006, 「석검 출현의 이데올로기」, 『石軒鄭澄元敎授停年退任記念論叢』, 용디자인.
2006, 「北韓 無文土器의 編年」, 『轉換期의 先史土器 資料集』, 국립김해박물관.
2007, 「東北型石刀에 대한 小考」, 『嶺南考古學』 40, 嶺南考古學會.
2007, 「豆滿江流域 無文土器의 實相」, 『嶺南考古學』 42, 嶺南考古學會.

無文土器文化의 成立과 階層社會

초판 인쇄일: 2007년 10월 15일 / 초판발행일: 2007년 10월 22일
지은이: 배진성 / 발행인: 김선경 / 발행처: 도서출판 서경문화사
등록번호: 제1-1664호 / 주소: 서울 종로구 동숭동 199-15(105호)
전화: 743-8203, 8205 / 팩스: 743-8210 / 메일: sk8203@chol.com

ISBN 978-89-6062-020-9   93900